21世纪高职高专财经类规划教材
21SHIJI GAOZHIGAOZHUAN CAIJINGLEI GUIHUA JIAOCAI

人际沟通与礼仪

（附微课 第2版）

Renji goutong yuliyi

高琳 ◎ 主编
王允 张岩松 ◎ 副主编

21SHIJI GAODENG ZHIYE JIAOYU CAIJINGLEI GUIHUA JIAOCAI

人 民 邮 电 出 版 社
北 京

图书在版编目（CIP）数据

人际沟通与礼仪 ： 附微课 / 高琳主编. -- 2版. -- 北京 ： 人民邮电出版社, 2021.8
21世纪高职高专财经类规划教材
ISBN 978-7-115-56639-3

Ⅰ. ①人… Ⅱ. ①高… Ⅲ. ①人际关系学－高等职业教育－教材②社交礼仪－高等职业教育－教材 Ⅳ. ①C912.1

中国版本图书馆CIP数据核字(2021)第111534号

内容提要

本书着力突出职业教育的教学特点，注重教学内容的实用性、可操作性，将人际沟通与礼仪两方面的内容进行了有机融合，在编写体例及内容的选择上进行了创新，设计了认识人际沟通、认识礼仪、沟通听说技能、沟通问答技能、职场沟通、仪容礼仪、着装礼仪、仪态礼仪和交际礼仪共九章内容。每章都对相关的基本知识进行了梳理，并在各小节中穿插了“微视频”“小案例”“小贴士”“小故事”“小幽默”“课堂互动”等内容，以增强阅读的趣味性和启发性。此外还设计了“学习目标”“引导案例”“训练营”“视野拓展”等栏目，方便学生在做中学、学中做，学做结合，更好地运用人际沟通和礼仪知识，自信、自如地与他人沟通，礼貌、得体地与他人交流，以塑造良好的个人形象。

本书配套教学资料有电子课件、电子教案、教学案例、习题答案和模拟试卷等，获取方式参见“更新勘误表和配套资料索取示意图”（部分资料仅提供给用书老师，咨询 QQ：3032127）。

本书可作为高职高专院校相关课程的教材，也可作为各界人士进行人际沟通与礼仪训练的培训教材和参考书。

◆ 主　　编　高　琳
副 主 编　王　允　张岩松
责任编辑　万国清
责任印制　李　东　胡　南

◆ 人民邮电出版社出版发行　　北京市丰台区成寿寺路 11 号
邮编　100164　　电子邮件　315@ptpress.com.cn
网址　https://www.ptpress.com.cn
固安县铭成印刷有限公司印刷

◆ 开本：787×1092　1/16
印张：13.5　　　　2021 年 8 月第 2 版
字数：379 千字　　　　2025 年 8 月河北第 5 次印刷

定价：46.00 元

读者服务热线：(010)81055256　印装质量热线：(010)81055316
反盗版热线：(010)81055315

第2版前言

个人需要与社会进行正常的沟通与交往，人与人之间也需要进行广泛的人际沟通与交往。无数事实表明，建立良好的人际关系是个人生存和发展必不可少的条件，因而人际沟通与交往受到广泛重视。目前，很多用人单位对毕业生的适应能力、沟通能力、礼仪素养提出了很高的要求，这就要求学生在进行专业知识与技能学习的同时，还要掌握人际交往与沟通的方法和技巧，以更好地发挥专长、提升个人在职场中的竞争力，以及提高自己的礼仪修养，提升人文素养，以获得就业的竞争优势。只有这样，学生才能“学会生存生活，学会做人做事”，这也是学生主动适应社会、开创美好未来的基础。

为了培养会沟通、懂礼仪、知协调、能公关、有口才、善经营、懂管理的第一线的“实干家”，我们特地编写了本书。本书在编写体例及内容的选择上，一改同类教材以灌输理论知识为主的做法，着力突出职业教育教学的特点，既注重基础性知识、技能的铺陈，也注重突出教学内容的实用性和可操作性，以便于学生在做中学、学中做，学做结合，塑造良好的个人形象。本书第1版出版三年来，受到了高职高专院校师生的热烈欢迎，先后多次印刷。本次修订，增加了“小幽默”“课堂互动”“训练营”等栏目，更新了部分案例；每章还以二维码的形式链接了一些微视频和小案例，这样既方便学生用手机扫码观看和阅读，又增加了教材的容量。这些改进使本书的特色更加鲜明，更能满足高职高专院校的教学要求，希望能一如既往地得到高职高专院校师生对本书的喜爱和支持。

本书由高琳任主编，王允、张岩松任副主编。高琳拟定全书框架，编写第二章、第三章、第五章～第七章，同时完成微视频、电子课件、电子教案、习题答案等辅助教学资源的制作和整理；王允编写第一章、第四章和第九章；张岩松编写第八章。全书由高琳统稿。

本书配套教学资料有电子课件、电子教案、教学案例、习题答案和模拟试卷等，这些资料将不定期更新、扩充，获取方式参见“更新勘误表和配套资料索取示意图”

（部分资料仅提供给用书老师，咨询 QQ：3032127）。

本书在编写过程中参阅了很多文献资料及网络资源，在此一并向这些资料和资源的原作者致谢。由于编者水平所限，书中难免存在不足与疏漏之处，敬请广大读者指正。

编 者

2021年4月

目录

第一章　认识人际沟通……1
学习目标……1
引导案例　王总经理的一天……1
第一节　沟通的内涵、种类与过程……1
一、沟通的内涵……1
二、沟通的种类……2
三、沟通的过程及要素……5
四、有效沟通的条件……8
第二节　人际沟通的内涵、特点与作用……10
一、人际沟通的内涵……10
二、人际沟通的特点……12
三、人际沟通的作用……13
第三节　人际沟通的原则与影响因素……15
一、人际沟通的原则……15
二、人际沟通的影响因素……18
第四节　人际沟通的障碍及克服方法……21
一、人际沟通的障碍……21
二、克服人际沟通障碍的方法……27
自我认知测试……29
知识巩固与训练……31
第二章　认识礼仪……33
学习目标……33
引导案例　礼仪的作用……33
第一节　礼仪的内涵……34
一、礼仪的含义……34
二、礼仪的内容……35
三、礼仪的特性……36
四、礼仪的原则……38
第二节　礼仪的功能……41
一、弘扬礼仪传统……41
二、塑造良好形象……42
三、提高道德水平……43
四、改善人际关系……45
五、建设精神文明……46
第三节　礼仪修养……46
一、礼仪修养的内容……47
二、礼仪的修养方法……48
自我认知测试……51
知识巩固与训练……51
第三章　沟通听说技能……53
学习目标……53
引导案例　夫妻沟通的两个场景……53
第一节　倾听……54
一、倾听的作用……54
二、倾听的障碍……56
三、有效地倾听……58
第二节　说话……62
一、说话的原则……62
二、说话的技巧……65
自我认知测试……70
知识巩固与训练……72
第四章　沟通问答技能……74
学习目标……74
引导案例　三个小贩卖水果……74
第一节　提问……75
一、提问的作用……75
二、提问的原则……75
三、提问的方法……76
第二节　回答……79
一、回答的作用……80

二、回答的原则 80
三、回答的方式 81
自我认知测试 86
知识巩固与训练 88
第五章 职场沟通 90
学习目标 90
引导案例 不善沟通的约翰 90
第一节 与领导沟通 91
一、与领导沟通的原则 91
二、与领导沟通的方法 92
三、请示与汇报的技巧 95
四、妥善处理领导的误解 98
第二节 与同事沟通 100
一、与同事沟通的要求 100
二、与同事沟通的方法 102
三、与同事沟通的禁忌 103
四、劝慰同事的技巧 105
第三节 与下属沟通 107
一、与下属沟通的意义 107
二、与下属沟通的技巧 108
三、调解下属间的矛盾的方法 110
自我认知测试 111
知识巩固与训练 113
第六章 仪容礼仪 114
学习目标 114
引导案例 换妆 114
第一节 讲究仪容卫生 115
一、坚持洗澡、洗脸 115
二、注意手部、口腔卫生 116
三、保持头发整洁 116
第二节 注重规范妆容 117
一、护肤得法 117
二、化妆的原则、方法和禁忌 119
三、不同脸型的妆容 123
第三节 掌握饰发要领 125
一、发型与发质 126
二、发型与身材 126
三、发型与脸型 127
四、美发的方法 129
第四节 注重手部修饰 131
一、护理指甲 131
二、滋润双手 131
自我认知测试 131
知识巩固与训练 132
第七章 着装礼仪 133
学习目标 133
引导案例 事与愿违的着装 133
第一节 着装的基本要求 133
一、着装的个性协调 133
二、着装的色彩搭配 135
三、着装的场合要求 137
第二节 正装 138
一、男士西装 138
二、女士套裙 141
第三节 饰物的得体佩戴 143
一、饰物的佩戴原则 143
二、常见饰物的选择与佩戴 144
自我认知测试 146
知识巩固与训练 147
第八章 仪态礼仪 148
学习目标 148
引导案例 金先生失礼 148
第一节 体姿 149
一、站姿 149
二、坐姿 150
三、行姿 152
四、蹲姿 153
第二节 表情与手势 155
一、表情 155
二、手势 159
第三节 举止与风度 164
一、举止 164
二、风度 166
自我认知测试 167
知识巩固与训练 167

第九章　交际礼仪……169
学习目标……169
引导案例　如此会面……169
第一节　见面……169
一、称呼……169
二、介绍……171
三、握手……173
四、常见的其他见面礼仪……176
第二节　接待……178
一、接待的准备……178
二、接待的礼仪……179
第三节　拜访……183
一、约好时间……183
二、做好准备……183
三、上门有礼……184
四、注意事项……185
第四节　通联……186
一、电话礼仪……186
二、手机礼仪……188
三、微博礼仪……189
四、微信礼仪……190
第五节　面试……192
一、面试前的准备……192
二、面试时的礼仪……195
自我认知测试……203
知识巩固与训练……204
参考文献……207
更新勘误表和配套资料索取示意图……208

第一章 Chapter 1

认识人际沟通

学习目标

熟悉沟通的过程；了解人际沟通的内涵与特点；掌握人际沟通的原则，并能在沟通中加以运用；了解人际沟通障碍产生的原因并予以克服。

引导案例

王总经理的一天

王伟是一家公司的总经理，下面我们来看一下他一天的工作情况。

8:00：来到办公室，打开计算机开始收发、处理邮件。

8:20：开始批阅文件，然后撰写年度工作报告的提纲。

9:00：浏览了一个地区经理提交的关于改变某项工作流程的备忘录，于是他决定要为这件事召开一次会议。

10:00：按照约定，他就招聘员工的相关事宜听取了人力资源部宋经理的汇报。

11:00：去机场迎接来自美国的客户，并与其共进午餐。

下午1:30：带领美国客户到公司参观，并就进一步合作的相关事宜进行了磋商。

下午3:30：接受了一名记者的采访。

下午4:00：就与美国客户的合作事宜召集各部门经理开了紧急会议。

……

上述一天中的这些工作都可称为“沟通”。

问题：

请分析一下你在一天之中都进行了哪些沟通。

要认识人际沟通，首先要对沟通有一个深刻的认识。

第一节　沟通的内涵、种类与过程

沟通是一种把一个组织中的成员联系在一起，以实现共同目标的手段。

——[美]巴纳德

微视频
认识人际沟通

一、沟通的内涵

沟通是各种技能中最人性化的技能之一。社会就是因人与人之间互相沟通而形成的网络。沟通渗透于人们的一切活动之中，人们已经习惯于生活在沟通的“汪洋大海”中。很难想象，如果没有沟通，人们该怎样生活。美国相关机构曾经对25名优秀的管理人员进行了一次调查，发现他们有76%的工作时间是用于沟通的。在现代信息社会中，人们对信息的搜索、加工和处理能力已经成了决定其职场竞争力的关键因素。

课堂互动

请用一句话描述你对“沟通”的理解。

所谓沟通，就是信息发送者与信息接收者之间为了达成一定的目的而运用一定的符号或动作，进行信息传递与交流的过程。沟通过程涉及沟通主体（信息发送者与信息接收者）和沟通客体（信息）的关系，以及信息发送者为传递信息而使用的符号或动作。在沟通过程中，信息以怎样的方式传递？信息如何传递给信息接收者？信息接收者如何解读信息？信息最终以怎样的方式被理解？这些问题都与沟通过程中沟通主体所使用的符号或动作密切相关。具体地说，要正确理解沟通的含义，应从以下几点来把握。

第一，有效的沟通既要传递事实，又要传递信息发送者的价值观及个人态度。

第二，有效的沟通意味着信息不仅被传递，而且被理解。

第三，有效的沟通在于双方能准确理解彼此的意图。

第四，沟通是一个双向的、动态的反馈过程。这种反馈并不一定要通过语言表现出来，信息接收者也可以通过表情、身体姿势等形式将信息反馈给信息发送者，从而使信息发送者知道信息接收者是否接收与理解了他发出的信息。

小案例

土著人的最高礼节

有一次，哈佛商学院的一位教授接到了非洲一个土著部落的邀请去讲授“部落竞争力战略”。

为了表示对土著人的尊重，教授准备了好几套西装，很快便上路了。土著人为了表示对文明国度知名教授的尊重，准备按照部落的最高礼节欢迎他。

讲课的第一天，教授西装革履地出现在土著人面前，讲了一整天，他一直在冒汗。为什么呢？原来土著人都以最高礼节听他讲课——无论男女都只戴着项圈，私处用树叶遮盖着，在下面黑压压地站成一片。

第二天，教授讲课时同样一直在冒汗。为了入乡随俗，教授只戴了个项圈，私处用树叶遮盖着；但是今天听课的土著人为了照顾教授的感受，吸取了昨天的教训，全部西装革履。

直到第三天，双方做了沟通，全部西装革履，“部落竞争力战略”的培训才终于顺利进行下去。

【点评】我们每一个人都应该学会主动、真诚、有策略地与他人沟通，只有这样，才可能消除工作和生活中的诸多尴尬、误会和矛盾。

微视频
礼仪与沟通中的肢体语言

二、沟通的种类

1. 按照沟通的媒介划分

按照沟通的媒介，沟通可分为口头沟通、书面沟通、非语言沟通、传统电子媒介沟通、移动电子媒介沟通等方式。各种沟通方式的比较如表1.1所示。

表 1.1　各种沟通方式的比较

沟通方式	举例	优点	缺点
口头沟通	交谈、讲座、讨论会、电话	快速传递、快速反馈、信息量大	经过的层次越多，信息失真越严重，核实越困难
书面沟通	报告、备忘录、信件、文件、期刊、公告	持久、有形，可以核实	效率低、缺乏反馈
非语言沟通	声音、光信号，体态、动作	信息意义较明确，内涵丰富	沟通距离有限，界限模糊；只可意会，不可言传
传统电子媒介沟通	传真、闭路电视、计算机网络、电子邮件（E-mail）	传递快速、信息容量大，一份信息可同时传递给多人，成本低	单向传递；虽然可以交流，但看不见表情
移动电子媒介沟通	微信、QQ	体积小，便于携带，隐蔽性好；普及率高，覆盖面广；手机功能强大，传播迅速	受无线通信网络的限制，没有网络时无法沟通

2. 按照组织系统划分

按照组织系统，沟通可分为正式沟通和非正式沟通。

（1）正式沟通。正式沟通主要包括以下五种方式。

① 链式沟通。在链式沟通中，居于链条两端的人只能向邻近的一个人传递信息，居中的人则可分别向其两侧的人传递信息。

② 轮式沟通。轮式沟通网络是组织中一个主管直接管理部属的权威系统。

③ 圆式沟通。圆式沟通可以看作链式沟通的一种特殊的封闭式结构，表示五个人之间依次传递信息。其中，每个人都可以同时向两侧的人传递信息。

④ 全通道式沟通。这是一种开放式的网络沟通系统，其中每两个人之间都可以随时传递信息。此种沟通方式的集中化程度很低。

⑤ Y 链式沟通。在 Y 链式沟通中，只有一个成员位于沟通的中心，是沟通的媒介。在组织中，这一沟通方式大体呈组织领导到秘书班子再到下级主管人员或一般成员之间的纵向关系网络。

正式沟通的五种方式如图 1.1 所示，五种正式沟通方式的比较如表 1.2 所示。

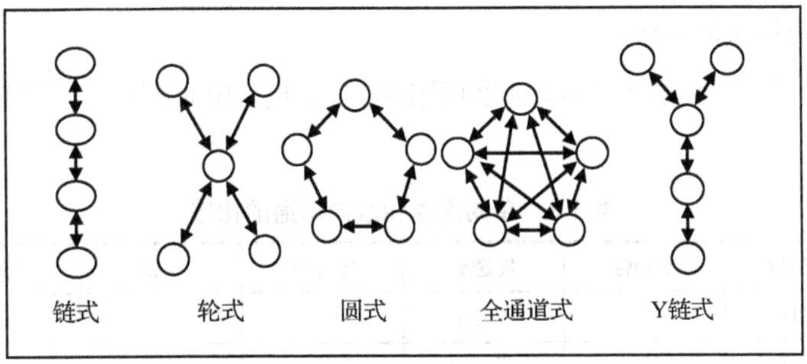

图 1.1　正式沟通的五种方式

表 1.2　五种正式沟通方式的比较

沟通特点	链式沟通	轮式沟通	圆式沟通	全通道式沟通	Y 链式沟通
传递信息的速度	快	较快	慢	快	中
正确性	高	高	低	中	高
突出领导者	相当显著	非常显著	不显著	无	中
士气	低	非常低	高	高	中

课堂互动

请列举学习和生活中的沟通方式。

（2）非正式沟通。非正式沟通主要包括以下四种方式。

① 单线式。单线式沟通是指通过一连串的人，把信息传递给最终的接收者。

② 集中式。集中式沟通是指把信息有选择地告诉自己的朋友或有关的人，这是一种“藤”式的沟通方式。

③ 偶然式。偶然式沟通是指通过偶然的机会来传递信息，可能有些人未接收到信息，这与个人的交际面有关。

④ 流言式。流言式沟通是指一个人主动将信息传递给所有与他接触、交往的人。

非正式沟通的四种方式如图 1.2 所示。

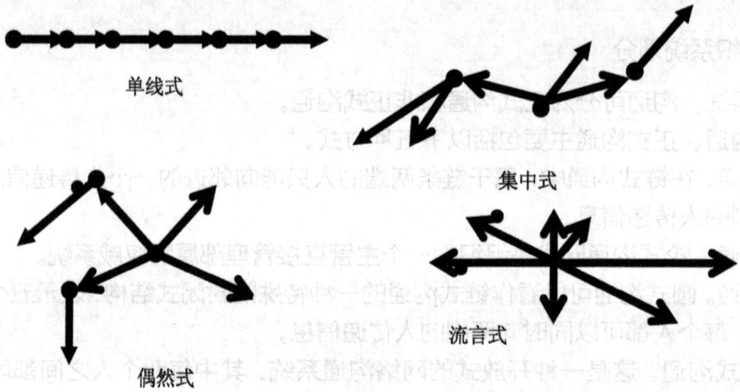

图 1.2 非正式沟通的四种方式

3．按照信息传递的方向划分

按照信息传递的方向，沟通可分为下行沟通、上行沟通、平行沟通和斜向沟通。

4．按照是否进行反馈划分

按照是否进行反馈，沟通可分为单向沟通和双向沟通。单向沟通和双向沟通的比较如表 1.3 所示。

表 1.3 单向沟通和双向沟通的比较

类型	速度	准确性	发送者	接收者	干扰	条理性	反馈
单向沟通	快	低	压力小	无信心	小	有条理	无
双向沟通	慢	高	压力大	有信心	大	无条理	有

小案例

善于与学生沟通的朱老师

阳阳是一个调皮的学生，常常在课堂上捣乱。有一天，第一节是音乐课，阳阳一会儿拍拍前面的同学，一会儿乱唱曲子。结果，因为他不遵守课堂纪律，全班同学都被扣了一颗星。

第二节是朱老师的思想品德课，当她走进教室的时候，同学们纷纷告状，诉说阳阳今天如何如何不好。而阳阳坐在位子上，低头不语，好似一个犯了天大错误的“罪人”。等同学们一一说罢，朱老师请阳阳来到讲台上，阳阳慢吞吞地挪了上来，看上去很失落。

"阳阳，我想听听你的想法。"朱老师说。

阳阳默不作声。

"那么，就让朱老师站在你的角度，说说你此时内心的想法吧！"朱老师关切地看着阳阳，继续说道："我想，你听到同学们刚才说你的不是，一定感到很没面子，你也一定没有想到同学们对你竟有这么大的意见。"阳阳一个劲地点头。

"那么，你认为同学们对你有这么大的意见，你今后在班级里还能交到朋友，还有人愿意和你玩吗？"

说到这里，阳阳的泪水"哗"地一下奔涌而出，一边抽泣一边说："没有了，没有人愿意和我玩了！"

朱老师看时机成熟了，便顺势说道："那么，如果你想让同学们都认可你，愿意和你玩，今后上课，你该如何做才能赢得同学们的尊重与好感呢？"

阳阳一下子说了好多平时老师教育大家在课堂上该如何遵守纪律的话。

朱老师听了很高兴，鼓励他："朱老师相信你能用实际行动证明给同学们看！"

"好的，看我的吧！"看着灿烂的笑容又回到了阳阳的脸上，朱老师也笑了。

请问：朱老师与阳阳沟通时采用了何种沟通方式？这种沟通方式有何特点？效果如何？

【点评】我们在沟通时要了解对方，要学会站在对方的立场上考虑问题，循循善诱，真诚相待，让对方相信自己，愿意倾听自己的意见和建议。

三、沟通的过程及要素

沟通过程是指信息发送者利用一定的通道将信息传递给信息接收者的过程。沟通的具体过程如下。

第一步，信息发送者获得某些观点或事实（即信息），并且有把这些信息传送出去的意向。

第二步，信息发送者将这些观点、事实以言辞来描述或以行动来表示（即编码），力求不使信息失真。

第三步，信息发送者将这些信息通过某种通道传递给信息接收者。

第四步，信息接收者经由通道接收这些信息。

第五步，信息接收者将获得的信息解码，转化为其主观理解的意思。

第六步，信息接收者根据其主观理解的意思对信息加以判断，并做出不同的反应。

由此可见，一个看起来简单的沟通过程实际上包含了许多环节，这些环节都有可能产生沟通的障碍，从而影响沟通目的的实现。现在你应该可以理解，为什么我们每天都可能遇到因沟通不当而出现的误解、尴尬，甚至是矛盾和冲突的事件了。

沟通过程模式如图 1.3 所示。

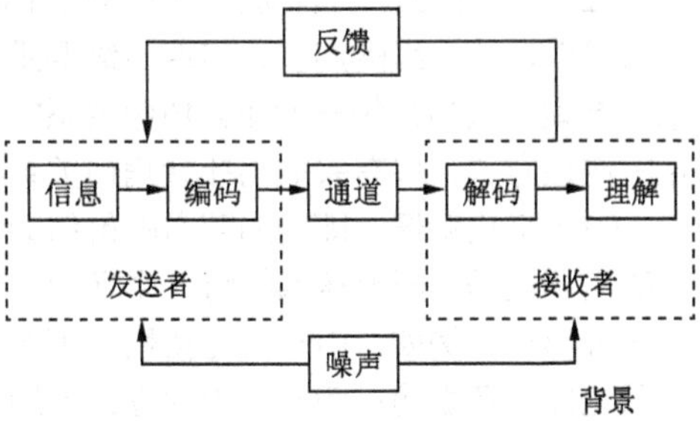

图 1.3　沟通过程模式

要想取得更好的沟通效果，必须把握沟通过程中的要素，主要包括以下几个方面。

1. 信息发送者与信息接收者

沟通的主体是人，任何形式的信息交流都需要有两个或两个以上的人参加。由于人与人之间的信息交流是一种双向互动的过程，所以，把一个人定义为信息发送者而把另一个人定义为信息接收者只是相对而言的，这两种身份可以相互转换。在沟通过程中，信息发送者产生、提供用于交流的信息，是沟通的初始者，处于主动地位；而信息接收者则被告知事实、观点或被迫改变自己的立场、行为等，处于被动地位。信息发送者和信息接收者都对沟通过程有重要的影响。

2．编码与解码

编码是指信息发送者将信息转换成可以传递的信号的过程。解码是指信息接收者将获得的信号转化为其主观理解的意思的过程。编码过程和解码过程是影响沟通成败的关键。最理想的沟通，应该是经过编码与解码后，信息接收者所理解的信息与信息发送者所发送的信息完全吻合，也就是说，编码与解码完全“对称”。“对称”的前提条件是双方拥有相似的知识、经验、态度、情绪和感情等。如果双方的知识、经验、态度、情绪和感情等的差异较大，编码、解码过程往往就会不可避免地出现误差和产生障碍。

3．信息

在沟通过程中，人们只有通过“符号-信息”的联系才能理解信息的真正含义，由于不同的人往往拥有不同的“符号-信息”系统，因而信息接收者的理解可能与信息发送者的意图存在偏差。

微视频
为什么肢体语言那么重要？

4．通道

通道是信息发送者把信息传递给信息接收者时借助的媒介。口头交流的通道是声波，书面交流的通道是纸张，网上交流的通道是互联网，面对面交流的通道是口头语言与身体语言。在各种通道中影响力最大的仍是面对面交流的通道，因为沟通双方通过它可以最直接地发出及感受彼此对信息的态度与情感。因而，即使是在通信技术高度发达的美国，总统竞选时，候选人也总是四处奔波，到众多选民中发表竞选演讲。

5．背景

背景就是指沟通所面临的环境，任何沟通方式都必然受到各种环境因素的影响。沟通的背景通常包括以下几个方面。

（1）心理背景，即沟通双方的情绪和态度。它包括两个方面：一是沟通双方的心情和情绪，或兴奋、或激动、或悲伤、或焦虑，不同的心情和情绪会带来不同的沟通效果；二是沟通双方的态度，如果沟通双方彼此敌视或关系淡漠，则其沟通常常会由于偏见而出现误差，双方都较难准确地理解对方的意思。

（2）社会背景，即沟通双方的社会角色关系。不同的社会角色关系有不同的沟通模式。比如，上级可以拍拍下级的肩膀，告诉下级要勤奋、敬业，但下级一般不能拍上级的肩膀，告诉上级要乐于奉献。因为在每一种社会角色关系中，无论是上下级关系，还是朋友关系，人们都有一些特定的沟通方式，只有采取与社会角色关系相适应的沟通方式，才能得到对方的认可。

（3）文化背景，即沟通双方的价值取向、思维模式、心理结构的总和。文化背景影响每一个人的沟通过程，影响沟通的每一个环节。当不同文化发生碰撞、交融时，人们往往能较明显地发现这种影响。例如，由于文化背景的不同，东方人和西方人在沟通方式上存在较大的差异：东方人重礼仪，多委婉；西方人重独立，多坦率。东方人多自我交流、重心领神会；西方人少自我交流、重语言沟通。东方人认为和谐重于说服，西方人认为说服重于和谐。这种文化差异使不同文化背景下的沟通双方在沟通时遇到了不少困难。

（4）物理背景，即沟通发生的场所。特定的物理背景往往会营造出特定的沟通气氛。如在能容纳千人的大礼堂里演讲与在自己的办公室高谈阔论，其气氛和沟通过程是大相径庭的。在嘈杂的市场里听到一则小道消息与接到一个特意告知你一则小道消息的电话，给你的感受也是截然不同的：前者表现的是随意性，而后者体现的是神秘性。

小案例

老板的脸是办公室的"晴雨表"

很多德国公司里的中国员工，往往工作没几天就跳槽，原因是德国公司的气氛太压抑。气氛压抑的直接原因就是"可怕"的德国老板。

赫敦咨询管理有限公司的菲比，虽然年轻，但已经是一位有好几年工作经验的人力资源经理了。大学毕业后，她进入了一家外资银行，行长就是德国人。菲比有幸在20世纪90年代初就领略了德国人"古板""严谨"的工作作风。她回忆，那个时候，所有人对行长都怕得不得了，不到万不得已，谁都不会主动和行长说话。行长脸一沉，办公室一片死寂；行长心情好，大家一同微笑。行长的脸就是办公室的"晴雨表"。

对于行长的命令，员工只能服从。菲比清楚地记得，她刚到银行不久，行长的秘书就休产假了。她在毫无准备的情况下，被指派暂时接替行长秘书的工作。一次，行长让她尽快找出"Mercedes-Benz"和"DaimlerChrysler-Benz"两份文件，开会时要用。菲比听了半天，还是不知道"Mercedes-Benz"和"DaimlerChrysler-Benz"到底是什么东西，也不知行长要的文件是什么方面的。行长没有考虑到她是临时接替的，对文件不熟悉，没有给她任何解释和提示。菲比也根本不敢问，毫无头绪地对着一大堆文件，不知从何下手。

第二天，不见文件的行长给她下了最后"通牒"：明天早餐会前必须把文件放在他的桌上。行长压根不关心菲比为什么没能找到文件，而她也不敢解释。菲比曾一度想请假，不去上班，以免见到行长。可是"躲得过初一，躲不过十五"，她只能硬着头皮上。终于，她找到了"Mercedes-Benz"和"DaimlerChrysler-Benz"这两份文件，这才发现原来就是奔驰汽车的相关文件呀！

【点评】找两份小小的文件，就给菲比带来了这么大的麻烦，原因何在？大概就在这位行长身上。严谨、敬业的工作作风，严厉、苛刻的对人态度，让员工十分畏惧他。老板在下属心中有如此高不可攀的地位，双方自然无法平等、对等地交流。本来就因为文化差异而沟通不畅，再像这样缺少沟通，工作起来就更难了。难怪菲比连找份文件都找得胆战心惊。

6. 噪声

噪声就是妨碍信息沟通的因素，噪声存在于沟通过程的各个环节。典型的噪声包括以下几种。

（1）影响信息发送的噪声：表达能力不佳、词不达意；逻辑混乱、艰深晦涩；知识经验不足，对编码造成阻碍；信息发送者不守信用、形象不佳等。

（2）影响信息传递的噪声：信息遗失，外界噪声干扰，缺乏现代化的通信工具进行信息传递，沟通媒介选择不合理等。

（3）影响信息接收和理解的噪声：知觉的选择性使人们习惯于对某一部分信息敏感，而对另一部分信息"麻木不仁""充耳不闻"；信息接收者的选择性理解使信息接收者往往根据自己的理解和需要对信息进行"过滤"，造成信息传递的偏差；信息量过于巨大，使信息接收者无法分清主次，在解码过程中被阻碍等。

微视频
倾听与反馈

7. 反馈

反馈是指接收者将对信息的理解返回给发送者，并对信息是否被理解进行核实，它是沟通过程的最后一个环节。通过反馈，沟通变成一种双向的动态过程，这时沟通双方才能真正提高沟通的有效性。如果反馈显示信息接收者接收并正确理解了信息的内容，这种反馈为正反馈，反之则为负反馈。反馈可以检验信息传递的程度、速度和质量。获得反馈的方式有很多种，如信息发送者可以直接向信息接收者提问，或者观察信息接收者的面部表情。但只借助观察来获得反馈还不能确保沟通的效果，还要将观察信息接收者的表情与直接提问的方式结合起来才能够获得更为可靠、完整的反馈信息。

课堂互动

请你通过电子邮件联系朋友并说出在这一沟通过程中，沟通的各个要素是什么。

微视频
有效沟通的条件

四、有效沟通的条件

1. 高情商是有效沟通的先决条件

长久以来，高智商一直被视为一个人在事业和生活方面成功的先决条件。后来人们发现，仅有高智商是远远不够的，高情商在事业的发展和生活的幸福中也扮演重要的角色。在美国，曾有人追踪过哈佛大学一些毕业生在中年时的成就，从薪酬、社会成就和社会地位等诸多方面的考察来看，在校考试成绩好的毕业生不见得后来的社会成就就高。拿一个40岁左右的中年人来说，其智商与其社会地位有一定的关系，但对其社会地位影响更大的是其处理挫折、控制情绪、与人相处的能力。在社会中生存，每个人都必须面对各种纷繁复杂的关系，情商往往决定了人一生的发展方向，与外界沟通的有效程度取决于人的情商的高低。社会交往能力较差的人，常常觉得活得很累，他们活没少干，力没少出，辛苦没少费，却时常事与愿违，得不偿失。即使他们获得了成功的机遇，最后也可能因为不会沟通、不善交往而错失机遇，功败垂成。因此，沟通能力的优劣往往可以决定一个人成功与否，而情商的高低又决定了一个人沟通能力的优劣。要想提升沟通能力，首先要提高情商。

微视频
所谓的情商高就是会说话

微视频
十个让人舒服的沟通技巧

2. 良好的文化素养是有效沟通的前提

沟通是包罗万象的，在沟通的过程中，我们不仅在传递信息，而且在表达情感、提出意见。要想有效地与他人沟通，就必须具备一定的文化素养。沟通手段的运用，社交礼仪的展现，言语表达的技巧，处理问题时对“度”的把握，都是一个人文化素养的体现。

3. 语言表达能力是有效沟通的重要基础

人际沟通主要是通过语言进行的，语言表达能力直接影响人际沟通的效果。提升语言表达能力首先要培养自己的语感。语感是指人对语言的感知和反应能力。语感强的人具有很强的语言感知能力和语言反应能力，前者是指当一连串的呈线性结构的语言通过听觉或视觉传入自己大脑的时候，能迅速而准确地领会其含义；后者是指当某种事物呈现在眼前，或某种意念产生于脑海时，能快速地找到准确而生动的词语，并进行语言的编码，将其连贯、有序地表达出来。

小案例

梁启超对对子

梁启超有一次到武昌讲学，拜访了当时的湖广总督张之洞。张之洞自恃位高权重、才高学富，想为难梁启超一番，便出了个上联让他来对：“四水江第一，四时夏第二，先生居江夏，谁是第一？谁是第二？”这个上联很难对，其意思为：江淮河汉四水，长江排第一；春夏秋冬四季，夏季为第二。你梁启超来到坐镇江夏的我张总督管辖的地盘了，谁居首位呢？梁启超自然听出了对方的倨傲之意，却又不好说自己居于对方之上。该怎么说呢？他稍加思索，便对出了下联：“三教儒在先，三才人在后，小子本儒人，何敢在前？何敢居后？”意思是说，我乃读书人，如果实在要分个前后，实在是说不清楚。上联盛气凌人，问得刁钻；下联毫不示弱，答得巧妙！上下联答对工整，张之洞大为叹服：此奇才也！

【点评】如今人们在日常的沟通交谈中，已很少出题作诗或对对子了，但这种对语言迅捷、精确的感知和反应，确实是一个人应该拥有的十分重要而又特别实用的本领。

提升语言表达能力还要注意语言的简洁精练，这是语言表达的基本功。语言的简洁精练能够体现出说者快速分析问题、深刻洞察事物的能力，是其感知能力和反应能力的表现。简洁精练的语言能使听者在较短的时间内获得较多的有用信息，有助于博得对方的好感。要做到这一点，头脑里必须储存一定数量的素材，并且能在临场交流时选用恰当的词语表达，做到思路清晰、层次分明。

提升语言表达能力还要注意语言的生动形象。生动形象是语言魅力的基本表现，能提升语言的感染力，吸引听者的注意力。要善于运用各种修辞方法，把深刻的道理寓于具体的事实中，使之通俗易懂。同时，幽默风趣的语言能使人广受欢迎。幽默也是一种智慧，是人的内在气质在语言运用中的外显，在人际沟通过程中能活跃气氛、化解尴尬。

微视频
19 个心理学沟通技巧

此外，委婉含蓄这一语言技巧在沟通中的作用也是很大的，是人际交往的“缓冲术”。在拒绝对方的要求，表达与对方不同的意见或批评对方时，委婉含蓄的语言可以维护对方的自尊，给对方留足面子。

课堂互动

图 1.4　问题出在哪儿

请看图 1.4 所示的漫画，然后回答下面的问题。

问题：

（1）该漫画说明了什么？

（2）应如何避免此类问题的发生？

（3）在生活中，你有没有遇到过类似的情形？你是如何处理的？

训练营

沟通活动：折纸训练

【任务目标】

（1）使学生体会到单向沟通的局限性。

（2）加深学生对双向沟通重要性的认识。

【任务内容与要求】

（1）学生要通过两次折纸、撕纸的活动，了解单向沟通和双向沟通的特点。

（2）学生要遵守活动规则，第一次折纸时不可以提问。

（3）学生要认真体会两次折纸、撕纸的结果带给自己的启示。

（4）学生要认真参加讨论。

【任务组织】（见表 1.4）

表 1.4　折纸训练任务组织表

任务项目	具体实施	时间	备注
沟通方式训练	给每位学生发一张纸； 教师发布指令 ——大家闭上眼睛； ——全过程不许提问； ——把纸对折； ——再对折； ——再对折；	10 分钟	提前在教室内准备好足够的废纸（16 开），每人两张

续表

任务项目	具体实施	时间	备注
沟通方式训练	——把右上角撕下来，转180度，把左上角撕下来； ——睁开眼睛，把纸打开，比较一下大家撕出来的图样是否相同。 再发一张纸，重复上面的指令。不同的是，这次允许学生提问。 对比两次折纸、撕纸的结果，组织学生讨论。 ① 两次折纸、撕纸的结果有什么不同？原因是什么？ ② 双向沟通的优点是什么？	10分钟	提前在教室内准备好足够的废纸（16开），每人两张

【任务评价】（见表1.5）

表1.5　折纸训练任务评价表

评价指标	评价标准	分值	评估成绩	所占比例
对单向沟通、双向沟通的理解	1. 对单向沟通局限性的理解	20		70%
	2. 对双向沟通的重要性有充分的认识	20		
	3. 讨论认真，积极发言	10		
	4. 有自己深刻的体会	20		
	5. 遵守活动规则	10		
	6. 效果明显	10		
	7. 活动评估	10		
教学过程	出勤、态度和热情	100		30%
小组综合得分				

第二节　人际沟通的内涵、特点与作用

沟通是人类存在的最好证明和唯一方式。

——[俄]托尔斯泰

一、人际沟通的内涵

所谓人际沟通，就是指人与人之间进行信息传递和情感交流的过程。通过人际沟通，人们交流思想、观点、情感、态度和意见，从而达到交流信息、调节情绪、增进友谊、加强团结的目的。在现代社会中，人际沟通的广度和深度不仅是人们生活质量的重要体现，而且是组织沟通、团队沟通的前提和基础。可以说，有效的管理都是通过有效的人际沟通来实现的。

微视频
人际沟通的基本内涵

实际上，人际沟通内涵广泛、错综复杂。但它的最基本的内涵只涉及内容和关系两个方面。所谓内容是指人际沟通中的信息，所谓关系是指沟通双方在互动中建立的联系。这两者紧密相连，不可分割，共同构成人际沟通内涵的基本框架，使每次人际沟通均包含一定的内容及其建立的相应关系。因此，研究人际沟通的规律，从剖析、理解、处理其内容与关系之间的内在联系入手，是十分重要的。

1．内容与关系对人际沟通的作用与影响

任何一个欲被交流的信息都是携带相应的内容和一定的关系在信息发送者和信息接收者之间传递的。它的效果和稳定状况则自始至终与其内容和关系的相互作用及影响密切相关。事实上，同样的沟通内容可能有不同的关系水平，以致产生不同的沟通效果。反之，同样的关系水平也可能有不同的沟通内容，但通常可以维持相对稳定的沟通。

例如，护士甲和护士乙一起在某医院工作，一天护士甲对护士乙说："请与我一起给病人送药好吗？"显然，从该信息的关系层面来看，甲向乙提出这个请求，是从与乙平等的地位出发的，说明两人为对等关系，因而该请求易被乙接受，与甲一起给病人送药。如甲继续维持与乙的这种对等关系，那么无论甲请求与乙一起为病人做什么（注射、导尿、灌肠、测血压等），均可能得到相应的合作。倘若甲对乙的说法变为："你想与我一起给病人送药吗？"尽管这两种说法的内容均为"一起给病人送药"，但后一种说法表明甲、乙两人之间的关系呈互补状态，两人所处的地位也存在一定的差异。于是甲的要求易被乙拒绝，难以达成"一起给病人送药"的目的。

可见，指导、帮助沟通双方正确处理彼此之间的关系，合理利用内容与关系的相互作用与影响，对客观认识人际沟通规律，掌握人际沟通规范，准确运用人际沟通的技巧是大有裨益的。

2．内容与关系的实质

人际沟通实质上就是沟通双方建立起真正的关系。因此，紧扣人际沟通的真实含义，以建立关系为主线，揭开表象、剖析事实、克服偏见、反复实践，是学会沟通的有效途径。具体来说，应做到以下几点。

（1）沟通双方首先要确保获得对方的好感，尽可能在充满善意或好感的认知基础上，开展友好、有效的人际沟通。

（2）积极建立关系、融洽感情，努力使沟通双方能自觉地为对方着想，以良好的人际关系增进友谊、加强信任、弥补过失、消除误解，切实保障人际沟通的正常进行。

（3）从内容和关系的双重角度加深沟通双方对信息的正确理解，即通过在沟通双方之间构建可靠的关系，影响彼此对内容的理解和认同。

小案例

两次效果迥然不同的裁员

受全球经济危机的影响，一家网络公司的经营遭到严重打击，最后决定裁员。

第一次裁员。

地点：公司的会议室。

方式：通知全部被裁人员到会议室开会，在会上宣布被裁人员名单，并且要求每个人立即带走自己的东西，离开公司。

效果：公司所有被裁人员都感到很沮丧，离开后到处诉说对原公司的不满，对该公司造成了较坏的社会影响；留用人员人人自危，极大地影响了公司的士气。

第二次裁员。

地点：咖啡厅。

方式：人事专员在咖啡厅单独约见每个被裁人员，耐心、细致地向他们解释公司的决策，因为公司的现状，其暂时失去了这份工作，请其谅解，并给其一个月的时间寻找下一份工作；同时表示，如果公司的运营情况好转，需要聘请人员，会优先聘请这些被裁人员。

效果：被约谈的被裁人员得知情况后，都接受了事实，并且表示，如果公司需要他们回来，可随时通知，

他们会毫不犹豫地回到公司；留用人员听说后，觉得公司尊重员工，感到颇为欣慰，公司的凝聚力由此增强。

【点评】沟通方式决定沟通效果。沟通方式不同，沟通效果也不同。正确的沟通方式能让人感到被尊重，从而可以取得意想不到的效果。

二、人际沟通的特点

人是有思想、有感情的高级动物，人际沟通与其他形式的沟通相比，具有以下五个特点。

1. 人际沟通双方都是交流活动的积极参与者

人际沟通双方积极参与交流，其前提在于人际沟通双方有共同的动机。在人际沟通的过程中，每一个主体都是积极的参与者。双方之间的沟通是一个相互作用的互动过程。

2. 人际沟通受到人际关系的影响

"酒逢知己千杯少，话不投机半句多"，人际沟通总是在一定的人际关系下进行的，人际关系水平直接影响人际沟通的深度、广度和方向。

3. 人际沟通会出现障碍

在人际沟通的过程中，沟通双方的社会文化因素和心理因素，包括沟通双方的社会地位、文化水平、风俗习惯和社会传统，以及个人的需要、动机、情绪、兴趣、价值观、个性、经验与知识结构等，都会使人际沟通出现障碍，使信息被误会和曲解，从而妨碍人际沟通的正常进行，这是人际沟通过程中一种特有的现象。这种现象在中国传统文化背景下显得尤为突出，俗语"逢人只说三分话，未可全抛一片心"说的就是沟通双方的社会文化因素和心理因素对人际沟通的影响。

4. 人际沟通的主要工具是语言

除了书面语言，人际沟通还经常通过口头语言进行。在口头沟通过程中，除了语言符号系统，语音、语调、停顿、重音以及语速等辅助语言符号系统也能传递大量的信息和丰富的情感，同时，表情、姿态、手势等非语言符号系统在口头沟通过程中也会起到很大的作用。因此，口头沟通过程常常会出现言外之意。

5. 人际沟通信息传递迅速，形式与内容的随意性较强

人际沟通是人与人之间直接的信息传递，不经过第三者，因此信息的传递速度比较快，信息传递的数量也较少受限。特别是当人际沟通只限于两个人时，其传递效果往往是比较好的。但是人际沟通也有另一方面的特点，那就是人际沟通的形式与内容的随意性较强，双方可以根据具体情景对人际沟通的形式和内容进行调整。如果人际沟通的链条过长，其信息传递效果将明显变差。据有关研究，第一个信息传播者将信息传递给第二个人时，第二个人掌握的信息量只有第一个人掌握的信息量的70%；第二个人将信息传递给第三个人时，信息量只有原来的55%；第三个人将信息传递给第四个人时，信息量只有原来的30%。

小案例

一次不欢而散的沟通

汪大伟正和下属李明春谈话，内容是对李明春经常迟到和缺勤的第二次警告。李明春争辩道，在同事中，他的工作做得最多、业绩最好。汪大伟知道李明春是一名很好的员工，但不能容忍他违反公

司的制度。

汪大伟："小李，你知道今天早上为什么叫你来吗？上个月我们讨论过你的问题，我以为你正设法改进。但当我检查月度报告时，我仍发现你迟到了四次，并且多病休了两天。这说明你根本没把我的话当回事。小李，你的业绩很好，但态度不佳。我再也不能容忍你这样的行为了。"

李明春："我知道我们上个月谈过，我也努力准时上班，但是最近的路况非常拥挤。而且工作的时候我是十分投入的，你应该多注意我的工作效率，与我们组的老王相比，我的工作量要大得多。"

汪大伟："现在不是谈老王的事，是谈你的事。"

李明春："不，应该谈老王和其他几位同事的事。我比大多数同事都做得好，而我却在这儿被批评，这不公平。"

汪大伟："小李，我承认你的工作做得很出色，但公司的制度也需要遵守。你平均每月迟到四至五次，你不能总是这样。我该怎么处理你呢？我真不愿对你发出正式警告，你知道那意味着什么。"

李明春："是的，我知道正式警告意味着什么，我以后会更加注意的，但我认为我比其他人工作更努力，应该有所回报。"

汪大伟："好的，小李。如果没有这些问题，你的出色业绩会得到回报的，如果你想挣更多的钱或得到提升，你就应该按时上班，遵守公司的规章制度。"

李明春："好的，我认为你是对的，但是对于你这样的处理方式，我仍持保留态度。"

汪大伟："小李，如果你下个月仍不遵守规章制度，我将发出正式警告。"

李春明："好的，但是我还是认为这不公平。"

【点评】两个人的争论中没有赢家！一个端着"领导架子"，另一个居功自傲。两人争来争去，不仅没有解决问题，反而激化了矛盾。领导对下属不满，下属对领导不服，谈话不欢而散。沟通时要让对方觉得自己被接受、被理解，让人觉得你将心比心、善解人意才会有好的效果。

三、人际沟通的作用

人际沟通除信息的传递外，还包括情感、思想、知识和经验等多方面的交流，它对于改善人际关系、调整和转变人的行为都具有十分重要的意义和作用。具体来说，人际沟通的作用主要表现在以下五个方面。

1. 人际沟通有助于增长知识、开阔视野、丰富经验

在人际沟通过程中，个体可以从对方那里吸取对自己的工作、学习和生活有意义、有价值的知识与经验，以别人的长处来弥补自己的不足，可以借鉴别人的优势来弥补自己的劣势，学习他人的成功经验，吸取他人的失败教训，以此扩充自己的知识面，更好地提升自己对环境的适应能力。

2. 人际沟通有助于改善人际关系

微视频
人际交往中
沟通的重要性

有效的人际沟通可以使沟通双方的思想、情感、信息产生充分、全方位的交换，从而达到增加共识、增进了解、联络感情的效果，有效改善人际关系。世界上最美的东西之一就是人与人之间的情感联络，而人与人之间的情感联络就是通过人际沟通来实现的。沟通的过程使积极的情感体验加强，使消极的情感体验减弱，从而使人际关系不断得以改善。

3. 人际沟通有助于正确地自我定位

人们在与他人的沟通过程中，在理解别人的同时，也认识了别人眼中的自己。人们从他人对自己的反应、态度和评价中，发现自己的长处和短处，找到适合自己的社会位置，为自我的设计、

发展、完善创造了有利条件。离开了人际沟通，人们就无法客观地认识他人，也无法真正地了解自己。

4. 人际沟通有助于保持心理健康

沟通与交往是人类最基本的社会需要之一。根据美国管理学家马斯洛的需求层次理论，每个人都有归属和社交的需要，通过彼此间的沟通和交往，可以诉说各自的喜怒哀乐，这样就增进了彼此之间的思想和情感交流，促使彼此之间产生依恋之情。人际沟通有助于保持心理健康，正如有人说的那样："当我们快乐时，把我们的快乐告诉朋友，我们的快乐会加倍；当我们痛苦时，把我们的痛苦告诉朋友，我们的痛苦会减半。"

5. 人际沟通有助于提高团队的工作效率

人际沟通是组织管理的基础，离开了人际沟通，管理功能的发挥以及管理目标的实现都是不可能的。良好的人际沟通能够把团队内每个成员的知识、专长和经验融合在一起，使每个成员更好地与他人合作，从而构建一个高效的工作团队，取得事业上的成功。

小案例

通用汽车公司的"全员决策"

通用汽车公司（GM）是全球知名的汽车公司，其核心汽车业务及子公司遍及全球，共拥有30多万名员工。1981年杰克·韦尔奇接任总裁后，认为公司"管理"得太多，"领导"得太少，"工人对自己的工作比经理清楚得多，经理们最好不要横加干涉"。为此，他实行了"全员决策"制度，使那些平时没有机会互相交流的职工、中层管理人员都出席决策讨论会。杰克·韦尔奇实行的"全员决策"制度，极大地消除了公司中的官僚主义，简化了烦琐的程序。实行"全员决策"制度后，通用公司在经济不景气的情况下也取得了巨大成功。杰克·韦尔奇本人也被誉为全美最优秀的企业家之一。

【点评】当企业的运营或管理出现了问题，管理者与被管理者以及管理者与管理者、被管理者与被管理者只有通过良好有效的沟通交流，才能找准症结，通过分析、讨论、决策，及时将运营或管理问题解决。

课堂互动

在生活中，你有没有因为沟通不当而影响人际关系或者因为沟通顺畅而获得成功的经历？请与同学分享。

训练营

问题解决与沟通

训练目的：当环境及条件受到限制时，学会改变自己，用各类沟通方法解决问题。

训练形式：将全体学生分成若干组，14～16人为一组。

训练类型：问题解决与沟通。

训练时间：30分钟。

训练材料：录像设备、眼罩及小贴纸。

训练场地：教室。

训练操作程序：

（1）让每位同学戴上眼罩；

（2）给他们每人一张写有号码的小贴纸，但这个号码只有他们自己知道；

（3）让小组各个成员根据每人的号码，按从小到大的顺序排列成一条直线；

（4）全程不能说话，只要有人说话或摘下眼罩，游戏就立即结束；

（5）全程录像，并在点评之前放给同学们看。

相关讨论：

（1）你是用什么方法告知小组其他成员你的位置和号码的？

（2）在沟通中，你都遇到了什么问题？你是怎么解决这些问题的？

（3）你觉得还有更好的沟通方法吗？

第三节　人际沟通的原则与影响因素

如果你有一个苹果，我也有一个苹果，彼此交换，我们每个人仍然只有一个苹果；如果你有一种思想，我有一种思想，彼此交换，我们每个人就有了两种思想。

——[英]萧伯纳

一、人际沟通的原则

人们在社会生活中进行人际沟通和人际交往时，不仅要有良好、正当的动机，遵循普遍的社会道德规范，还需要采取正确的方法并遵循一定的原则。

1. 尊重原则

人人都有自尊心，都有受人尊重的需要，都期望得到别人的认可、注意和欣赏。这种需要被满足会增强人的自信心和上进心；反之则会使人失去自信，产生自卑心理，甚至会影响其人际关系。因此，在沟通中首先要遵循尊重原则。尊重原则要求沟通双方讲究言行举止的礼貌，尊重对方的人格，尊重对方的文化背景。这里既包括要善于运用相应的礼貌用语，如称呼语、迎候语、致谢语、致歉语、告别语、介绍语等；也包括遣词造句的谦恭得体、恰如其分，如多用委婉征询的语气；还包括平易近人、亲切自然的态度。当然，对对方的尊重不仅表现在沟通形式上，更表现在沟通中所交换的信息和思想观念上，即要把对方放在平等的地位上，以诚相待，摒弃偏见，讲真话。

小案例

意外收获

福斯米德先生受命为公司新落成的办公楼采购320台空调。他下决心要把这件事办好，一定要让领导满意。经过考虑，他决定在确定供货方之前，进行一次充分的调查。除了考察价格和质量外，他认为还应该考虑供货方的售后服务情况。因为售后服务在成交之前只能靠供货方的承诺来判断，可是仅有承诺不足以规避风险。他要找到一家真正关心顾客利益的供货方。对于那些只做“一锤子买卖”、对顾客的利益漠不关心的供货方，他坚决不与他们合作。

福斯米德先生开始走访那些空调专卖店和综合电器商场。他隐瞒了自己的身份，闭口不提采购空调的事情。他一家一家地推开那些商家的店门，当那些满脸笑容的店员问他是否要购买空调的时候，他立即告诉他们：“不，我只是想为家里那台空调配一个空调罩，不知你们能否卖给我一个？”

他发现在听到这句话之后，几乎所有的店员脸上的笑容都立即“冷却”了下来，他们对这种小买卖没有丝毫兴趣，而福斯米德对他们的态度变化也早有心理准备。

后来，他只好扩大自己的走访范围。他在一家规模稍小的空调商店受到了自始至终的热情接待。那家商店的员工并没有因为他只购买一个空调罩而表现出不耐烦，他们很热情地向他推荐了各种款式的空调罩，供他选择。几天之后，福斯米德把这笔巨额订单交给了那家愿意卖给他空调罩的商店，并允许商店在两个月之内把320台空调分三批送到公司。对于那家商店而言，他们因为对一位只是想购买一个空调罩的顾客热情相待，而意外地获得了一笔巨额订单。

【点评】尊重每一位顾客是这家商店赢得福斯米德先生的信任的秘诀。这是一个再简单不过的秘诀，但是世界上为数不少的商家忽视了这一秘诀的重要作用。尊重是不分对象的，学会善待每一个人，有时会有意外的收获。

2. 简洁原则

宝洁公司对简洁做了规定：每份交给高级经理审阅的文件不得超过两页。良好的人际沟通一定是简洁的，用很少的文字就能传递大量的信息。无论对谁，简洁都是一个基本原则。每一个人的时间和精力都是有限的，没有人喜欢不必要的烦琐交谈和没完没了又毫无结果的会议。

3. 理解原则

理解原则就是要求沟通双方善于换位思考，站在对方的立场上考虑问题，体会对方的心理状态与感受，这样才能与对方达成一致；同时还要耐心、仔细地倾听对方的意见，准确领会对方的观点、依据、意图和要求。这样既能表现出对对方的尊重和重视，也能更加深入地理解对方。沟通不仅是信息的传递，更是对信息的理解和把握，准确地理解信息是良好沟通的基础。

小案例

理 解

一家电梯公司与某酒店签有维修合同。酒店经理不愿让电梯停运两个小时以上，因为这样会给客人造成不便，但这次维修起码需要八个小时。电梯公司的代表给酒店经理打了电话，不过他并没有先在时间上讨价还价，而是说："我知道你们酒店生意很好，不愿让电梯停太长时间，这样会给客人带来不便，我理解你。我们一定尽力使你满意。可是我们检查后发现电梯需要大修理，否则将带来更大的损失，那样电梯可能得停运更长的时间。我想你更不愿给客人造成几天的不便吧。"最后酒店经理同意停运八个小时，因为这比停运几天更能让他接受。正因为这位代表对酒店经理不给客人造成不便的立场表示理解，他才能够说服酒店经理接受他的主张，且没有引起酒店经理的不悦。

【点评】理解是人际沟通的"润滑剂"，凡事只要被理解，一般就能顺畅进行。我们常说"理解万岁"，懂得理解的人，其沟通能力一定强，并且处处受人欢迎。电梯公司的代表就是这样的人。

4. 宽容原则

宽容原则是指沟通双方要心胸开阔、宽宏大量，把原则性和灵活性结合起来，只要不是原则性的重大问题，应力求以谦恭容忍、豁达超然的态度来对待各种分歧、误会和矛盾，以诙谐幽默、委婉劝导等与人为善的方式来缓解紧张气氛、消除隔阂。事实证明，在沟通过程中心胸开阔、态度宽容、谦让得体、诱导得法，会使沟通更加顺畅并能赢得对方的配合与尊重。

小案例

特殊的房子

贝聿铭是著名的华裔建筑设计师。在一次正式的宴会中，他遇到了这样一件事。当时的宴会嘉宾云集，在他的邻桌坐着一位美国百万富翁。在宴会中，这位百万富翁一直在抱怨："现在的建筑师不行，都是骗钱的，他们老骗我，根本没有水准。我要建一个房子，很简单嘛，可是他们做不到，他们不能满足我的要求，都是骗钱的。”贝聿铭听到后，没有直接反驳这位百万富翁，而是问：“那你提出的是什么要求呢？”百万富翁回答：“我要求这个房子是正方形的，房子的四面墙全部朝南！”贝聿铭面带微笑地说：“我就是一个建筑设计师，你提出的这个要求我可以满足，但是我建出来的这个房子你一定不敢住。”这位百万富翁说：“不可能，你只要能建出来，我肯定敢住。”贝聿铭说：“好，那我告诉你我的建筑方案，它就是在北极的极点上建这座房子。因为在北极的极点上，所以这个房子的四面墙都是朝南的。”

【**点评**】在这种正式场合，贝聿铭恪守了人际沟通的宽容原则，没有使矛盾升级，而是很委婉地指出了这个百万富翁的问题，化解了矛盾。

5. 准确原则

良好的人际沟通是以准确为基础的。所谓准确，是指沟通所用的符号和传递的方式能被信息接收者正确理解。在沟通中，典型的不准确信息有数据不足、资料解释错误、存在自己没有意识到的偏见，以及对信息的夸张等。传递的信息如果不准确、不真实，不仅会给沟通造成极大的阻碍，而且会失去对方的信任和理解。因此，为了保证沟通的准确性，在信息收集过程中应注意选择可靠的信息来源，用准确的语言或精确的数字客观地记录原始信息；在信息加工过程中，应采用科学的方法，尽可能排除人为因素（如加工者的偏见、智力或技术水平的不足）对信息内容及其价值的客观性的干扰。

6. 及时原则

坚持沟通的及时性原则，就是要求在信息传递和交流的过程中注意信息的时效性，既要注重传递信息的主要内容，又要注意传递的信息产生与发生作用的时间范围及条件，做到信息及时传递、及时反馈，不使信息因时间流逝而失真。

微视频
有效沟通的
八大原则

7. 真诚原则

日本著名国际化电器企业松下电器公司的创始人松下幸之助有这样一句名言：“成就伟大的事业需要用一颗真诚的心与人沟通。”松下幸之助正是凭借这种真诚的人际沟通艺术，驾轻就熟于各种职业、身份、地位的客户之中，赢得了客户的信赖、尊重和敬仰，使松下电器成为全球电器行业的“巨人”。

有人做过一个统计，当要求人们从描述人品的词语中选出自己认为最重要的几个词时，“真诚”被选择的次数最多。崇尚真诚是时代的主旋律。在沟通过程中，最基本的心理保证是安全感，没有安全感的沟通是难以维系的，只有抱着真诚的态度与人沟通，才会给人安全感，才会得到自己想要的结果。

小案例

女孩用真诚打动了他

在西方经济大萧条时期，有位女孩好不容易找了份工作，在一家首饰店做销售员。一天早晨清扫时，她不小心打翻了首饰盒，放在里面的六枚戒指只找回了五枚。这时她发现有位男青年匆匆向门口走去，女孩凭直觉断定是他捡走了，因为早晨商店里的人很少。女孩赶上去叫住了他，很真诚地说：“你知道现在工作很难找，这是我的第一份工作，家里还有母亲等我赡养。”男青年顿了一会儿，跟她握了一下手（戒指在手里），说：“祝你好运！”女孩用真诚打动了他。

【**点评**】一个人可能不善言辞，但有真诚就足够了，没有什么比真诚更能打动人。真诚是人心所向，在人际沟通中我们要始终恪守这一原则。

8. 互动原则

沟通不是一方的事，需要双方共同参与。有传递有反馈，有说有听，才有双方意见的交流，在来来回回的互动中达成共识。那么，如何实现互动呢？共享说话的权利是互动的前提。在与人交谈时，口齿伶俐固然是件好事，但是用力过猛，独自一人滔滔不绝地大发议论，可就不“识趣”了。谈话不该是一个人唱独角戏，每个人都有表现的本能，所以共同支配时间对沟通来说尤为重要。在交流时，不可盲目地自我吹嘘，这种吹嘘会影响你的形象，适当的神秘感反而会增加你的魅力。

要想得到对方的反馈，需要使用一定的策略。罗斯福的方式很简单，就是在与人接触的前一个晚上，花点时间研究一下这人的背景，于是一见面时，两人就有共同的话题，谈话自然能顺利进行。

此外，将自己的愿望变成对方的愿望，也不失为得到对方的反馈、达到双赢的好方法。

小案例

威森的策略

威森为一家画室推销服装设计草图，他经常去拜访一位著名的服装设计师，设计师从不拒绝见他，但也从来不买他的东西。一次次失败后，威森改变了思路。他把未完成的草图带到设计师的办公室。“如果你愿意，希望你帮我一个小忙，”他说，“这是一些尚未完成的草图，能否请你告诉我，我们应该如何完成它们才能对你有所帮助？”

这位设计师默默地看了那些草图一会儿，说：“你把这些草图留在我这儿，几天后再来见我吧。”三天以后威森又去了，获得了他的某些建议，取了草图回到画室，按照设计师的意思把它们完成。结果是这些服装设计草图全部被设计师接受了。

后来，威森总结这件事情时说：“我现在才明白，这么多年来为什么我一直无法和这位设计师做成买卖。我以前只是催促他买下我认为他应该买的东西，而我现在的做法正好相反。我鼓励他把他的想法告诉我。他现在觉得这些图是他自己创作的，这时我用不着向他推销，他自己就会购买了。”

【点评】对于一种商品，如果只是让客户在一旁观看，客户比较容易厌倦，更谈不上产生购买的欲望了。销售不是独角戏，销售中的沟通需要互动。

课堂互动

请问“见人说人话，见鬼说鬼话”是否正确？为什么？

二、人际沟通的影响因素

人际沟通是一个连续、动态的变化过程，始终受到沟通双方的生理、心理和社会方面的多重因素的影响。因此，正确认识这些复杂的因素及其对人际沟通产生的各种影响，对于消除沟通障碍、改善沟通效果具有积极的意义。人际沟通的影响因素主要有以下五个。

1. 移情

所谓移情是指沟通双方都从对方的角度感受、理解和分享其情感的过程。它是人际沟通的一个重要的影响因素，对促进沟通双方的相互理解发挥着关键作用。实际上，站在对方的角度理解对方，并及时向对方表达这种理解，既是移情的具体表现，又是开展有效人际沟通的基本前提，应当引起我们的重视。

2. 信任程度

人际沟通效果还取决于沟通双方的信任程度。在现实生活中，凡是自己信任的人所传递的信息比从其他渠道得到的信息更容易被相信和认同。沟通双方的信任程度，主要与对方的权威性、信誉、领导才华、语言魅力以及目的一致性（即判断其是否与自己的目的和价值观一致）等因素有关。

3. 控制能力

控制能力是指一个人引导和确定沟通对象与自己产生某种人际关系时的支配力度。它所建立的关系包括互补关系、对称关系和平等关系三种。在互补关系中，由于沟通双方地位不平等，一方常以支配的方式要求另一方顺从，显然，此时支配方的控制能力最强。在对称关系中，沟通双方因地位平等，会以竞争方式争夺控制权，结果是谁也不能控制谁，双方的控制能力呈动态平衡状。在平等关系中，沟通双方的控制能力介于上述两种关系之间，任何一方能否取得控制权，需根据当时的沟通状况来确定。

4. 自我显示

在人际沟通过程中，自我显示是沟通双方有意向对方叙述自己真实情况的一种沟通行为，它有利于双方加深了解，促进和发展双方的人际关系，常以主动性、有意性、真实性和独特性等特点影响人际沟通的效果。

5. 沟通者的自身状况

（1）生理因素。如沟通者过度疲劳、身患疾病或聋哑、失语等，均会直接影响人际沟通的效果。

（2）情绪因素。情绪是一种具有感染力的感情因素，它对沟通的有效性会产生直接影响。一般来说，轻松愉快的情绪能提升一个人的沟通能力。而紧张忧虑的情绪可干扰一个人传递或接收信息。

（3）智力因素。若沟通双方的受教育程度、知识水平、使用的语言或对事物的理解等存在明显差异，双方往往就会产生沟通障碍。

（4）性格因素。通常，性格内向的人因经常独思单处，与他人沟通的动机薄弱，而不善于进行人际沟通。但有时也可与少数知心人建立稳定、有效的沟通渠道，从而与之形成深厚的情感和友谊。性格外向的人由于机敏活泼、乐于表现，与他人沟通的动机强烈，往往善于沟通，但其沟通程度并不一定都很深。

（5）感觉和态度等因素。首先，在沟通时，信息发送者因需保密或对信息接收者缺乏信任而将信息删除、更改或保留，常导致信息接收者对其所传递的信息拒收或无法理解，造成沟通困难。其次，当沟通双方的生活经验、社会阅历、价值观念、理解方式等存在较大差别时，他们往往难以对传送的信息形成准确、恰当的共识，从而使沟通无法顺利进行。

视野拓展

帕金森定律

著名学者帕金森提出与他人沟通最有效的十种方法，人们称之为“帕金森定律”。

（1）不要害怕与人沟通。不要因为害怕对方可能做出的反应，而迟迟不敢沟通，要知道，未能沟通而造成的“真空”，将很快充满谣言、误解、废话，甚至仇恨。

（2）在沟通的过程中，知识不一定永远是智慧，仁慈不一定永远是正确，同情不一定永远是了解。

（3）负起沟通成功的全部责任。作为聆听者，你要负起全部责任，听听他人说了些什么；作为说话者，你更要负起全部责任，以确定聆听者能够了解你在说些什么。绝对不能仅用一半的心意来对待与你有关的人，一定要有百分之百的诚心。

（4）用别人的观点来分析你自己。把你想象成你的父母、你的配偶、你的孩子和你的下属。想象你走进一间办公室时，陌生人会对你产生什么样的印象，为什么。

（5）听取真理，说出真理。不要让那些闲言碎语使你成为受害者之一。记住，你向外沟通的内容都是你的意见，也都是你根据有限的资料来源得到的信息。你要不停地利用可靠的来源扩充自己的资料库。

（6）对你听到的每件事，都要以开放的心态加以验证。不要存有偏见，要有充足的分析能力，对真相进行研究与检验。

（7）对每个问题，都要考虑到它的积极面与消极面，追求积极面。

（8）检讨一下自己，看看自己是否能够轻易和正确地改变所扮演的“角色”，如从严肃的生意人变成朋友、父母、知己或老师。

（9）暂时退出固有的生活圈子，考虑一下究竟哪种人能吸引你，你又想要吸引哪种人；他们是不是属于同一类型；你能否吸引胜利者；你所吸引的人是否比你更成功，为什么。

（10）运用神奇的“轻抚”效应。今天、今晚就对你心爱的人“伸手轻抚”，在今后的每一天里都要这样做。

训练营

有效的沟通

训练目的：让受训者明白沟通到底是什么，有效的沟通是什么样的。

训练地点：不限。

训练时间：20分钟。

参与人数：集体参与。

训练道具：姓名牌。

训练程序：

第一步

（1）给每一个人都做一个姓名牌，让每个人在进入教室之前先在名册上核对一下自己的姓名，然后给他一个别人的姓名牌；

（2）要求所有人在三分钟之内找到姓名牌上的人，同时向其他人做自我介绍。

第二步

（1）主持人做自我介绍，然后告诉受训者：“我很高兴来到这儿！”

（2）主持人快速在教室内走一圈，问：“如果你今天不在这儿，你会在做自己不情愿做的事情吗？”

（3）注意让问答保持在轻松活泼的氛围之中。

体验项目

（1）当你在寻找你拿到的姓名牌上的人的时候，你是不是也同时认识了很多人？通过这个游戏，你是不是感觉大家的距离近了许多？

（2）在第二步中，当你们谈到自己可以不用做自己不情愿做的一些事情时，你有没有发现在这里训练是一件比较惬意的事情？

分享重点

当今社会无处不强调沟通。有效的沟通是怎样的？

第四节　人际沟通的障碍及克服方法

有效的沟通取决于沟通者对议题的充分掌握，而非措辞的甜美。

——[美]葛洛夫

微视频
认识人际沟通障碍

一、人际沟通的障碍

人际沟通过程就是人与人之间的信息沟通、思想感情交流和行为互动的过程。在现代社会中，人际沟通范围的不断扩大，人际沟通频率的不断提高，人际沟通水准的不断提高，使人际沟通的障碍也比以往更复杂。分析和研究人际沟通的障碍，对于调节人们的沟通行为、搬走沟通过程中的“绊脚石”、克服人际沟通的障碍，具有重要的意义。

一般来说，人际沟通的障碍包含知觉障碍、个性心理障碍、文化障碍以及社会障碍等几种类型。

1. 知觉障碍

人际沟通的障碍产生于人际沟通过程中。人们在认知事物时经常会出现不同的知觉错误，即知觉障碍。它们在人际沟通中既可能发挥积极作用，也可能发挥消极作用，即干扰人们的判断，使人们形成认知误差，最后形成人际沟通的障碍。

小故事

孔子的慨叹

孔子被各国所聘，携众弟子到处讲学，但是迟迟得不到报酬。当时，孔子生活拮据，当地村民给了他们一些米，孔子想：让谁来煮米饭我才放心呢？他想到了大弟子颜回，颜回平日忠厚老实，不贪图小便宜，于是他就把煮米饭的任务交给颜回，颜回欣然接受。

过了一会儿，孔子受不了米饭香味的诱惑，便来到厨房。刚走到厨房门口，他就看到了这样一幕：颜回正手抓米饭，大口吃着。孔子十分生气，自己最认可的弟子怎么会这样呢？孔子回到了书房，此时颜回把米饭端进了书房让孔子吃。孔子心想：我要考验他一下，看看他是否真的不懂尊师重道。于是，孔子就对颜回说：“我们难得吃一回米饭，先祭祭祖吧！”古时，祭祖必须用干净的食物，如果食物沾染了脏东西，那就是对祖先的大不敬。当时，颜回一听要祭祖，“扑通”一声跪了下来，说：“师傅，不能祭祖，因为这些米饭已经被我抓过了，也吃过了。”孔子当时心里暗喜，想孺子还算可教，接着颜回说了一句让孔子非常震惊的话：“因为厨房年久失修，又没有清理过，当我打开锅盖时，热气使棚上的灰掉到了锅里，米饭脏了。我想扔掉太可惜了，就把这些脏的米饭吃掉，既可以让我吃饱，也可以让您吃到干净的米饭，多好啊。”听罢，孔子在心中深深叹息：原来我亲眼看到的也不一定是真的。

【点评】由于知觉障碍是普遍存在的，它会影响我们对事物的判断，所以不管对一个人的举止有多了解，都要与其进行充分沟通才能做出判断。

2. 个性心理障碍

一个人的个性心理主要指个性倾向性与个性特征，包含这个人的态度、情绪等，也包括自卑、自傲、羞怯、孤僻、嫉妒、偏见等消极心理特征。个性心理在人际沟通中起很大的作用。

（1）态度。沟通需要解决的基本问题是如何把握态度，一个人的态度不对，技巧再高超也是枉然。人们在沟通交流的过程中，无论处于什么位置，都应以积极的态度去理解和分析对方的信息并做出反馈，以达到信息交流的目的。

小案例

拼地图

从前，美国有一个牧师，他在一个星期六的早晨起来，正为自己要在十分困难的情况下进行麻烦的讲道而发愁。当时他的太太去买东西了，外面正下着雨，他的小儿子又吵闹不休，令人心烦。后来这位牧师在无可奈何的情况下，捡起一本旧杂志，一页一页地翻着，当翻到有一幅色彩艳丽的世界地图的一页时，牧师把这一页撕了下来，然后将它撕成碎片扔到地板上，对小儿子说："小约翰，你要是能将这幅地图重新拼起来，我就给你25美分。"

牧师以为他的儿子为此会花上大半个上午，可是过了不到10分钟，就有人敲他的房门，是他的小儿子拿着拼好的地图进来了。牧师非常惊讶地看着这幅准确无误的世界地图，问道："孩子，你是怎么拼好这幅地图的？"小约翰说："这非常容易，地图的另一面有一个人的照片，我就把这个人的照片拼在一起，再翻转过来。我想，只要这个人的照片拼出来了，那么，这幅世界地图也就拼好了。"这个牧师终于笑了，给了儿子25美分，并且说："你也替我准备好了明天的讲道。假如一个人是正确的，那么他的世界也是正确的。如果一个人想改变世界，他首先应该改变自己。"

【点评】不要让自己的态度成为人际沟通的障碍，在沟通中首先应该学会改变自己，只有这样才能够走出自我的世界，融入身边人的世界。

（2）情绪。有研究表明，在两个人的沟通中，70%是情绪，30%是内容。如果沟通时情绪不对，内容就会被扭曲。情绪激动时，人们很难条理清晰地思考问题，思想也会被模糊，常会口不择言，伤人感情。而面对情绪激动的对方，大部分人会变得怒不可遏，不能平静、理智地反驳对方，甚至会与对方产生冲突。所以，沟通之前一定要把自己的情绪整理好。

小故事

善于管理情绪的唐太宗

唐太宗李世民每次听魏征讲话后都要出去走一走，有人不解地问唐太宗："这是为何？"

他回答说："我怕我杀了他。"

其实，魏征是谏议大夫，原先归依于唐太宗的哥哥，魏征不因原主被唐太宗所杀而巴结他，相反，仍坚持原则批评唐太宗。唐太宗知道他讲的是对的，怕自己的情绪影响对信息的正确接收，只好选择听完魏征的话后出去散步，让情绪恢复正常。

唐太宗管理自己情绪的能力极强，不愧为唐代最杰出的明君之一。

【点评】唐太宗之所以能成为大唐盛世的君主，就是因为他很少受情绪的影响。切记，在人际沟通中，一定要克服情绪障碍。

（3）自卑。自卑是由于个体对自己的知识、能力、才华的过低估计而轻视自己，是一种认为自己不如别人的情绪体验，其主要表现为缺乏信心，妄自菲薄，对自己的能力估计过低；在成功时多将其归于外因，遭受挫折或失误时则归于内因，过分自责。自卑是严重影响人际沟通的一种个性心理障碍，会直接阻碍一个人走向社会，对个人发展和人际交往极为不利。

小案例

聪明的父亲

一个人在遭受挫折以后如果不能正确对待自己，就会产生自卑心理。有一个叫小文的女孩，在参加工作第一次单独外出接洽生意时就失败了，被同事取笑后，她哭着跑回家，在父母的劝解下仍然不能释怀，觉得自己一无是处。这时她的父亲拿出一支笔和一张白纸，要她在白纸上画黑点，只要想到自己的不足和缺点，就在纸上画一点。画完之后，父亲问她："你看到了什么？"她说："我看到了无数的黑点，无数的缺点。"父亲又问："你还看到了什么？"她说："除了缺点还是缺点。"

父亲一再追问，女儿终于发现"白色部分大于黑点部分"。父亲又问她："将你的优点和长处盖在黑点上，还剩下多少黑点？是不是白色部分更大了？白色部分就是你的发展空间，是不是空间很大？"女儿认真地思考之后，点了点头，心情开朗了，鼓足勇气重新开始自己的工作。

父亲一次次提问，一步步启发，让女儿变得自信，最后女儿当上了公司的销售经理。

【点评】绝大多数人看到的都是白纸上的黑点，而忽略了黑点旁边更大的白色部分，因而产生自卑心理。若能不执着于黑点，多欣赏黑点之外的白色部分，就可以豁然开朗，克服自卑心理，愉快、自信地做事了。

（4）自傲。自傲是自尊心过分膨胀的表现，主要表现为狂妄自大、目空一切、不自量力，认为自己非常了不起，能干成一番大事业，对身边的小事不屑一顾，贬低身边人，不愿与人沟通交流。

（5）羞怯。羞怯即害羞、胆怯。根据斯坦福大学的心理学家所做的调查，在抽样调查的一万多名成人中，约 40% 的人有不同程度的羞怯心理，且男女人数比例基本持平。羞怯心理较重的人在人际交往中常表现为未开口脸先红；说话时语调低沉、心跳加速；遇到困难宁可憋在心里，也不好意思向他人求助。羞怯心理会影响与他人的正常交往。

微视频
沟通错误是如何发生的

（6）孤僻。孤僻是指孤寡、有怪癖且不合群的人格表现，常表现为独来独往、离群索居，对他人怀有厌烦和戒备的心理；与他人交往时显得漫不经心、敷衍了事。有孤僻心理的人有时看上去似乎也较活跃，但常给人一种不自然的感觉，人们一般都不愿主动与之交往。

孤僻在以下几种情景中表现得更为突出：自身不被别人理睬而不得不独处时，常有失落感和自尊心受伤感，这时就会更加孤僻而不愿与人交往；当与别人交往而当众受到讥讽、嘲笑、侮辱和指责时，常会"神经过敏"，认为别人都瞧不起自己，这时就会闷声不响、郁郁寡欢，或者恼怒异常、愤然离去等。孤僻的人常缺乏与朋友相处的欢乐，缺乏群体的支持，看不到生活的美好。

（7）嫉妒。嫉妒是与他人比较，发现自己在才能、名誉、地位或境遇等方面不如他人而产生的一种由羞愧、愤怒、怨恨等构成的复杂的心理。嫉妒是人类普遍具有的一种情绪，既有积极作用，也有消极作用。有些人产生嫉妒心理是因为不甘居下，这会激励其奋发努力、力争上游。这时嫉妒就是一种积极的心理。然而很多人在产生嫉妒心理之后，不能将其转化为奋斗的动力，而往往将嫉妒心理转变为嫉妒行为，这时嫉妒心理就会成为影响身心健康、学习、工作和人际沟通的巨大障碍。另外，嫉妒心强的人往往事事好胜，这使得别人不愿与其交往，从而使自己感到更加孤独、寂寞。

（8）偏见。偏见是产生人际沟通障碍的另一种个性心理，它指的是不对别人进行公正的考察便贸然做出判断，属于先入为主的一种交往成见。错误的判断、盲目的推理、无知的肯定和否定都是偏见产生的原因。持有偏见的人往往会拼命维护自己的偏见，即使事实证明他错了，他也仍会坚持下去。持有偏见可以说是人际沟通中的大忌，它会一点一点地"腐蚀"人们的独立判断能力，在人际沟通中设置一道难以逾越的障碍。

小案例

日本公司的偏见

20世纪30年代，一家日本公司从美国进口了一台工业机床。一个月后，美国厂商收到日本公司发来的电报：“机床无法使用，请速派一位调试员协助调试。”

美国厂商马上派了一位专家去日本帮忙调试，但日本公司很快又发来一封电报：“贵方派来的调试员太年轻，请重新派遣一位有丰富经验的调试员。”

美国厂商的回复出人意料：“请贵公司放心接受该调试员的服务，该调试员是贵公司所购机床的发明人。”

因调试员太年轻而认为其没有经验便是日本公司的偏见。

【点评】偏见是人际沟通的绊脚石。年轻就等于没有经验，我们已经习惯用这种“以貌取人”式的偏见看人。很多人就是因为“貌不惊人”，才会被埋没。消除偏见是人际沟通的基本前提。

3. 文化障碍

文化障碍是指人们由于言语、举止行为、风俗习惯等方面的不同，在沟通时所产生的各种分歧和冲突。文化障碍包括以下几个方面。

（1）语言障碍。人与人之间的信息沟通主要是借助语言（包括口头语言和书面语言）来进行的，而语言只是思想交流的工具，并不是思想本身。它只是用以表达思想的符号系统。由于人们的语言修养不同、表达能力不同，对同一种思想、观念或事物，有的人表达得很清楚，有的人表达得不清楚。同样，对于同一组信息，有人听后马上就能理解，有人听来听去不知其所以然；有人听后做这样的解释，有人听后又做那样的解释。用语言或文字，特别是用各种不同的语言或文字表达思想、事物，听者往往会产生听不懂、曲解或断章取义的现象，形成语言障碍。

（2）观念障碍。观念属于思想范畴，由一定的经验和知识积累演化而成，是在一定社会条件下，人们接受、信奉并用以指导自己行动的理论和观点。不同年龄、不同阅历、不同社会背景的人有不同的观念，这种观念上的差异往往会成为人际沟通的障碍。例如，有的青年人认为有的老年人保守僵化，有的老年人认为有的青年人幼稚轻浮；有的售货员认为自己的职责是“伺候”顾客、低人一等，有的顾客认为自己拿钱买货理应被“伺候”。

（3）习俗障碍。习俗即风俗习惯，是在一定文化和历史背景下形成的固定的、特别的用于调整人际关系的社会因素，如礼节、审美传统等。习俗是长期重复出现且约定俗成的“习惯法”，虽然不具有法律般的强制约束力，但对人们的行为和思想也有相当大的约束和影响作用，不可忽视。忽视习俗因素往往会造成误解，导致人际沟通不畅，甚至会使沟通对象受到伤害，再也不愿往来。

小案例

海员们为何大怒

一天，六位外国海员来到北京某饭店用餐。海员们胃口很好，那一盘盘端上来的菜肴被一扫而空。唯有那条大黄鱼，只吃了上面的一半，下面的一半却没动。笑盈盈的服务员小姐见此情景，便热情地拿起公筷，把鱼翻了过来。想不到这几位海员勃然大怒，把筷子一摔，离席而去。这位服务员小姐一片好心，为什么反而触怒了海员呢？

原来，海员长年在海上工作，最担心的问题就是翻船，因此“翻”这个动作是他们最忌讳的。

【点评】“忌讳”也是习俗的一个组成部分。尊重他人的生活习俗和禁忌，才能更好地与人沟通，取得良好的人际沟通效果。

（4）文化程度障碍。沟通双方的受教育程度、文化素质和文明程度差距过大，信息接收者对信息的内涵不理解或不接受，也会导致人际沟通不畅。

小故事

秀才买柴

有一个秀才去买柴，他对卖柴的人说："荷薪者过来！"卖柴的人听不懂"荷薪者（担柴的人）"三个字，但是听得懂"过来"两个字，于是把柴担到秀才面前。秀才问他："其价如何？"卖柴的人听不太懂这句话，但是听得懂"价"这个字，于是告诉了秀才价钱。秀才接着说："外实而内虚，烟多而焰少，请损之（你的木柴质量不好，燃烧起来浓烟多而火焰小，请降些价吧）。"卖柴的人因为听不懂秀才的话，就担着柴走了。

【点评】在人际沟通中，一定要用对方能听懂的言辞来传递信息，这是人际沟通成功的保障。过分修饰反而难以取得理想的人际沟通效果。

4. 社会障碍

社会方面的沟通障碍主要有空间距离障碍、组织结构障碍和社会角色障碍。

（1）空间距离障碍。信息发送者与信息接收者的空间距离过远、中间环节过多，就有可能使信息失真或被歪曲；信息传递工具使用不当，通信设备落后，往往会造成信息失真。信息在传递过程中还会受到自然界各种物理噪声的干扰，从而进一步加深人际沟通的不畅。

（2）组织结构障碍。组织结构障碍主要表现在以下几个方面。

① 信息传递层次过多造成信息失真。让我们看一个故事，据说历史上某部队一次命令传递的过程是这样的。

少校对值班军官说："今晚8点左右，哈雷彗星将可能在这个地区出现，这种彗星每隔76年才能看见一次。所有士兵穿野战服在操场上集合，我将向他们解释这一罕见的现象。如果下雨就在礼堂集合，我会给他们放一部关于彗星的影片。"

值班军官对上尉说："根据少校的命令，今晚8点，76年才出现一次的哈雷彗星将在操场上空出现。如果下雨，就让士兵穿着野战服列队前往礼堂，这一罕见现象将在那里出现。"

上尉对中尉说："根据少校的命令，今晚8点，非凡的哈雷彗星将身穿野战服在礼堂出现。如果操场上有雨，少校将下达另一个命令，这种命令每隔76年才出现一次。"

中尉对上士说："今晚8点，少校将带着哈雷彗星在礼堂出现，这是每隔76年才有一次的事。如果下雨，少校将命令彗星穿上野战服到操场上去。"

上士对士兵说："在今晚8点下雨的时候，著名的76岁的哈雷将军将在少校的陪同下，身着野战服，开着他那辆'彗星'牌汽车，经过操场前往礼堂。"

经过五次传递，少校的命令已经变得"面目全非"，信息失真率极高。同理，如果组织结构庞杂、内部层次过多，信息传递每经过一层，信息失真就会更严重，积累起来，便会对人际沟通效果产生很大影响。

② 沟通渠道单一造成信息量不足。一般情况下，在一个组织中，信息的传递基本上是单向的——上情下达。若组织结构的安排不便于从下往上提建议、商讨问题，则传递至决策层的信息量就会明显不足。

此外，沟通方式选择不当也会造成沟通障碍。沟通可以采用书面形式，也可以采用口头形式，其选择也会在很大程度上影响人际沟通的效果，使沟通的双方对相同的信息产生不同的理解。

小案例

罗尔与员工沟通的方式

威金公司是一家总部设在英国的跨国企业，主营产品包括电子、食品和信息服务等。罗尔是该公司的市场部经理。他负责管理3名地区主管和80名员工。星期一早上，他像往常一样走进自己的办公室。透过窗户，他看到员工正在激烈地讨论什么，但是当他走近他们时，他们却停止了讨论。罗尔意识到，他们可能正在讨论自己，而且是对自己不利的内容。他回到自己的办公室，努力思考员工究竟在讨论什么。

总经理盖瑞敲了敲门，走进了他的办公室。“罗尔，我不得不提醒你，上个周末，你给我们发的电子邮件里的内容对大家是一个致命的打击。现在，人心惶惶，整个办公室乱成一团。”盖瑞说。“电子邮件？”罗尔努力回忆自己上个周末的工作，“你是说我发给大家一封邮件，内容是上周会议中通过的因公司财务困难可能裁员的邮件？”“是的，就是它。”盖瑞回答。“我们在会议上不是讨论过可以向所有员工通报吗？”罗尔疑惑地问。“可是，罗尔，”盖瑞解释说，“我们的意思是，你应该直接找员工谈话，告诉他们这个坏消息，了解他们的反应，并且尽可能地解答他们心中的疑惑。如果那样做，就能最大限度地减少他们心中的恐惧和不安。现在，你却用电子邮件的形式告知他们。种种猜测满天飞，公司几乎处于一片混乱之中。”

事实告诉罗尔：他应该直接找员工谈话，而不是公开发送电子邮件。

【点评】选择错误的沟通渠道不仅不能让人际沟通顺畅，还会形成人际沟通障碍，因此，沟通渠道的选择是否正确，是决定能否进行有效沟通的一大关键。

（3）社会角色障碍。社会角色障碍包括以下四类。

① 社会地位不同造成的障碍。居高位、掌实权者如果官僚主义作风严重，下属就会敬而远之，由此便阻塞了上下沟通的渠道。克服社会地位障碍的有效方法是发扬民主精神，让干群广泛接触，双方经常对话，相互听取意见。

② 社会角色不同造成的障碍。在管理过程中，如果管理者不能以平等的态度对待下属和同事，总喜欢用教训人的口吻与下属和同事说话，那么他与下属和同事之间就会产生隔阂，造成管理沟通的障碍。解决的办法是管理者发扬民主作风，尊重下属和同事，有事一起商量，共同寻求解决问题的办法，这样才能实现有效沟通。

小案例

对 话

老板：这项工作到现在还没有完成！

雇员：我一直在想办法，只是……

老板：不要找借口，耽误工作造成的损失，从你这月的薪水中扣除！

雇员：是，对不起，老板，我尽快！

【点评】老板借助他的社会地位优势在交流中貌似占据了有利地位，但实际上这次武断专横的沟通使双方失去了开诚布公地探讨工作中出现的问题和寻求解决方案的机会。老板最后以扣除薪水作为威胁，从完工时效上看可能会有一定的督促作用，但从人性化管理的角度看，大大地打击了雇员的积极性，很可能导致雇员敷衍了事，影响工作的内在质量和实际效果。

③ 年龄差异造成的障碍。不同年龄的人所处的时代、环境不同，这就决定了每个年龄段的人都带着所处时代的“烙印”，因此其思想观点、行为习惯甚至世界观都有所差别，这正是人们所说的“代沟”。可以说，“代沟”是影响不同年龄段的人相互沟通的主要障碍之一。

④ 性别差异造成的障碍。由于性别的差异，男性和女性有不同的语言表达方式和习惯。有研究表明：男性通过交谈来强调自己的身份，而女性通过交谈来改善人际关系。也就是说，男性的说和听多是一种表达独立意识的行为，而女性的说和听多是一种表示亲密的行为。因此，对于许多男性而言，交谈主要是为了保持个体独立和维持社会等级秩序与身份；而对于许多女性来说，交谈则是为了亲近他人而进行的活动，女性通过交谈寻求认同和支持。例如，男性经常会抱怨女性一遍又一遍地谈论她们的困难，女性则批评男性没有耐心听她们诉苦。实际情况是，当男性听到女性谈论问题和困难时，他们总是希望通过提供解决方案来表现他们的独立和对问题的控制能力。相反，女性则将谈论困难看作缩短彼此距离的一种方法。女性谈论困难是为了获得支持和理解，而不是为了听取男性的建议。

课堂互动

你认为在跨国企业中，人际沟通最大的障碍是什么？为什么？

二、克服人际沟通障碍的方法

尽管在人际沟通中存在各种各样的障碍，但只要人们树立正确的沟通理念，选择科学的沟通渠道和沟通方法，就能克服人际沟通的障碍，实现有效沟通。具体来说，克服人际沟通障碍的方法主要有以下几种。

微视频
如何有效提建议

1. 明确沟通目的

沟通双方在沟通之前必须弄清楚沟通的真正目的是什么，动机是什么，想让对方理解什么。确定了沟通目的，沟通内容就容易理解和规划了。

2. 保持积极的态度

态度对人的行为具有非常重要的影响。在人际沟通过程中要尽可能保持乐观、积极、向上的态度，避免消极、悲观的态度。只有在人际沟通过程中保持平和的心态，这样才能取得沟通的预期效果。

微视频
如何做到“忠言不逆耳”

3. 尊重别人的观点和意见

在人际沟通中，无论自己是否同意对方的意见和观点，都要尊重对方，赋予对方提出意见的权利，同时将自己的观点更有效地传递给对方。

4. 坚持实事求是，以理服人

在人际沟通过程中，说话办事不仅要实事求是，还要符合社会规范。与人交往发生矛盾时，最好的办法是避开对方最有力的攻击，寻找对方的薄弱环节，有理、有力、有节地回应对方，做到以理服人。如果在与人交往中发现是自己错了，切不可强词夺理，不妨主动认错，赔礼道歉，这样显得诚恳而又豁达，更容易赢得别人的谅解和赞许。

小案例
一次订餐经历

5. 以情动人

在人际沟通过程中要善于管理自己的感情，根据不同的人、事以及环境、气氛，恰当、情真意切地表达自己的喜、怒、哀、乐，以打动对方、感染对方。

6. 正确运用语言

在人际沟通过程中，语言是必不可少的工具。正确运用语言，选词造句准确恰当，中心鲜明突出，逻辑缜密，语言流畅，语气语调依人就事合理选择，方能使人际沟通获得更好的效果。

小故事

无可隐瞒

第二次世界大战期间，英国首相丘吉尔到美国会见罗斯福总统，要求共同打击德国法西斯，并希望获得美国的援助。

某日，罗斯福去看丘吉尔，未提前通报就进入室内，恰逢丘吉尔刚洗完澡，罗斯福感到十分尴尬。丘吉尔却一笑，拍着肚皮说："总统先生，你看，大英帝国在阁下面前是没有任何隐瞒的。"此话一出，罗斯福也笑了，后来双方谈判很成功，英国得到了美国的援助。

【点评】在寻求合作的当下，正确地运用语言，表达自己的诚恳态度是必要的。原本罗斯福撞见丘吉尔正在洗澡是一种非常尴尬的情况，但是丘吉尔大方、坦然的态度和含蓄幽默的话语给了对方一个顺势而下的台阶和良好的印象。双方会面中的这一个小插曲也为后来谈判能取得成功埋下了伏笔。

小贴士
人际沟通的层次

7. 用非语言信息打动他人

非语言信息往往比语言信息更能打动人。因此，如果你是信息发送者，你必须确保自己发出的非语言信息能够起到强化语言表达的作用。如果你是信息接收者，则要密切注意对方传递的非语言信息，以便全面理解对方的意思与情感。

8. 选择恰当的时间和地点进行沟通

一定要选择在对方清醒的时间传递信息，并且传递信息时要有张有弛、疏密得当，让信息接收者感到轻松愉快。在地点上，要尽量减少干扰因素，使沟通双方感到轻松舒适。

9. 针对沟通对象进行沟通

信息发送者要根据信息接收者的心理特征、知识背景等状况，调整自己的谈话方式和措辞，要避免以自己的职务、地位、身份为基础进行沟通。

课堂互动

人际沟通中出现的各种障碍是因人而异的。请自我检视一下，你在与同学、老师或朋友的沟通过程中，自身存在的人际沟通问题有哪些，与同桌进行交流，并讨论解决的方法。

训练营

沟通游戏：找到合适的距离

游戏目的：让游戏者知道沟通需要合适的距离；使游戏者通过沟通确定合适的距离。

游戏人数：10人。

游戏场地：不限。

游戏时间：30分钟。

游戏步骤：

（1）两人一组，面对面站着，间隔两米。让两个人一起向对方走去，直到其中有一方（如A）认为已经到了比较合适的距离（即再往前走，他会觉得不舒服）时停下。

（2）让小组中的另一方（如B）继续往前走，直到他认为不舒服时停下。

（3）现在每个小组中都至少有一个人觉得不舒服，事实上，也许两个人都觉得不舒服，因为B会觉得自己侵入了A的舒适区，没有人愿意这样做。

（4）现在请所有人都回到座位上去，给大家讲解四级自信模式（见后文）。

（5）将所有小组重新召集起来，让他们按照刚才的站法站好，然后告诉A（不舒服的那一方），现在他们进入自信模式的第一级，即很有礼貌地劝同伴离他远一点，例如，“请你稍微站远一点好吗？这样让我觉得有些不舒服！”注意，要尽可能地礼貌，面带微笑。

（6）告诉B（另一方），他们的任务就是对A笑一笑，然后保持原地不动。

（7）现在有很多A已经对他的搭档感到恼火了，他们进入第二级，有礼貌地重申他的界限，例如，“很抱歉，但是我确实需要大一点的空间。”

（8）B仍然微笑不动。

（9）现在告诉A，他们下面可以自由选择怎么做来达成目的，但是一定要依照四级自信模式的内容，要有原则，但是要控制自己的不满，尽量通过沟通解决问题。

（10）达成目的的人可以回到座位上。

四级自信模式：

第一级，通过有礼貌地提出请求，设定个人的界限。你可以使用这样的表述，“你介意往后退一步吗？”“我觉得我们的距离有点近。”

第二级，有礼貌地重申个人的界限。你可以使用这样的表述，“很抱歉，我真的需要远一点的距离。”

第三级，描述不尊重你的界限的后果。你可以使用这样的表述，“这对我很重要，如果你不能往后退一点，我就不得不离开了。”

第四级，实施结果。你可以使用这样的表述，“我明白，你选择不接受，正如我刚刚所说的，我不得不离开。”

问题讨论：

（1）当有人侵入你的区域时，你是否觉得很不舒服？如果别人不接受你的请求，你会有什么感觉？

（2）是不是每一组的B都退到了让A满意的位置？有些位置是不是A和B妥协以后的结果？

（3）有多少人采用了全部的四级自信模式？有没有人只采用了一级，对方就让步了？有没有人直接使用了第四级或直接转身离开？

培训师语录：

（1）只要大家心平气和地沟通，总会找到双方合适的距离；

（2）人与人之间要保持合适的沟通距离，距离太远，不利于及时沟通和深入沟通；距离太近，会让人产生紧张和压迫感，影响沟通效果。

自我认知测试

你是一个善于沟通的人吗？

你是一个善于沟通的人吗？通过下面的测试，你会对自己的沟通能力有所了解。

1．你刚刚跳槽到一个新单位，面对陌生的环境，你会怎样做？（　　）

A．主动向新同事了解单位的情况，并很快与新同事熟悉起来

B．先观察一段时间，逐渐接近与自己性格合得来的同事

C．不在意是否被新同事接受，只在业务上下功夫

2．你一个人随着旅游团去旅游，一路上你的表现是怎样的？（　　）

A．既不请人帮忙，也不和人搭话，自己照顾自己

B．有兴致时才和别人交谈几句，但也只限于同性

C．和所有人说笑、谈论，也参与他们的游戏

3．因为你在工作中的突出表现，领导想把你调到你从未接触过的岗位，而这个岗位你并不喜欢，你会怎样做？（　　）

A．表明自己的态度，然后听从领导的安排

B．认为自己做不好，拒绝

C．欣然接受，有挑战才更有意义

4．你与爱人的性格、爱好颇为不同，当产生矛盾的时候，你会怎样做？（　　）

A．把问题暂时放在一边，寻找你们的共同点

B．妥协，假意服从爱人

C．非要弄明白谁是谁非不可

5．假设你是一个部门的主管，你的下属中有两人因为不合常在你面前互说坏话，你会怎样处理？（　　）

A．当着一个下属的面批评另一个下属

B．列举他们各自的长处，称赞他们，并说明这是另一方告诉你的

C．表示你不想听他们说这些，让他们回去工作

6．你认为对于青春期的子女的教育应该是怎样的？（　　）

A．经常发出警告，请老师协助

B．严加看管，限制交友，监听电话

C．朋友式对待，把自己的过去讲给孩子听，让他自己判断，并找些书给他看

7．你有一个依赖心很强的朋友，经常打电话与你聊天，当你没有时间陪他的时候，你会怎样做？（　　）

A．问他是否有重要的事，如没有，告诉他你现在正忙，回头再打给他

B．马上告诉他你很忙，不能与他聊天

C．干脆不接电话

8．你犯下的一次小小的失误在同事间产生了不好的影响，你会怎样做？（　　）

A．走人，不再看他们的脸色

B．保持良好心态，寻找机会挽回影响

C．自怨自艾，与同事疏远

9．有人告诉你某人说过你的坏话，你会怎样做？（　　）

A．从此处处提防他，不再与他来往

B．找他理论，同时揭他的短

C．有则改之，无则加勉。如果觉得他的能力很强，则主动与他交往

10．看到与你同龄的人都已小有成就，而你尚未有骄人的业绩，你的心态如何？（　　）

A．人的能力有限，我已做了最大努力，可以说问心无愧了

B．我没有那样的机遇，否则也能成功

C．他们也没有什么真本领，不过是会溜须拍马

11．你虽然只是公司的一名普通员工，但你的责任心很强，你如何把自己的意见传达给最高领导？（　　）

A．写一封匿名信给他

B．借着送公文的机会，把自己的建议写成报告一起送去

C．在全体员工大会上提出

12．在同学会上，你发现只有自己还是一事无成，你的情绪会是怎样的？（　　）

A．表面若无其事，实际心情不佳，兴趣全无

B．并无变化，像来时一样兴致勃勃，甚至和同学谈起自己的宏伟计划

C．一落千丈，只顾自己喝闷酒

13．在朋友的生日宴会上，你结识了朋友的同学，当你再次看见他时你会怎样做？（　　）

A．匆匆打个招呼就离开

B．一张口就叫出他的名字，并热情地与之交谈

C．聊了几句，并留下联系方式

14．你刚被聘为某部门的主管，你知道还有几个人关注着这个职位，上班第一天，你会怎样做？（　　）

A．把问题记在心上，但立即投入工作，并开始认识每一个人

B．忽略这个问题，让它消失在时间流逝中

C．与个别人谈话，以确认关注这个职位的人

自我认知测试
结果分析

15．你和小王一同被领导请去吃饭，回来后你会怎样做？（　　）

A．比较隐晦地和小王交流几句

B．同小王热烈谈论吃饭的情景

C．绝口不谈，埋头工作

计分方法：

选项	题号														
	1	2	3	4	5	6	7	8	9	10	11	12	13	14	15
A	2	0	1	2	0	1	2	0	1	2	0	1	0	2	1
B	1	1	0	1	2	0	1	2	0	1	2	2	2	1	0
C	0	2	2	0	1	2	0	1	2	0	1	0	1	0	2

知识巩固与训练

一、简答题

1．沟通的内涵是什么？沟通有哪些种类？

2．人际沟通的内涵和特点是什么？它有哪些原则？

3．在人际沟通过程中，人们经常会提到代沟，请问代沟主要体现在哪些方面？你与家长之间有代沟

吗？代沟能不能消除？

二、实践题

1．请回忆和分析一个自己沟通失败的例子，以书面的形式提交并复印十份，同学之间相互传看、借鉴交流。要求如下。

（1）具体描绘那次沟通的情景。

（2）逐条分析沟通不成功的原因。

（3）根据本章内容，指出自己当初该怎样做才会取得好的沟通效果。

2．请两人一组讨论，外国人为什么会交白卷回国了，并指出每句话的真实含义。

近期，网上流传着这样一个故事。

一个外国人来华留学四年，主攻汉语，临毕业，参加中文晋级考试，题目很少，暗喜，再仔细一看，懵了，题目如下。

请分别写出以下（1）～（4）中两句话的区别。

（1）穿衣：

冬天，能穿多少穿多少；

夏天，能穿多少穿多少。

（2）剩女产生的原因有两个：

一是谁都看不上；

二是谁都看不上。

（3）女孩给男朋友打电话：

如果你到了，我还没到，你就等着吧；

如果我到了，你还没到，你就等着吧！

（4）单身的原因：

原来是喜欢一个人；

现在是喜欢一个人。

这个外国人一道题也不会，只得交白卷回国了。

案例分析题原文

三、案例分析题

扫描二维码，阅读案例原文，然后回答每个案例后面的问题。

第二章 Chapter 2

认识礼仪

微视频
礼仪概说

学习目标

掌握礼仪的含义；了解礼仪的内容和特性；掌握礼仪的原则；理解礼仪的功能；掌握礼仪修养的内容；掌握礼仪修养的方法并予以运用，不断加强自身礼仪修养。

引导案例

礼仪的作用

与林晖一批的应届毕业生共22人，实习时被导师带到某公司参观。全体学生坐在会议室里等待经理的到来，这时有秘书给大家倒水，同学们表情木然地看着她忙活，其中一个同学还问了句：“有绿茶吗？天太热了。”秘书回答说：“抱歉，刚刚用完了。”林晖看着有点别扭，心里嘀咕：“人家给你倒水还挑三拣四。”轮到他时，他轻声说：“谢谢，大热天的，辛苦了。”秘书抬头看了他一眼，满含惊奇。虽然这是很普通的客气话，却是她今天听到的唯一一句感谢。门开了，经理走进来和大家打招呼，不知怎么回事，静悄悄的，没有一个人回应。林晖左右看了看，犹豫地鼓了几下掌，同学们这才稀稀拉拉地跟着拍手，由于不齐，掌声越发显得凌乱。经理挥了挥手：“欢迎同学们到这里来参观。平时一般都是由办公室负责接待，因为我和你们的导师是老同学，非常要好，所以这次我亲自来给大家讲一下有关情况。我看同学们好像都没有带笔记本，这样吧，王秘书，请你去拿一些我们公司印制的纪念手册，送给同学们作纪念。”接下来，更尴尬的事情发生了，大家都坐在那里，很随意地单手接过经理双手递过来的纪念手册。经理的脸色越来越难看，来到林晖面前时，经理已经快要没有耐心了。就在这时，林晖礼貌地站起来，身体微倾，双手接住纪念手册，恭敬地说了一声：“谢谢您！”经理闻听此言，不觉眼前一亮，伸手拍了拍林晖的肩膀：“你叫什么名字？”林晖照实回答，经理微笑点头，回到自己的座位上。早已汗颜的导师看到此景，才微微松了一口气。

两个月后，林晖被这家公司录取。有几位颇为不满的同学找到导师：“林晖的学习成绩最多算是中等，凭什么选他而不选我们？”导师看了看这几张稚嫩的脸，笑道：“林晖是人家点名来要的。其实你们面对的机会是完全一样的，你们的成绩甚至比林晖更好，但是除了学习之外，你们需要学的东西太多了，礼仪便是第一课。”

问题：

1．一个人的礼仪表现在哪些方面？

2．礼仪在个人修养中处于怎样的地位？

第一节 礼仪的内涵

表面上礼仪有无数清规戒律，但其根本目的在于使世界成为一个充满生活乐趣的地方，使人变得平易近人。

——[美]米莉·波斯特

礼仪是人们在社会交往过程中形成的并得到共同认可的各种行为规范，是人们通过一定的程序、方式表现出的律己、敬人的完整行为。它体现了一个国家、一个民族、一个地区的道德风尚和人们的精神面貌。礼仪是人类精神文明的产物。

小故事

酒店老板与无赖

一个人走进饭店要了酒菜，吃罢后摸摸口袋发现忘了带钱，便对店老板说："店家，我今日忘了带钱，改日送来。"店老板连声说"不碍事，不碍事"，并恭敬地把他送出了门。

这个过程被一个无赖看到了，他也进饭店要了酒菜，吃完后摸了一下口袋，对店老板说："店家，我今日忘了带钱，改日送来。"

谁知店老板脸色一变，揪住他，非让他脱下衣服抵账不可。

无赖不服，问："为什么刚才那人可以赊账，我就不行？"

店家说："人家吃菜，先把筷子找齐，喝酒一盅盅地筛，斯斯文文，吃罢掏出手绢揩嘴，一看就是个有德行的人，岂能赖我几个钱。你呢？筷子往胸前找齐，狼吞虎咽，吃上瘾来，脚踏上条凳，端起酒壶直往嘴里灌，吃罢用袖子揩嘴，分明是个居无定室、食无定餐的无赖之徒，我岂能赊账于你！"

一席话说得无赖哑口无言，他只得留下外衣，狼狈离去。

【点评】对本案例中的两位食客，我们从他们截然不同的饭桌礼仪表现中可以看出一位是"绅士"，而另一位显然是一个"无赖"，酒店老板对待他们的态度自然有了天壤之别。

一、礼仪的含义

课堂互动

请用一句话描述你对"礼仪"的理解。

> **微视频**
> 什么叫礼仪？

礼仪是人际交往过程中外在表现的形式与规则的总和。它作为在人类历史发展进程中逐渐形成并积淀下来的一种文化，始终以其某种精神约束力支配着每一个人的行为。礼仪是人类文明、进步的重要标志，是适应时代发展、促进个人进步和成功的重要途径。礼仪、法律与道德，被称为人生幸福的三位"守护神"。礼仪不像法律那样威严，不像道德那样肃然，它是一个会心的微笑、一种温和的声音、一种怡情悦心的需要。礼仪的含义包括以下几个方面。

第一，礼仪是在一定的社会关系中人们约定俗成、共同认可的行为规范。它表现为一些零散的规矩、习惯，然后才逐渐上升为大家认可的，可以用语言、文字、动作进行准确描述和规定的行为准则，成为人们有章可循并自觉学习和遵守的行为规范。

第二，礼仪的实施是一个情感互动的过程。在礼仪的实施过程中，既有施礼者的控制行为，也有受礼者的反馈行为，礼仪是施礼者与受礼者情感的互动。

第三，遵守礼仪的目的是实现社会交往各方的相互尊重，从而实现人与人之间关系的和谐。

在现代社会，礼仪体现了一个人对他人和社会的认知水平、尊重程度，是一个人学识、修养和价值的外在表现。

视野拓展

“礼”字的由来

从“礼”字的发展演化看，“礼”的最初含义与礼仪的起源——原始宗教祭祀活动有密切关系。“礼”字在甲骨文里写为“豊”，其下半部分的“豆”字是指古代的一种器具，上半部分的“丰 丰”表示一块块整齐摆放的玉，合起来就表示将“玉”放在盒子里。这描绘了古人祭祀活动的一个场景。后来在这一基础上又繁化为“禮”，左边加的这个“示”字旁，为古代的神祇，整个字为敬神之意。随着人类对自然与社会的各种关系的认识逐渐加深，礼的范围和内容也从各种“神事”扩大到各种“人事”。

二、礼仪的内容

随着时代的变迁、社会的进步，人们的文明程度在不断提高。当代礼仪在对我国古代礼仪继承的基础上，不断推陈出新，内容更完善、更合理、更丰富多彩。

1. 礼节

礼节是人们在交往过程中逐渐形成的约定俗成和惯用的各种行为规范的总和，是社会文明的组成部分，具有严格的礼仪性质。它反映了一定的道德原则的内容和对人、对己的尊重，是人们心灵美的外化。在当代社会中，由于人与人之间地位平等，礼节从形式到内容都体现出了人与人之间的相互尊重和相互关心。当代礼节主要包括介绍、握手、打招呼、鞠躬、拥抱、亲吻、举手、脱帽、致意、作揖、交换名片以及约会、聚会、舞会、宴会时的礼节。

当今世界是个多元化的世界，不同国家和地区、不同民族的人们在各自的生存环境中形成了不同的价值观、世界观和风俗习惯，其礼节从形式到内容都不尽相同。

2. 礼貌

礼貌是指人们在社会交往过程中的良好言谈和行为。它主要包括口头语言的礼貌、书面语言的礼貌、态度和行为举止的礼貌等。礼貌是人的道德品质修养最简单、最直接的体现，也是对人类文明行为的最基本要求。

在现代社会，使用礼貌用语、对他人态度和蔼、举止适当、彬彬有礼已成为日常行为规范。

3. 仪表

仪表指人的外表，包括仪容、服饰、体态等。它属于美的外在因素，反映人的精神状态。仪表美应是一个人心灵美与外在美的和谐统一，美好纯正的仪表来自高尚的道德品质，它和人的精神融为一体。端庄的仪表既是对他人的一种尊重，也是自尊、自重、自爱的一种表现。

4. 仪式

仪式是指行礼的具体过程或程序，是一种比较正规、隆重的礼仪形式。人们在社会交往或组织开展各项专题活动的过程中，常常要举办各种仪式，以体现对某人或某事的重视或纪念等。常见的仪式包括结婚仪式、安葬仪式、凭吊仪式、告别仪式、开业或开幕仪式、闭幕仪式、欢迎仪式、升旗仪式、入场仪式、签字仪式、剪彩仪式、挂牌仪式、颁奖授勋仪式、宣誓就职仪式、交接仪式、奠基仪式、捐赠仪式等。仪式往往具有程序化的特点，这种程序有些是约定俗成的。在当代社会，仪式中有些程序是必要的，有些则可以简化。当今的仪式有越来越简单的趋势。但是，有些仪式的程序是不可省略的，否则就会失礼。

视野拓展

参加升国旗仪式时应遵守的礼仪

严格地遵守升国旗仪式的礼仪是维护国旗尊严、增强公民国家观念的体现，所有人都要按《中华人民共和国国旗法》的要求以规范、统一的礼仪参加升国旗仪式。参加升国旗仪式时应做到以下几点。

（1）举行升国旗仪式时，起身站立，目视前方，双手下垂，神态庄严，聚精会神，面向国旗，肃立致敬。

（2）每个人要仪表规范，穿着整齐，脱帽肃立。

（3）在升国旗的过程中要保持安静，不得喧哗、走动、打闹、东张西望、心不在焉。

（4）当参加升旗仪式迟到时，如恰逢奏国歌则应立即停止走动，严肃立正，仪式完毕后方可继续行走。

（5）需要唱国歌的时候要有激情，曲调准确，声音洪亮。

（6）升国旗仪式结束，主持人宣布解散后方可走动。

5. 礼俗

礼俗即民俗礼仪，指各种风俗习惯，是礼仪的一种特殊形式。礼俗是在历史发展过程中形成的，普及于社会和群体之中并根植于人们心中，是在一定的环境中重复出现的行为方式。不同国家、民族、地区在长期的社会实践中形成了各具特色的风俗习惯。“十里不同风，百里不同俗”，不但一个民族、地区，甚至一个小小的村落都可能有自己独特的风俗习惯。

视野拓展

男左女右的由来

“男左女右”的习俗和古代人的哲学观关系非常密切。我国古代哲学认为，宇宙中贯通人事的两个对立面就是阴阳。自然界的事物有大小、长短、上下、左右等，古人将大、长、上、左归为阳，小、短、下、右归为阴。阳者刚强，阴者柔弱。男子性暴刚强属于阳于左，女子性温柔和属于阴于右。“男左女右”在社会风俗上是用于区别的一种秩序安排。它在中医应用上也有实际的科学意义，“男左女右”在医学上表示的是男女生理上的差异。这种习俗早在两千多年前的战国时期就广为流传。

三、礼仪的特性

礼仪是在漫长的社会实践中逐步形成、演变和发展而来的。它具有文明性、共通性、多样性、变化性、规范性和传承性等特性。

微视频
礼仪的特性

1. 文明性

礼仪是人类文明的结晶，是当代文明的重要组成部分。人类从出现那天起就开始了对文明的追求，亚当、夏娃用树叶遮身便是文明之举。人类从茹毛饮血到共享狩猎成果，从盲目敬畏鬼神到崇尚科学、论证无神，从战争到和平，无不体现了人类文明的进步。特别是在文字被发明后，人类更是学会了运用文字来表达文明、宣传文明。文明的宗旨是尊重，既是对他人的尊重，也是对自己的尊重，这种尊重总是同人们的生活方式有机、自然、和谐地融合在一起，成为人们日常生活、工作中的行为规范。这种行为规范包含个人的文明素养，比如待人接物热情周到、彬彬有礼；彼此互帮互助、和睦相处，体现出人们日常生活中的文明、友好；注重个人卫生，穿着得体等。总之，礼仪是人们内心文明与外在文明的综合体现。

小幽默

听了脏话

一位老人因患中耳炎，乘公共汽车去医院。途中，一青年坐在老人的旁边，闻到异味，骂道："你这老头子耳朵怎么这么臭啊！"老人说："因为它听了脏话。"

2. 共通性

无论是交际礼仪、商务礼仪还是公关礼仪，都是在社会交往过程中形成并得到共同认可的行为规范。我们今天生活的世界可谓千姿百态。人们尽管分散居住于世界的不同地区，但是，许多礼仪都是世界通用的。例如，问候的礼仪、礼貌用语的使用、各种庆典仪式、签字仪式等，大体上是通用的。虽然各国家、各地区、各民族形成了许多特有的风俗习惯，但就礼仪本身的内涵和特性来说，礼仪仍具有共通性。正是由于礼仪具有共通性，才形成了国际交往礼仪。

3. 多样性

世界是丰富多彩的，礼仪也是五花八门、绚烂多姿的。世界各地的礼仪千奇百怪，没有人能说清楚世界上到底有多少种礼仪。从口头语言的表达礼仪到书面文字的使用礼仪，从举止礼仪到服饰礼仪等，在不同的国家、不同的场合，礼仪的表达方式也有所不同。比如，在常见的国际交往中，仅见面礼仪就有握手礼、点头礼、亲吻礼、鞠躬礼、合十礼、拱手礼、脱帽礼、问候礼等，可谓多种多样。有些礼仪所表达的方式和内容，在不同国家或地区可能会截然相反，甚至在一个国家的不同地区也可能有不同的含义（见表 2.1）。

表 2.1　手势在不同国家所表达的含义

手势	中国	美国	英国	法国	日本	印度
	棒、厉害	顺利	搭车	搭车	男人、父亲	搭车
	最小的或倒数第一	打赌			女人、女孩、恋人	想去厕所
	数字 0 或 3	征求对方意见或表示同意、赞扬、了不起		零、一文不值	金钱	正确、不错

4. 变化性

礼仪并不存在永恒的模式。随着时间的推移，礼仪也会发生变化。可以说，每一种礼仪都有其产生、形成、演变、发展的过程，礼仪在运用时也具有灵活性。一般来说，在非正式场合，不必拘泥于约定俗成的礼仪规范，可进行相应调整，随意性较大。在正式场合，讲究礼仪规范便是十分必要的。但如果双方已非常熟悉，即使是在较正式的场合，有时也不必过于讲究礼仪规范。

5. 规范性

礼仪是指人们在交际场合待人接物时必须遵守的行为规范。这种规范不仅约束着人们在所有交际场合的言谈话语、行为举止，而且是人们在交际场合必须使用的一种"通用语言"，是衡量他人以及判断自己是否自律、敬人的一种尺度。礼仪是约定俗成的一种自尊、敬人的形式，任何人要想在交际场合表现得彬彬有礼，都必须对礼仪无条件地加以遵守。另起炉灶，自成一套，或只遵守适合自己的部分，而不遵守不适合自己的部分，都难以为交往对象所接受、理解。

小故事

修理抽水马桶的外国小男孩

一次在瑞士，龙永图与几个朋友去公园散步，上卫生间时，听到隔壁的“小单间”里“砰砰砰”地响，他有点纳闷。他出来之后，一位女士很着急地问他有没有看到她的孩子，她的小孩进厕所十多分钟了，还没有出来，她又不方便进去找。龙永图想起了刚才上卫生间时隔壁“小单间”里的响声，便又走进卫生间，他打开“小单间”的门，看到一个七八岁的小孩正在修理抽水马桶。由于怎么弄抽水马桶都不出水，小男孩急得满头大汗。这个小男孩觉得使用卫生间后不冲水是违背规范的，只有冲水了，才能离开。

【**点评**】这个小男孩虽然年龄很小，遵守规范的意识却如此之强，这反映出他从小就受到了良好的家庭教育，尤其是礼仪教育。礼仪不是虚空的，它具有鲜明的规范性，是由一个个具体的需要人们时刻遵守的规范构成的。

6. 传承性

任何国家的礼仪都具有鲜明的特色，各个国家的当代礼仪都是在本国传统礼仪的基础上发展而来的。离开了对本国、本民族既往礼仪成果的传承，就不可能形成当代礼仪。这就是礼仪的传承性的特定含义。人们将交际应酬之中的习惯做法——礼仪固定并传承下来，逐渐形成具有自己特色的礼仪。这不是一种短暂的社会现象，而且不会因为社会制度的更替而消失。对于既往的礼仪，正确的态度不应当是食古不化、全盘沿用，而应当是有扬弃、有继承，更有发展。

课堂互动

有人认为：“礼仪不就是个形式吗？”你同意这一观点吗？为什么？

四、礼仪的原则

人们的各种交际活动自始至终都有一些具有普遍性、共同性、指导性的规律可循，这就是礼仪的原则。了解这些原则，有助于基本礼仪的规范化，加深人们对礼仪的认识，进而加强礼仪在社会活动中的指导作用。

微视频
礼仪的原则

1. 遵守原则

礼仪规范是为维护社会生活的稳定而形成和存在的，实际上反映了人们的共同利益要求。社会上的每个成员不论身份高低、职位大小、财富多寡，都有自觉遵守、应用礼仪的义务，都要用礼仪规范自己的言行、举动。如果违背了礼仪规范，他不仅会受到社会舆论的谴责，而且人际交往也难以成功。

2. 敬人原则

孔子说：“礼者，敬人也。”敬人是礼仪的一个基本原则，它要求人们在交际活动中互尊互敬、友好相待，对交往对象要重视、恭敬。尊敬是“礼”的本义，是礼仪的重点和核心。在对待他人的诸多原则中，最重要的一条就是敬人之心要长存，处处不可失敬于人，不可伤害他人的尊严，更不可侮辱对方的人格。可以说，掌握了敬人的原则就等于掌握了礼仪的灵魂。

小故事

士光敏夫的诀窍

日本东芝电器公司曾一度陷入困境，员工士气低落。当士光敏夫出任董事长时，他经常不带秘书，一个人深入各个工厂与工人聊天，听取工人的意见。更有意思的是，士光敏夫还经常提着一瓶酒去慰劳员工，和他们共饮。就这样，他赢得了公司上下的支持，员工的士气也高涨起来。三年过去了，士光敏夫终于重振东芝公司。士光敏夫的诀窍就是关心、重视、尊重每一个员工，“敬人者，人恒敬之”，他同时也赢得了员工的信服与支持。

【点评】尊敬的作用是十分巨大的。礼仪的本质就是敬人。管理者如果对每个员工都以礼相待，尊重其人格，理解其追求，欣赏其亮点，激励其进步，信任其言行，就能把每个员工的积极性调到最高点，让员工相信自己，从而建立起“不令而从”的威信。

3. 宽容原则

一般来说，交往双方总存在一定的心理距离，有不相容的心理状态，这种差异会在交往双方之间产生思想“隔膜”，甚至会使双方的关系僵化。要想缩小这种心理上的差异，使人与人之间能多一分和谐、多一分信赖，就必须抱着宽容之心。宽容就是要求人们既要严于律己，又要宽于待人，要多容忍他人、体谅他人、理解他人，而不能求全责备、斤斤计较、过分苛求、咄咄逼人。唯有宽容，才能克服人际交往中的各种障碍。不能宽容他人的人，往往会得理不饶人，使人际关系恶化。共性是寓于个性之中的，人们应该尊重个性，维护和发展共性，以理解和宽容来增强双方的互信。

小故事

六尺巷的故事

位于安徽桐城的六尺巷，其名字源于康熙年间张英对邻居“让出三尺”的故事。

据史料记载，清康熙年间，文华殿大学士、礼部尚书张英（1637—1708）的桐城老家人，与邻居吴家在宅基问题上发生了争执，两家各不相让，将官司打到县衙。因为双方都是名门望族，县官不敢轻易下决断。

于是，张家人千里传书给在京城的张英求援。收书后，张英写诗一首寄回老家。这首打油诗流传至今：“一纸书来只为墙，让他三尺又何妨。长城万里今犹在，不见当年秦始皇。”

一见回信，张家人豁然开朗，将围墙退让了三尺。吴家见状深受感动，也让出三尺，形成了一个六尺宽的巷子。

从此以后，这条“六尺巷”就闻名乡里，成为佳话。时至今日，虽然张吴两家的老宅都已在300多年的时光里走进了历史，但这条巷子依然安静地伫立在那里，引得不少人慕名而来，体会互敬礼让、和谐包容、进退有度的文化内涵。

【点评】安徽桐城的“六尺巷”成为中华民族和睦谦让、宽以待人美德的象征。“海纳百川，有容乃大。”礼仪可以把人的心胸修养得既广且宽，正如孔子所说：“宽则得众。”

4. 真诚原则

礼仪的运用基于交际主体对他人的态度，如果能抱着诚意与对方交往，那么交际主体的行为便自然而然地显示出对对方的关切。因为无论用何种语言，行为都是更好的证明。唯有真诚，才能使行为举止自然得体；相反，倘若仅把礼仪作为一种道具和伪装，在具体运用礼仪规范时口是心非、言行不一、弄虚作假、投机取巧；或当面一个样，背后一个样，有求于人时一个样，被人所求时又一个样；将礼仪等同于“厚黑学”，则违背了礼仪的真诚原则。

小案例

日本人的诚信

日本的雅虎网站里有一个拍卖网，是一个用于个人物品交易的虚拟空间。人们会把家里不用的东西拿到这里拍卖，以互通有无。成交后按规定是买方先付款，卖方再发货。但赵女士是个急性子，往往买家的款还没到账她就将东西发出去了，有时甚至对方还没转账，东西就先寄到了。但是事实证明没有一个买家赖账，而且先行收到东西的买家几乎都会以最快的速度转账，以使赵女士放心。这是因为日本人认为：一旦违约就会从根本上动摇一个人的信用基础，这甚至关系到个体生命的尊严。

【**点评**】“人无信不立。”有德者须先有信，有信者自然受人尊敬。但取信于人不能靠口头功夫，而要靠踏实行动。“诚信”已成为一项重要礼仪，如果大多数人都能做到真诚守信，就能实现社会交易成本的最小化，经济和社会效益的最大化。

5. 适度原则

俗话说：“礼多人不怪。”人们讲究礼仪是基于对对方的尊重，这是无可厚非的，但是，凡事过犹不及，人际交往要因人而异，要根据时间、地点、环境等条件来操作。施礼过度或不足，都是失礼的表现。例如，见面时握手时间过长，或见谁都主动伸手，不讲究主次、长幼、性别，告别时一次次地握手，或不住地感谢，都可能让人觉得厌烦。礼仪的施行是内心情感的表露，只要情感被正确地表达出来了，礼仪的使命就完成了。如果一味地重复，似乎有别人不理解、不领情之嫌，画蛇添足，实无必要。

小案例
“芬克斯”酒吧
谢绝基辛格

6. 平等原则

平等是人与人之间建立情感关系的基础，是取得最佳交际效果的诀窍，是建立和保持良好的人际关系的条件之一。人人都渴望自立，希望成为家庭和社会中真正的一员，平等地与他人进行沟通，都希望得到别人的平等对待。人与人之间交往时只有以平等的姿态出现，不盛气凌人、不高人一等，给对方充分的尊重，才能形成人与人之间的心理相容，使双方产生愉悦、满足的心境，建立和谐的人际关系。

训练营

礼仪自我完善训练

要有效地改变自己，应该把积极的“自我暗示”与积极的想象和积极的行动结合起来，这里根据吴正平《现代饭店人际关系学》中介绍的“用于改变自己的公式”，帮助大家进行礼仪自我完善训练。

改变自己的公式如下：只要我相信自己是一个×的人，并能像一个×的人那样去行动，且在行动中自我感觉良好，我就是一个×的人。

公式里的“×”可以根据个人的具体情况，换成适当的词，例如“彬彬有礼”“落落大方”“言行得体”“举止文雅”“沉得住气”等。

例如，如果你想让自己从一个沉不住气的人，变成一个能够沉得住气的人，你就应该用“沉得住气”一词去取代公式中的“×”。

于是，此时公式应该变成这样：只要我相信自己是一个沉得住气的人，并能像一个沉得住气的人那样去行动，且在行动中自我感觉良好，我就是一个沉得住气的人。

“改变自己的公式”具体按以下三个步骤进行操作。

第一步，进入身心放松的状态，在放松的状态中，完全不加怀疑、不加抵制地反复对自己说：“无论遇到什么样的人，什么样的事，我都能沉得住气。”

第二步，仔细地思考，一个沉得住气的人遇事会怎样行动。例如，遇到一个自以为是、盛气凌人的人，他会怎样行动；遇到一个蛮不讲理、胡搅蛮缠的人，他又会怎样行动。

第三步，进行逼真的想象练习。例如，想象你遇到一个自以为是、盛气凌人的人。因为你是一个无论遇到什么样的人、什么样的事，都能沉得住气的人，你知道一个沉得住气的人遇到这种情况会怎样做，所以，你很平静地复述了他的意思，然后……，在交往的整个过程中，你将会自我感觉良好。

训练手记：通过训练，我的收获是＿＿＿＿＿＿＿＿＿＿＿＿＿＿＿＿＿＿＿＿＿＿＿＿＿＿＿＿＿＿＿。

第二节　礼仪的功能

人无礼则不生，事无礼则不成，国无礼则不宁。

——《荀子·修身》

礼仪是人类社会文明发展的产物，是人们在社会交际活动中共同遵守的准则。加强礼仪教育，对于提高自身的修养和素质、塑造良好的个人形象、扩大社会交往面、促进个人事业成功以及社会主义精神文明建设，都具有十分重要的作用。礼仪具有多种功能，主要表现在以下几个方面。

一、弘扬礼仪传统

文明、古老的中华民族，以其聪颖的才智和勤奋的力量，创造了人类历史上灿烂的文化。中华民族素以“礼仪之邦”著称于世。几千年来，我们形成了自己独具特色的礼节、仪式、风尚、习俗、节令、规章和典制等，并为广大人民所遵守和沿袭。这些礼仪、习俗反映了我国人民的传统美德与优良品质，勾画出了我国的历史风貌。

我国古代的思想家、教育家都十分重视“礼”的教育。“礼”的内容比较全面，被作为处理、调整当时的各种社会关系的准则和规范。孔子就曾指出：“不学礼，无以立。”孔子小时候常做练习“礼”的游戏，并且“入太庙，每事问”，后来还专程赴周向老子请教“礼”。孔子在“礼”的研究中下了不少功夫，认为周礼吸收了夏、商两代的经验，并有所发展，是比较完备的，所以孔子说“吾从周”。孔子非常重视对学生在日常行为方面的教育，他要求学生衣冠整齐，走有走的样子，坐有坐的样子，为人处世要彬彬有礼、温文尔雅。《史记·孔子世家》中就说：“孔子以诗、书、礼、乐教，弟子盖三千焉，身通六艺者七十有二人。”其中“六艺”指的是以“礼”为首的礼、乐、射、御、书、数。

《仪礼》《周礼》《礼记》合称为“三礼”。“三礼”是我国最早、最重要的礼仪论著。《礼记·曲礼》的第一句便是“毋不敬”。文中还记载着对父母要“出告反面”，意思是出门要告诉父母一声，回家要和父母打个照面问候一下；对老师应该是“遭先生于道，趋而进”“从于先生，不越路而与人言”。“三礼”中有关礼仪的内容是十分广泛而具体的。

《三字经》是我国流传时间最长、范围最广、影响最大的国学启蒙教材之一，相传为南宋学者王应麟所著，被人们誉为“古今奇书”和“袖里通鉴纲目”。《三字经》已经被翻译成英语、法语、俄语等多种语言，还被联合国教科文组织选作儿童道德教育丛书。书中写道：“为人子，

微视频
中华礼仪

方少时，亲师友，习礼仪。”意思是做儿女的，正当年少时，就要拜师访友，学习礼仪。

清代李毓秀撰辑了一本《弟子规》，书中详细记载了学生在言谈举止方面应遵守的礼仪规范，其中有尊敬长者方面的要求，如“或饮食，或走坐，长者先，幼者后”；有仪表方面的要求，如“冠必正，纽必结，袜与履，俱紧切”；有仪态方面的要求，如“步从容，立端正，揖深圆，拜恭敬”；有饮酒方面的要求，如“年方少，勿饮酒，饮酒醉，最为丑”；有语言方面的要求，如“刻薄语，秽污词，市井气，切戒之”。在此书中，礼仪教育方面的内容十分丰富具体。

我国历史上还流传着许多有关礼仪的佳话。比如，“廉蔺交欢”（讲究礼让）、“张良纳履”（尊老敬贤）、“程门立雪”（尊敬老师）、“管鲍之交”（交友之道）、“三顾茅庐”（待人以诚），这些故事脍炙人口、妇孺皆知，对今人仍有很大的教育意义。

我国近现代历史上有许多伟大人物，他们在礼仪修养上堪称楷模，其作风、态度、处事方式等都成为我们应该学习的典范。如周恩来总理是世界公认的最有风度的领导人和外交家之一，他的一举一动都给人留下了深刻难忘的印象，人们用“富有魅力”“无与伦比”等优美的词语来赞美他的翩翩风度。在外事活动中，周总理十分注重礼仪，在他病重时，脚因为过度肿胀而穿不上原来的鞋了，只能穿拖鞋走路。工作人员心疼周总理，让他穿着拖鞋参加外事活动，认为外宾是能够理解的，但周总理不同意，他说：“这不行，要讲礼貌！”于是，他请工作人员为他特制了一双鞋，专门在接见外宾时穿。周总理在外事活动中注重礼仪，受到了外宾的盛赞，是我们学习的榜样。

可见，讲究礼仪、按照礼仪要求规范我们的行为，对继承我国礼仪传统、弘扬我国优良的礼仪风范，具有十分重要的作用。

二、塑造良好形象

1. 塑造良好的个人形象

讲究礼仪有助于提高自身修养，塑造良好的个人形象。我们先讲一个礼仪小故事，这个曾刊登在《故事会》上的“三分钟典藏故事”颇耐人寻味。

小故事

小节的象征

一位先生要雇一个没带任何介绍信的小伙子到他的办公室做事，先生的朋友觉得挺奇怪。先生说：“其实，他带来了不止一封介绍信。你看，他在进门前先蹭掉脚上的泥土，进门后又先脱帽，随手关上了门，这说明他很懂礼貌，做事很仔细；当看到那位残疾老人时，他立即起身让座，这表明他心地善良，知道体贴别人；那本书是我故意放在地上的，所有的应试者都置若罔闻，只有他俯身捡起，放在桌上；当我和他交谈时，我发现他衣着整洁，头发梳得整整齐齐，指甲修得干干净净，谈吐温文尔雅，思维十分敏捷。怎么，难道你不认为这些小节是极好的介绍信吗？”

【点评】礼仪对个人的成功来说是至关重要的，因为它关系到个人的形象。个人形象是指一个人的相貌、身高、体型、服饰、语言、行为举止、气质风度以及文化素质等方面的综合表现。这其中虽有先天构成要素，但更多的是需要我们通过后天不断努力来加以改善和提高的。礼仪在上述各方面都有详尽的规范，因此学习礼仪、运用礼仪，无疑有益于人们更好、更规范地塑造个人形象，维护个人形象，更好、更充分地展示个人的良好教养与风度。

2. 塑造良好的组织形象

良好的形象是所有组织的目标，良好组织形象的塑造处处需要讲究礼仪。比如，你想和某一单位洽谈业务，当你拨打对方办公室的电话竟无人接听或铃响五六声之后才有人接电话时，你就会对该单位产生一种印象——工作效率不高、制度不健全、员工素质差等；反之，当你拨通电话，对方立刻接起并且听到对方和蔼可亲的问候、得体礼貌的回答时，你会立即产生一种亲切之感，会对该单位产生充分的认可。

组织形象常常是在不经意间塑造并体现出来的。整洁幽雅的环境，宽敞明亮、井然有序的办公室，积极正面的价值观，色彩柔和的员工服饰，彬彬有礼的员工，富有特色的广告等，都会给公众留下深刻的印象。礼仪是通过员工的仪容仪表、言谈举止等方面表现出来的，它是塑造组织形象的基础。任何不讲究礼仪的组织，都不可能获得良好的社会形象。通过各种规范化的礼仪，组织可以激发员工对组织的自豪感，增强组织的凝聚力、向心力。如松下公司创作了自己的“松下之歌”“松下社训”，每天早晨八点，遍布各地的松下企业员工一起高唱松下之歌，每一名员工都因自己是松下的员工而感到光荣。目前，我国的许多企业都通过统一企业标识、统一企业服装、统一色彩等，塑造组织的社会形象，也使组织员工自觉地维护组织形象。此外，组织还可以通过开业庆典、周年纪念、表彰大会等仪式，加深员工对本组织的了解、爱戴之情，增强组织的凝聚力和向心力。可见，礼仪在塑造组织形象中的作用是十分巨大的。

三、提高道德水平

课堂互动

请谈谈礼仪与道德有怎样的关系。

道德是一个社会中用于调节人与人之间以及人与社会之间的关系的行为规范的总和。它可以分为社会公德、职业道德、伦理道德三个方面。道德以善与恶、正义与非正义、公正与偏私、诚实与伪善等概念来规范人们的各种行为，调整人们的关系。它通过各种形式的教育、说服、诱导，以及社会舆论的力量，使人们逐渐形成一定的信念、习惯。礼仪与道德有着密切的联系，礼仪是人类为了维持社会的正常秩序而共同遵守的最起码的道德行为规范。明确社交礼仪与道德的关系，不断提高道德水平是十分重要的。提高道德水平主要可以从以下几个方面着手。

1. 讲究社会公德

社会公德是指一个社会中全体成员都必须遵守的，用于维护社会正常秩序的各种行为规范的总和，是最起码的公共生活准则，也是人类生活、人际关系中的基本行为规范。同时，社会公德作为社会文明程度的重要标志，是人类世世代代调整社会生活中人与社会关系的经验的结晶，是通过长期的社会实践形成的、为了实现共同利益而代代相传和不断完善的优良传统。它最突出的特点是，在不同的国家或者地区，社会公德是基本相同的。它反映了人类追求文明与进步的共同要求。社会公德的内容十分丰富，涉及人类社会生活的每一个方面。总结起来，社会公德主要包括以下三个方面的内容：一是反映人们共同利益的道德规范，如我国的“五爱”公德，即爱祖国、爱人民、爱劳动、爱科学、爱社会主义；二是人道主义精神，如尊重国家主权、领土完整，尊重人权，保护妇女、儿童、老人、伤残人的合法权益，维护世界和平，支持人类进步事业，实行人道主义救援等；三是人类共同的行为准则，如相互尊重、礼貌待人、诚实守信、言行一致、遵守公共秩序和公共安全规则、举止文明、爱护公物、保护环境、维护公共卫生、遵纪守法、见义勇为等。

社会公德就像一个天平，时时刻刻都在衡量社会中的真、善、美与假、恶、丑。我们在这方面亟待加强，因为违背社会公德的不文明行为还大量存在，如在公共场所吸烟的现象屡禁不止，出口伤人、随地吐痰、乱扔杂物等现象时有发生。在此有两个方法可供大家参考：一是治本之方，提高和强化自己的公德意识；二是治标之术，从身边的小事做起，时时处处讲究礼仪。

视野拓展

国外“一米线”面面观

国外的人讲究个人隐私，所以，他们遵守“一米线”规则。无论“一米线”有没有画出来，后一个人永远距离前一个人一米，仿佛那条线早就刻在了他们的脑子里。就连上卫生间，人们也是排在大门口，而不是在“小单间”门口。

保持适当的距离是澳大利亚人在社交场合非常注意的细节。在银行、飞机售票处和海关出入口等处排队时，澳大利亚人一定会站在“一米线”以外，否则就会被他人认为缺乏修养。一般来说，两个人站着谈话，相互之间要保持适当的距离，否则双方都会感到不舒服。

丹麦的人口很少，除非在闹市区、大街上和公园里，否则几乎没有机会看到成群的人。在银行、邮局、面包店等地方，如果人多，彬彬有礼的丹麦人都会自觉排队，没有人插队，排在第二位的人会站在一米线外等候，充分尊重别人的隐私权。

在英国，买票、参观、上公共汽车都要排队，即使排队的人比较多，英国人也会很有耐心。尤其是在旅游观光的时候，不管游人多少，大家都会主动排队。看室内展览花的时间较长，前面参观的人步履缓慢，后面的人也会耐心地等前面的人让出位置后，再进行参观。

2. 遵守职业道德

每一种职业都有其特殊性，都有该职业从业者必须了解、掌握并身体力行的各种行为规范。所谓职业道德，就是指各类从业者在从事职业活动时必须遵守的各种行为规范的总和。职业道德与社会公德息息相关，从某种意义上说，职业道德是社会公德的有机组成部分，二者在内容上有许多相同之处，各种职业道德也都包含着社会公德。如热情周到、以礼相待、诚实待人等，既是职业道德的要求，也是社会公德的内容。职业道德是人们在长期的职业活动中逐渐总结、积累而成的，它对于协调社会组织与从业者之间的关系、约束和规范从业者的思想观念和行为，乃至调整职场人士之间的关系，都起着重要的作用。它也是影响社会文明程度的一个重要因素。

小案例

职业道德的典范——张秉贵

职业道德可能因职业不同而有所差异，但其内涵是相似的。无论从事何种职业，都必须忠于职守、爱岗敬业、热情服务、诚实待人、讲求诚信、尊重人权、无私奉献、不谋私利、作风端正、态度和蔼、廉洁奉公、遵纪守法、文明礼貌、互敬互助、谦虚谨慎、仪容整洁等。目前，我国各行各业都制定了相应的职业道德规范。比如，教师职业道德规范、全国职工守则、医生职业道德规范、公务员职业道德规范、科技工作者职业道德规范、商业工作者职业道德规范等。从中我们不难看出，讲究礼仪是职业道德的基本要求。只有掌握一定的礼仪规范，才能提高职业道德修养。

3. 恪守伦理道德

人们在社会交往中，会遵守一套公认的行为准则与规范。这套行为准则与规范就是我国传统社会的礼仪制度和礼仪内容，在漫长的社会发展进程中，有的内容被统治者以礼制的形式固定下来，有的则是人民群众从自身的生存和发展需要出发而选择性保存下来的。传统礼制与中华民族的文化心理、文化性格、政治信仰、宗教信仰等存在着千丝万缕的联系，人们的伦理道德规范无不打上阶级和时代的烙印。

中国传统礼制中的伦理道德主要体现在三个方面：一是提倡尊长爱幼；二是构建忠君孝亲、尊卑贵贱的等级制度；三是维护人伦关系。这三个方面既有消极的因素，也有积极进步的因素。至今，这些伦理道德观念仍然对国人有着深远的影响。例如，战国时期孟子提出：“老吾老以及人之老，幼吾幼以及人之幼。”他要求人们既要尊敬自己的长辈和爱护自己的后人，还要尊敬别人的长辈、爱护别人的后人。人们应相互尊重、和睦相处。今天，我们在日常生活中应汲取传统伦理道德中的合理成分，构建人人平等、尊老爱幼的和谐社会。

小案例

“你在家里对你的父母说过谢谢吗？”

李娟大学毕业后到一家日本独资企业应聘。

面试经理问：“你在家里对你的父母说过谢谢吗？”

李娟回答：“没有。”

面试经理说：“你今天回去跟你的父母说声‘谢谢’，明天你就可以来上班了。否则，你就别再来了。”

李娟回到家，父亲正在厨房做饭。

她悄悄走进自己的房间，对着镜子反复练习：“爸爸，您辛苦了，谢谢您！”

其实，李娟早就想对父亲说这句话了，因为她知道父亲有多么不容易：自己两岁时母亲就去世了，父亲为了不使自己受委屈，就没有再娶，小心翼翼地呵护自己长大成人。她一直想对父亲说谢谢，但就是张不开口。李娟暗下决心：今天是个机会，必须说出来！就在此时，父亲喊道：“娟子，吃饭啦！”

李娟坐在饭桌前低着头，脸憋得通红，半天才轻声地说出：“爸爸，您辛苦了，谢谢您！”

李娟说完之后，爸爸没有反应，屋内一片寂静。李娟纳闷，偷偷抬眼一看，她的父亲竟泪流满面！这是欣喜之泪，是慰藉之泪，也是感动之泪。此时，李娟才意识到，自己这句话说得太迟了。

第二天，李娟高高兴兴地上班去了。经理看到李娟轻松的神情，知道她已经体会了该体会的东西，没有多问就把李娟带到了工作岗位上。

【**点评**】对亲人一句关心的话语，一句衷心的感谢，都是恪守伦理道德的极好体现。

四、改善人际关系

如果没有社交活动，人类的生活是不可想象的。人们参加社交活动，多是为了调节紧张的生活，建立友谊、交流感情、增长见识、获取信息。现代社会对人们的社交活动提出了新的要求，社会越发展，物质生活越丰富，人们的社交活动就越能显示出价值。而在社交活动中，每个人的仪表、仪态及对礼仪知识的了解也变得越来越重要。一个人只要同其他人打交道，就不能不讲礼仪。运用礼仪，除了可以使个人在社交活动中充满自信、处变不惊之外，其最大的好处还在于，它能够帮助人们规范彼此的社交活动，更好地向对方表达自己的尊重、敬佩、友好与善意，增进彼此之间的了解与信任。

微视频
如何建立良好的人际关系？

用现代人的眼光来看，礼仪与礼貌是一种信息传递，它可以迅速把你的尊重之情准确地表达出来并传递给对方，使对方获得情感上的满足；与此同时，尊重又被反馈回来——对方以礼貌回敬。于是双方的情感联系建立起来，支持与协作便开始了。假如人皆如此，长此以往，社会交往必将进一步发展，从而易于形成和谐、完善的人际关系，帮助人们取得事业的成功。

五、建设精神文明

世界各国和各民族都十分重视交往时的礼仪，把它视为一个国家和民族的文明程度的重要标志。正如古人所说："礼义廉耻，国之四维。"礼仪是立国之本。在社会主义精神文明建设中，讲究礼仪、注重礼貌是最基本的要求，它对建设精神文明的大厦发挥着基础作用。只有基础打得扎实，大厦才能稳固。

我国经济社会的发展对我国的精神文明建设提出了更高的要求。只有提高中华民族整体的文明礼貌素质，才能造就一个和谐的社会环境，吸引更多的外资，促进国际贸易往来，从而推动我国经济社会的发展。讲究礼仪，做到文明礼貌，必将有力地促进我国精神文明的建设。例如，在大连，市民们说脏话、粗话，乱吐口香糖，践踏草坪等不文明行为一度直接影响了大连市的对外形象和城市的整体美感，于是大连市精神文明办等部门开展了使用文明用语活动，大力倡导讲普通话，不讲脏话、粗话；用"家园意识"整治乱吐口香糖行为，倡议"不吐口香糖从我做起，清除口香糖大家动手"，组织市民上街清除口香糖；组织学校、社区居委会建立义务护绿队，教育市民爱护绿地，美化城市。市民的良好行为和文明素养使这个环境优美的城市大放异彩，精神文明之花随处盛开。自2006年以来，大连市已连续六届荣获"全国文明城市"称号。

课堂互动

讨论并分析大学生尤其是职业技术学院的学生掌握礼仪礼节的重要意义何在。

训练营

制定"大学生礼仪知识竞赛"活动方案

将全班同学分成若干组，每组十人左右，指定一人担任组长。组长带领组员进行讨论，制定"大学生礼仪知识竞赛"活动方案。

训练要求：

（1）活动方案应包括活动目的、活动时间、活动地点、活动对象、活动流程（包括前期准备、现场报名、初赛阶段、决赛阶段、后续工作等）、奖项设置、经费预算、题目设置及评分细则、评委邀请及主持人确定等内容；

（2）每组提出活动方案，并在全班进行展示；

（3）师生共同评选出最佳活动方案。

第三节 礼仪修养

少成若天性，习惯之为常。

——《大戴礼记·保傅》

> **小贴士**
> 礼仪的3A原则

"礼敬得人，轻慢失人"，对个人而言，礼仪影响着事业的发展。美国的许多大公司都已经认识到，员工的礼仪会影响公司业务的拓展。行政人员和专业人士只具备专业本领是不够的，还需在交际场合应付自如，懂得礼仪。比如，热情的握手、悦人的微笑、能记下初识者的姓名等，都可以帮公司赢得好感。完美周到的礼仪似熏风醇酒，沁人心脾，不仅能使已有的关系得以维系和发展，还有助于结交更多的合作伙伴。相反，若不遵守礼仪，就会在不知不觉中影响对方情绪，导致交往中出现不愉快、不和谐甚至中断合作等情况。可见，知礼、习礼，提高礼仪修养能唤起交际对象心理上的愉悦，赢得友谊和尊重，有助于我们更好地驾驭事理和情理，取得交际上的成功。礼仪修养是指一个人在交际实践活动中，根据一定的交际礼仪原则和规范自觉地进行学习和训练，以使自己养成一种时时事事按礼仪要求待人接物的行为习惯。

一、礼仪修养的内容

礼仪修养主要包括以下几个方面的内容。

1. 道德品质修养

礼仪从广义上来说就是一种道德行为。因此，一方面，一个人要拥有高尚的道德品质，就应在日常生活中遵从礼仪规范，并从这一基础层次做起；另一方面，一个人只有时刻注意道德品质修养，才会把礼仪活动看作一种自觉的和具有道德意义的活动。可见，道德品质修养和礼仪行为的养成是一个相辅相成的过程，礼仪处处渗透和体现着道德精神。一个人要想在礼仪方面具有较高的修养，就必须加强自身道德品质的培养。

2. 文化知识修养

礼仪的内涵丰富而深刻，和许多学科都有着密切的联系，一个人只有拥有广博的文化知识，才能深刻地理解礼仪的原则和规范。例如，学习民俗学可以使我们更好地了解文化传统、风土人情；学习美学可以使我们更好地懂得什么是美，什么是丑，怎样才能做到内在美与外在美的和谐统一；学习心理学可以使我们更好地理解和尊重他人的人格和情感，提升自我控制能力；学习公共关系学可以使我们掌握协调沟通、塑造良好的组织形象和个人形象的方法等。显然，注重文化知识的学习，对礼仪修养来说是不可或缺的。

3. 心理素质修养

一个人的心理素质会直接影响交际质量。一个具有良好心理素质的人在交际活动中遇到各种困难和情况时，都能始终保持沉着稳定的心理状态，根据自己所掌握的信息，迅速以最合理的行为方式，化险为夷，争取主动；相反，一些心理素质不好的人，在参加重大交际活动前，常会出现惊慌惧怕、心神不定、坐卧不安的状况，有的人在交际活动开始后，甚至会出现心跳加快、四肢颤抖、说话声调不正常的现象。这说明一个人是否具有良好的心理素质，决定了其能否顺利参加交际活动、完美地运用礼仪形式。因此，心理素质修养也是礼仪修养的重要内容。

4. 行为习惯修养

习惯在人们生活中有着不可低估的作用，它是一个人后天养成的在一定情况下自动进行某些动作的特殊倾向。礼仪是人们交际生活中的一种行为模式，这种行为模式只有通过一个人的长期自觉练习，形成一种自动行为，形成习惯，才能在交际活动中更好地发挥作用。可以说，礼仪的修养，说到底就是一个人自觉的行为习惯的形成过程。检验一个人的礼仪修养如何，很重要的一条标准就是看他是否已经把礼仪规范化，并将礼仪变成个性中的一种稳定成分，是否能在各种交际场合自然而然地遵守各种礼仪规范。如果一个人只会矫揉造作地做几个礼仪动作，而在日常的交际活动中我行我素，违背礼仪规范，那只能说明此人的礼仪修养是十分失败的。

小案例

日本木村事务所

日本有一家叫木村事务所的企业想扩建厂房，他们意欲购买一块近郊土地。同时有其他几家企业也想购买这块地。为购得这块土地，木村事务所的董事长多次登门，费尽口舌，但土地的所有者——一位倔强的老太太，说什么也不卖。

一个下雪天，老太太进城购物顺便来到木村事务所，她本意是想要木村先生放弃购买这块土地。

老太太推门刚要进去，突然犹豫起来，原来屋内整齐干净，而自己脚上的木屐沾满雪水。正当老人欲退之时，一位年轻的女职员出现在老人面前："欢迎光临！"女职员看到老太太的窘态，马上回屋想为她找一双拖鞋，不巧的是拖鞋正好没有了。女职员便毫不犹豫地把自己的拖鞋脱下来，整齐地放在老人脚下，笑着说："很抱歉，请穿这个好吗？"老太太犹豫了，心想：她不在乎脚冷？女职员看出老太太的犹豫，说："别客气，请穿吧！我没有关系。"等老太太换好鞋，女职员才问道："女士，请问我能为您做些什么？""哦，我要找木村先生。"老太太说。"他在楼上，我带您去。"女职员就像女儿扶母亲那样，小心翼翼地把老太太扶上了楼。老太太在踏进木村办公室的一瞬间改变了主意，决定把地卖给木村事务所。那位老太太后来告诉木村先生说："在我漫长的一生里，遇到的大多数人都是冷漠的。我也去过其他几家想买我的土地的公司，他们的接待人员没有一个像你这里的职员对我这么好。你的女职员年纪这么小，就对人这么善良、体贴，真令我感动。真的，我不缺钱花，我不是为了钱才卖地的。"就这样，一个大企业家倾尽全力交涉半年也徒劳无获的事情，竟然因为一个女职员有礼而亲切的举动做成了，真是奇妙之极。

【点评】从根本上讲，礼仪修养就是要求人们通过自身的努力，克服自身不良的行为习惯，不断完善自我的行为活动，把良好的礼仪规范标准化作个人的一种自觉自愿的能力行为。木村事务所的这位女职员正是以此打动了这位倔强的老太太，促成了土地的交易。

二、礼仪的修养方法

礼仪的修养不仅包括对礼仪的练习，还包括将所习之礼培养成一种习性，或者说是品性。这非一朝一夕之功，一般说来，应着重于知、情、意、行的统一，注重运用以下一些方法。

1. 树立学习礼仪的意识

在明确礼仪重要性的基础上，最要紧的就是树立长久的"习礼意识"，处处留心，时时在意。礼仪是一个社会文化沉淀的外显，经历了传承、变异的过程，习礼首先便是个体的"社会化""文化化"过程。也就是说，习礼主要依靠传统，依靠有意无意地模仿，依靠周围环境的影响，依靠在交际实践中不断学习、摸索，逐渐总结经验、教训。又因为礼仪具有变异性的特点，在完成了社会化以后，个体还会经历一个继续"社会化"的过程。所以，习礼可谓贯穿终身。

同时，就社会方面而言，为适应现代市场经济发展的需要，开办礼仪学校、举行短期礼仪培训，通过新媒体平台开办专题系列礼仪讲座，都是人们学习礼仪的好途径。这样做，无疑有助于整个社会文明程度和道德水平的提升。

视野拓展

新加坡重视礼仪教育

新加坡的国民素质极高，这是世界公认的。凡是到过新加坡的人，都会对这个美丽的花园国家留下深刻的印象。而这种良好的国民素质，源自新加坡每一位公民都必须接受的礼仪教育。遵守礼仪规范是新加坡政府长期在国民中开展的一项教育活动。

20 世纪 70 年代后期，时任新加坡总理的李光耀先生就提出了要把新加坡建设成一个“富而有礼”的国家。在大力发展国民经济的同时，政府将以“礼仪教育”为中心的国民素质教育，放到了一个非常重要的位置。并且，为规范国民的行为，使其养成良好的礼仪习惯，新加坡政府甚至运用了法律手段来强化新加坡公民的礼仪意识。

2. 陶冶尊重他人的情感

在礼仪教育过程中，情感是由知到行的桥梁。陶冶情感就是要使受教育者产生一种尊重他人的真挚感情，能够时时处处替他人着想，对人始终抱有一种热情友好的态度。我们大概都有这样的体验：在交际活动中，如果遇到一个对人热情诚恳的人，那么我们很快就能与其建立一种良好的关系；相反，如果碰到一个冷漠无情或虚情假意的人，我们则难以营造融洽交流的气氛。通常，一个人可以很快就了解一些礼仪方面的知识，但若缺少尊重他人的情感，那么他就无法把这些礼仪形式完美地表现出来，这些形式也就成了没有灵魂的躯壳。因此，我们可以看出，情感比认识具有更强的保守性，改变情感比改变认识要困难得多，陶冶情感是礼仪教育中更为艰巨的一项任务。

小故事

“我不愿意在礼貌上不如任何人”

《林肯传》记录了这样一件事。一天，林肯总统与一位南方绅士乘坐马车外出，途遇一位老年黑人深深地向他鞠躬，林肯向老人点头微笑并且摘帽还礼，同行的绅士问道：“为什么你要向黑人摘帽？”林肯回答：“因为我不愿意在礼貌上不如任何人。”可见，林肯深受美国人民的爱戴是有其原因的。1982 年美国进行民意测验，要求人们在美国历届的 40 位总统中挑选一位“最佳总统”，第一名便是林肯。

【点评】礼仪是一个人的安身立命之本，正如英国哲学家约翰·洛克所说：“没有良好的礼仪，其余的一切成就都会被看成骄傲、自负、无用和愚蠢。”林肯尊重他人，不愿意在礼貌上不如任何人的这种精神是非常值得我们学习的。

3. 锻炼遵从礼仪的意志

要使礼仪规范变成自觉的行为，没有坚韧不拔的意志是办不到的。意志坚强的人，能有效地控制自己的言行，特别是在不顺利的情况下，也能不畏困难，始终如一地按照自己的信念待人处世。

要将所习之礼培养成习惯，就要有意识地摒弃不合礼仪的旧习惯，养成遵从礼仪的新习惯。习惯是一个人行为方式的自动化，是不需要多加思考就能完成的行为方式。习惯一旦形成，就具有一定的稳固性，但通过努力也是可以改变的。因此，不该以“习惯成自然”为由，“姑息”那些不合礼仪的坏习惯，而应从思想观念上重视、加强礼仪意识，坚强的意志品质是保证遵从礼仪的精神力量。

小故事

华盛顿的小本子

200 多年前，当美国第一任总统乔治·华盛顿只有 15 岁时，他有一个小本子，上面记满了自己应该恪守的社交礼仪规则和各类简单实用的建议。比如他告诉自己：不要批评别人；父母或老师有责任教育孩子；如果你看到一个长辈从你身边走过，你应该向他表示尊重；如果你看到一个遭受不幸的人，即使他是你的敌人，你也要表示你的仁慈和善良；在公众场合不能大笑，不要过于张扬；要注意保护自己的名誉；宁可做“孤家寡人”，也不要做一个不受欢迎的参与者；做一个有趣的、健谈的人……

华盛顿讲究礼仪，并且拥有高超的社交技巧，这对他后来成为军队的统帅及美国总统很有帮助。他自己定的这些“礼仪规则”也为后人津津乐道、广受推崇。

【点评】华盛顿的这个小本子是其习礼的意志的集中体现。可以肯定的是，这些规则仍可用来指导现代人的行为，对美国第一任总统有益的东西，对今天的我们一样有益。

4. 养成遵从礼仪的习惯

礼仪教育的最终目的就在于使人们养成良好的礼仪习惯，也就是把人们在交际活动中对礼仪原则和规范的遵从变成一种习惯性的行为。衡量礼仪教育的效果如何，主要不是看受教育者了解多少礼仪方面的知识，而是看他在交际活动中的行为是否符合礼仪规范的要求，是否能够促进交际活动的顺利进行。因此，在礼仪教育中，要认真组织和指导受教育者进行行为演练，通过严格的礼仪训练使受教育者掌握调节自己行为的能力，从而养成良好的行为习惯；要使受教育者从一件件具体、琐碎的小事做起，养成习惯，从大处着眼，于小处着手，寓礼仪于细微之中，逐渐成习。

> **小贴士**
> **有教养者的十大特征**

小案例

令人尴尬的女经理

某省会城市一家三星级酒店的女总经理，衣着得体大方，语言热情适宜，正在宴请北京来的专家。席间，秘书突然过来说有急事，请她暂时离席去送外宾，可是这位女总经理迟迟未能起身。原来她的双脚不堪高跟鞋的束缚，出来“解放”了一会儿。而现在突然有了情况，双脚一时找不到“归宿”，真是令女总经理十分难堪，专家们也十分尴尬。

【点评】出现这种情况的原因恐怕不是这位女总经理不懂礼仪知识，而是还没有养成良好的习惯，没有严格遵守礼仪规则。所以，养成遵从礼仪的习惯是十分必要的。

在礼仪教育过程中，知、情、意、行是相互联系、相互渗透、相互促进、缺一不可的。没有知，情就失去了理性指导，意和行就会是盲目的；没有情，就难以形成意，知就无法转化为行；没有意，行就缺乏力量，知和情也就无法落到实处；没有行，知、情、意就都没有具体的表现，也就都变成了空谈。因此，在礼仪教育的过程中，要坚持晓之以理、动之以情、炼之以意、守之以行。

训练营

日常礼仪行为养成

训练目的：了解礼仪的基本知识和规范，遵循礼仪的基本原则，并在日常生活、学习、工作中养成良好的礼仪习惯。

训练课时：从开学第一周到倒数第二周的课外时间，最后一周全班总结，共两课时。

训练地点：教室、寝室、食堂、图书馆以及其他社交场所。

训练内容：

（1）学习礼仪修养的基本知识；

（2）学习礼仪修养的基本规范；

（3）从第一节课后起，每天在教室、寝室、食堂、图书馆以及其他社交场所，把在课堂上所学的礼仪知识在实践中加以运用，培养礼仪习惯。

训练要求：

（1）把礼仪的知识与规范融入日常生活、学习、工作及社交实践中；

（2）记录实践每一条原则或规范的心得体会；

（3）最后一周，每位同学上讲台向老师和同学们介绍一下自己掌握了哪些人际交往的礼仪原则或规范，还有哪些礼仪原则或规范是自己认为比较难以掌握的，有何感想，今后打算怎样应用这些礼仪原则或规范。

训练手记：通过训练，我的收获是____。

自我认知测试

你是一个讲礼仪的“文明人”吗?

1．升国旗时，你能肃立并行注目礼吗？（　　）

A．能　　B．有时　　C．不能

2．你平时说脏话吗？（　　）

A．不说　　B．很少说　　C．常说

3．在路上见到老师，你会主动上前问好吗？（　　）

A．会　　B．有时　　C．不会

4．你有过破坏公物、乱扔粉笔的行为吗？（　　）

A．没有　　B．有过　　C．经常

5．你能和同学友好相处并互相帮助吗？（　　）

A．能　　B．很少　　C．不能

6．你能按时独立完成作业，不抄袭别人的作业吗？（　　）

A．能　　B．有时　　C．不能

7．你参加各种集会时能准时到达，安静听讲吗？（　　）

A．能　　B．有时　　C．不能

8．你在家经常帮父母干家务活吗？（　　）

A．经常　　B．有时　　C．从来不

9．你会和父母顶嘴、发脾气吗？（　　）

A．经常会　　B．有时会　　C．从来不

10．遇到需要帮助的人，你会伸出援手吗？（　　）

A．经常会　　B．有时会　　C．从来不

计分方法： 选择“A”得3分，选择“B”得2分，选择“C”得1分。

自我认知测试结果分析

知识巩固与训练

一、简答题

1．举出近一个月来自己发现的不符合礼仪规范的五个例子，并分析问题所在、提出改进办法。

2．谈谈你准备怎样加强自身的礼仪修养。

二、实践题

1．将学生分成不同类别的小组，让他们走上街头观察并收集在生活中应用礼仪的小案例。

2．以小组为单位，走访一两位商界人士，了解他们对礼仪的看法及切身的经历与体会。

3．观看电影《公主日记》《窈窕绅士》，总结主人公在“从麻雀变凤凰”过程中表现出的礼仪元素及礼仪修养方法。

三、分析题

请指出以下人员在礼仪上存在的问题。

1．小王邋里邋遢地站在总经理办公室的门前，头发乱蓬蓬的，西装皱皱巴巴的，刚一进门就被秘书小姐“请”出了办公室。

2．小李坐在接待室等待顾客，不耐烦地走过来走过去，还不时地翻看接待室的物品。顾客一来他就迫不及待地开始推销产品，使顾客插不上一句话。

3．拥挤的公共汽车上，小张因一点小事和一个乘客争吵起来。他气呼呼地赶到顾客那儿，却发现顾客正是刚才和自己在车上争吵的那个人。

4．小刘是酒店前厅的接待员，客人在登记住店时看了房价后无意中说了一句：“这么高的房价？你们的房价为什么这么高呢？”小刘回答：“本来更高，看你不是经商的，这不已经给你打折了。”客人听后极为不悦，大步离开了酒店。

5．苏小姐正在忙家务，门铃响了，她打开门，迎面而立的是一位戴墨镜的年轻男士。苏小姐问：“您是？”男士没有摘下墨镜，而是从口袋里拿出一张名片：“我是保险公司的。”苏小姐接过名片看了看，不错，他的确是保险公司的，但这位男士的形象让她反感，便说：“对不起，我们不打算买保险。”说着就要关门，而这位男士动作非常敏捷，已将一只脚迈进门内，挤了进来。他一副极不礼貌的样子，在屋内打量，“你们家的房子装修得这么漂亮，真令人羡慕。可天有不测风云，万一发生个火灾什么的，损失就大了，不如你现在就买份保险……”苏小姐越听越生气，光天化日之下，竟然有人闯进门来诅咒她，于是，她把这个人轰了出去。

案例分析题原文

四、案例分析题

扫描二维码，阅读案例原文，然后回答案例后面的问题。

第三章

Chapter 3

沟通听说技能

微视频

沟通技能概说

学习目标

了解倾听的作用；了解倾听的障碍，并消除这些障碍；掌握有效倾听的策略；掌握说话的原则和技巧。

引导案例

夫妻沟通的两个场景

场景一

妻子：累死我了，一下午谈了三批客户，最后那个女的，挑三拣四，不懂装懂，烦死人了。

丈夫：别理她，跟那种人生气不值得。

妻子：那哪儿行啊！顾客是上帝，是我的衣食父母！

丈夫：那就换个活儿干呗，干吗非得卖房子呀？

妻子：你说得倒容易，现在找份工作多难啊！不管怎么样，每个月我还能拿回家五千块钱。哪像你，是轻松，可是每个月才拿两千块钱够谁花呀？眼看涛涛就要上大学了，每年光学费就要万把块吧？

丈夫：嘿，你这个人怎么不识好歹？想帮帮你，怎么冲我发火啦？

妻子：帮我？你要是有本事，像隔壁小萍的丈夫那样，每月挣个八九千块，就真能帮我了。

丈夫：看着别人好，和别人过去！不就是有几个臭钱吗？有什么了不起！

场景二

妻子：累死我了，一下午谈了三批客户，最后那个女的，挑三拣四，不懂装懂，烦死人了。

丈夫：大热天的，再遇上个不懂事的顾客是够呛。快坐下喝口水吧！（把她平日爱喝的冰镇酸梅汤递过去）

妻子：唉，挣这么几个钱不容易，为了涛涛今年上大学，我还得咬牙干下去。

丈夫：是啊，你真是不容易，这些年，家里主要靠你撑着。

妻子：话不能这么说，涛涛的功课、人品，没有你下力气，哪儿能有今天的模样？唉，我们都不容易。

问题：

1. 在场景一与场景二中，哪对夫妻进行了有效的沟通？
2. 在人际沟通中，我们应该怎样倾听和说话？

第一节 倾 听

上天赐给每个人两只耳朵，而只有一张嘴巴，就是要求人们多听少说。

——[古希腊]苏格拉底

一、倾听的作用

听是人类最基本的能力之一，是指用耳朵接收声音。国际倾听协会是这样定义倾听的：倾听是接收口头及非言语信息、确定其含义和对此做出反应的过程。在口语交际中，听的重要性并不被多数人认同。很多人认为听是一种被动的行为。在听的过程中，他们很可能会感到烦闷，如果他们不参与谈话还可能会无精打采。这显然是不正确的。

微视频
倾听的作用

古今中外很多谚语和传说都表明了听的重要性，如“听君一席话，胜读十年书。”俗话又说：“会说的不如会听的。”英国有谚语：“沉默是金，说话是银。”可见人们多么看重听了。

对我们大多数人来说，倾听是从我们听到别人讲话的声音时开始的，但倾听与听有什么区别呢？一般学者认为，“听”是指人体的感觉器官接收到声音；或者换句话说，“听”是人的感觉器官对声音的生理反应。只要耳朵接收到声音，我们就是在听。想想你在听到电影中的外语对话而不明白真实含义时，你就会明白，听到了并不意味着理解了。

微视频
倾听的力量

倾听虽然以听到声音为前提，但更重要的是我们必须对声音有所反应，必须主动参与，在这个过程中，人必须接收、思考、理解信息，并做出必要的反馈。同时，倾听的对象不局限于声音，还包含理解对方的语言、手势和表情等。在此过程中，我们不能只听对方说话，更要注意对方的眼神及感情等。

课堂互动

请根据自己对倾听的理解，谈谈在课堂上应如何做到有效倾听。

倾听的作用表现为以下几个方面。

1. 倾听是获取信息、开阔视野的重要途径

“听君一席话，胜读十年书”。这句俗语说明了倾听是获取信息、开阔视野的重要途径。有数据显示，在我们获取信息的途径，即听、说、读、写中，听的时间占到了53%。然而现在是网络化时代，面对面沟通被有些人忽视，由此产生的“宅男”“宅女”现象越来越使人们担忧，这从另一个角度说明了倾听的缺失对现代人造成的不良影响。与其将自己封闭在一个狭小的空间里，还不如走出家门倾听来自各界的声音，那样对自己的未来才会更有帮助。

小故事

“听”来的钢盔

据说，第一次世界大战期间，一位叫亚德里安的法国将军利用战斗的间隙到战地医院探望伤员。他毫不张扬地走进病房，静静地坐在病床边，倾听每一位伤员讲述自己死里逃生的经历。其中一位炊事员说，当时他听到炮弹呼啸而来，就不假思索地把一口锅扣在自己的头上，虽然弹片横飞，战友倒下了一大片，他却免

于一死。听到这里，亚德里安将军若有所悟地点了点头，同这位炊事员握手，脸上露出赞赏的微笑。

后来他发布了一道命令：让每位战士都带上一口“铁锅”。

于是，在人类战争史上，“现代钢盔”这个重要发明，就因为一位将军耐心倾听一个炊事员的故事而诞生了。据说，这个别出心裁的“发明”，使七万余名法军在第一次世界大战中免于战死。

【**点评**】将军诚意的倾听，体现了他对战士生命安全的关注，他满足了对方倾诉并寻求他人的尊重的愿望，同时，他也获得了灵感，从而作出了这个重大决定。

2. 倾听是对别人表达尊重和鼓励的特殊方式

我们都知道，人们往往对自己的事更感兴趣，对自己的问题更关注，更喜欢表现自我。一旦有人专心倾听我们讲话，我们就会感到自己被重视。而真诚投入地倾听他人的话语，恰到好处地做出反应，同样是表达对他人的尊重和鼓励的最好方式之一。

3. 倾听是为自己争取主动的关键

在时机未到时选择倾听并保持沉默是一种“大智若愚”的艺术。在商业活动中，多听、少说甚至不说，这样做的目的是获得最大的利益。少开口，不做无谓的争论，对方就无法了解你的真实想法，你反而可以趁机探察对方的动机，逐步掌握主动权。因此，才有“雄辩是银，倾听是金”的说法。

小故事

爱迪生的沉默

爱迪生发明自动发报机之后，想卖掉这项发明及其制造技术，以便用卖掉的钱建造一个实验室。因为不熟悉市场行情，也不知道这项技术能卖多少钱，爱迪生便与夫人米娜商量。米娜也不知道这项技术究竟能值多少钱，她一咬牙，发狠说：“要两万美元吧，你想想看，一个实验室建造起来，至少要两万美元。”爱迪生笑着说：“两万美元，太多了吧？”米娜见爱迪生一副犹豫不决的样子，说：“我看能行，要不然，你卖时先探探对方的口气，让他先开价，然后你再出价。”当时，爱迪生已经是一位小有名气的发明家了。纽约的一位商人听说这件事情后，表示自己愿意购买爱迪生的自动发报机制造技术。在商谈时，这位商人问到了价钱。因为爱迪生一直认为要两万美元太高了，不好意思开口，于是只好沉默不语。这位商人几次追问，爱迪生始终不好意思说出口，这时他的爱人米娜不在家，爱迪生甚至想等到米娜回来以后再说价钱。最后商人终于忍不住了，说：“那我先开个价吧，十万美元，怎么样？”这个价格大大出乎爱迪生的意料，爱迪生大喜过望，当场就和商人拍板成交。后来，爱迪生对妻子米娜开玩笑说，没想到晚说了一会儿就多赚了八万美元。

【**点评**】先做到倾听，不急于开口竟让一个不熟悉市场行情的人多赚了那么多，可见倾听无疑是万般无奈时的最好选择。

4. 倾听可增进彼此的理解与信赖

表露内心的情感可以消除两人之间的误会、隔阂、不信任与敌对情绪，使彼此的关系更为密切。由此看来，倾听可谓沟通的桥梁，误解与愤恨常常会随着有效的倾听而化为乌有，感情也常常会伴着彼此的倾听更进一步。

5. 倾听可促进身心健康与事业成功

倾听可改善周围的人际环境，促进身心健康与事业成功。心理学家指出，善于倾听的人更能克制冲动，控制情绪，创建一个较为平和的人际环境，这对于事业成功与身心健康而言是有百利而无一害的。

课堂互动

为什么在沟通过程中倾听占有十分重要的地位？请谈谈你的体会。

二、倾听的障碍

一般来讲，倾听有五个层次。一是听而不闻。如同耳边风，“左耳进右耳出”，完全没有听进去。二是敷衍了事。“嗯……”“喔……”“哎……”“好，好，好”，看似略有反应其实是心不在焉。三是有选择地听。只听合自己心意的内容，与自己意见相左的内容一概自动过滤。四是专注地听。有些沟通技巧训练会强调“主动式”“回应式”的倾听，通过复述对方的话表示自己听到了。虽然每句话或许都进入了大脑，但是否都能听出说话者的本意、真意，仍不是确定的。五是有同理心地倾听。一般人倾听的目的是做出最合适的反应，而不是了解对方。所以有同理心地倾听的出发点是“了解”而非“反应”，也就是通过交流去了解别人的观念、感受。在人际交往中应重视倾听，尽可能做到高层次的倾听，避免低层次的倾听。但事实上，并不是所有倾听都能取得理想的效果，因为在倾听过程中存在着各种各样的障碍，它们会直接或者间接地影响倾听的效果。

1. 来自环境的倾听障碍

环境干扰是影响倾听效果最常见的因素之一，交谈时的环境多种多样，时常会转移人的注意力，从而影响其专心倾听。有学者通过试验证明，一个人同时听到两个信息时，他会选择接收其中一个，而放弃另一个。这样就很容易忽略另外一个信息。具体来说，环境障碍主要从以下两个方面对倾听效果产生影响。

（1）干扰信息传递过程，消减、歪曲信号。如在嘈杂的课堂上，老师的声音几乎被学生的吵闹声淹没了，坐在后排的同学根本听不到老师在说什么，这与一个安静的教室所能取得的倾听效果是截然不同的。

（2）影响沟通者的心境。环境不仅会从客观上影响倾听的效果，还会从主观上影响倾听的效果，这正是人们注重挑选谈话环境的原因。比如，领导在会议室向下属征询建议，大家会十分认真地发言，而如果换作在餐桌上，下属可能就会更随心所欲地谈自己的想法，有些自认为不成熟的想法也会在此得以表达。反之亦然，如在咖啡厅里，领导随口问问你西装的样式，你会轻松地与他聊上几句；但若换作在办公室，领导特地走到你的办公桌前发问，你多半会想这套衣服是否有违公司的仪容规范。这是由于在不同场合下，人们的心理压力水平和情绪各不相同。

2. 来自倾听者自身的倾听障碍

倾听者本人对倾听的效果具有举足轻重的影响，倾听者理解信息的能力和态度会直接影响倾听的效果。由于每个人都有自己的思想和经验，在倾听时往往也带有自己的感情，这就在无形中增加了倾听障碍，使倾听者可能无法准确理解对方传递的信息，从而影响倾听的效果。来自倾听者自身的障碍表现在以下几个方面。

（1）注意力不集中。如倾听者受到内部或外部因素的干扰而无法集中注意力，这是最常见的影响倾听效果的因素。当你疲倦、胡思乱想时，或对说话者所传递的信息不感兴趣时，你就很难集中注意力。

（2）打断说话者。倾听者打断说话者也是影响倾听效果的因素之一。在回应说话者之前，应该先让他把话说完。对说话者缺乏耐心，甚至粗鲁地打断对方，是对说话者本人不尊重的表现。

小故事

将军怎么了？

有位将军为了显示自己对部下生活的关心，进行了一次参观士兵食堂的突然袭击。在食堂里，他看见两个士兵站在一个大汤锅前。

“让我尝尝这汤！”将军向士兵命令道。

“可是，将军……”，士兵正准备解释。

“没什么‘可是’，给我勺子！”将军拿过勺子喝了一大口，怒斥道：“太不像话了，怎么能给战士喝这个？这简直就是刷锅水！”

“我正想告诉您这是涮锅水，没想到您已经尝出来了。”士兵答道。

将军站在原地，十分尴尬。

请问：是什么导致了这位将军的尴尬？

（3）缺乏自信。倾听者缺乏自信也是影响倾听效果的因素之一。缺乏自信会令倾听者产生紧张的情绪，而这种情绪一旦影响了他的思维，他就会无法把握说话者所传递的信息。也正是为了掩饰这种紧张情绪，许多倾听者总是在应当倾听时擅自发言，打断说话者。

（4）过于关注细节。影响倾听效果的另外一个因素是倾听者过于关注细节。如果倾听者尝试记住说话者述及的所有人名、事件和时间，那么他就会觉得倾听“太辛苦”了。这种只抓住信息中的所有细节而不抓要点的做法非常不可取，这可能会使倾听者完全不明白说话者所要表达的观点。

（5）排斥异议。有些人喜欢听与自己意见一致的人讲话，偏爱和自己观点相同的人。这种拒绝倾听不同意见的人，不仅失去了许多通过交流获得信息的机会，而且在倾听的过程中，因为其注意力不可能集中在讲逆耳之言的人身上，所以他不可能和任何人都愉快交谈。

（6）心存偏见。倾听者心存偏见会在很大程度上影响倾听的效果。偏见会让倾听者无法对说话者所传递的信息保持开放和接纳的心态。这是因为，偏见使倾听者在倾听之前就已经对说话者或他所传递的信息作出了判断。

（7）太注重说话方式与个人外表。有时，人们常倾向于根据一个人的外表或说话的方式对其传递的信息进行判断，而“听不到”他真正说了什么。有些人常被说话者的口音、外表以及行为习惯扰乱心绪，从而影响倾听的效果。

（8）厌倦。由于大脑思考的速度比说话的速度快很多，倾听者很容易在倾听时感到厌倦。虽然人们可以接纳一个人传递的信息，但同时还有很多空余的“大脑时间”，有时人们很想中断倾听过程，思考一些别的事情。“寻找”一些其他的事做，以占据空余的大脑时间，这是一种不良的倾听习惯。

（9）臆测。臆测是指倾听者在倾听过程中凭借自己的主观臆断对说话者说的话进行推测或猜想。臆测是一种沟通障碍，它常常会使人产生曲解或误解。所以，倾听者要尽力避免对别人的话进行臆测。

小故事

重在倾听

一位主持人在一期节目中访问了一位小朋友：“你长大了想当什么呀？”小朋友天真地回答：“我要当飞机驾驶员！”主持人接着问：“如果有一天你的飞机飞到太平洋上空时，飞机所有的引擎都熄火了，你会怎么办？”小朋友想了想说：“我会先让飞机上所有的人系好安全带，然后我系上降落伞，跳下去。”

当现场的观众笑得东倒西歪时，主持人继续注视着孩子。没想到，孩子的两行热泪夺眶而出。于是主持人问他：“为什么你要这么做？”他的回答透露出小孩子的真挚：“我要去拿燃料，我还要回来！我还要回来！”

【点评】在人际沟通中，倾听非常重要，尤其是在面对孩子时，更要做到认真倾听。合格的父母从来不急于给孩子下结论，他们会倾听孩子的心声，用真诚的心与之沟通，理解孩子的感受，让亲子关系更密切。

课堂互动

请同学们就所学内容及自己平时的经历，交流在倾听时需要克服的障碍。

三、有效地倾听

要想做到有效地倾听，必须运用以下策略。

1. 创造良好的倾听环境

（1）选择合适的场所。倾听的场所合适与否直接关系到沟通双方的心理感受和外在噪声对倾听的干扰程度。在公共场合中，应避免在噪声比较大的地方交谈，如施工场所、十字路口，尽量寻找安静、舒适、典雅、有格调的咖啡厅或茶室等进行交谈，同时应尽量避免手机和他人的干扰。如果是在家中聚会，则有必要将电视的音量关小，保证室内空气清新、环境舒适；假如临近街道，还应将门、窗关闭，同时还要注意室内家具的摆放、颜色的搭配等细节问题。

（2）选择恰当的时间。公共场合都存在人流的高峰期，如公园、商场、风景区在节假日时人都比较多，咖啡厅晚上人流不息，而餐馆则在午餐和晚餐时间人较多。选择交谈场所时还应考虑选择恰当的时间。

（3）保持一定的距离。说话者与倾听者感情好，私下交谈时则会离得近一些，恋人之间更是如此。但在正式场合中，不论亲疏，都应保持一定的距离。距离过远，不容易听清；距离过近，则容易使说话者感到紧张。

2. 做好充分的心理准备

倾听时，倾听者要保持良好的精神状态，集中精力，随时提醒自己交谈要解决的问题。倾听时应保持与说话者的眼神接触，但应把握好眼神接触的时间；如果没有语言上的回应，只是长时间盯着对方，会使双方都感到局促不安。倾听时，应该保持开放的心态，这是提升倾听效果的重要方法。这样不但能使你在交谈时考虑得更为全面，还能疏解双方的防御心理，这种防御心理有时会极大地阻碍彼此的良好沟通。回应说话者时，即使你不同意他的观点，也应保持积极的态度。

3. 使用正确的身体语言

人的身体姿态会暗示他对谈话的态度。自然开放的姿态代表接受、感兴趣与信任。双臂交叉是日常生活中最常见的姿势之一，一般可表现出优雅，富有感染力，让人看上去信心十足。不过，这种姿势也常常意味着防御，当倾听者做出这种姿势时，大多表示的是其对对方提出的意见持保留态度。身体向前倾的姿势是集中注意力、愿意听对方倾诉的表现；倾听时跷起“二郎腿”也许是心情很放松、身体很舒服的表现，但有时也会让说话者认为这是一种封闭性的姿势，自己不耐烦或高傲。

4. 运用倾听的技巧

（1）对主题或说话者产生兴趣。这样做有助于倾听者以积极的态度进行倾听。倾听时，倾听者的目标应当是从每个说话者那里获取信息，但如果你对他们不感兴趣，就很难集中注意力。因此，倾听者应当消除自己对主题或说话者的偏见，使自己对其产生兴趣。倾听时，应该关注说话者提供的信息，而不是他们的外表、性格或说话方式，不要因为这些因素而轻易对他们下定论，而应该根据他们提供的论据来判断信息的价值。另外，也不要仅仅因为说话者的出色口才就立即对他们作出肯定的判断。出色的表达能力并不意味着说话者传递的信息有价值。因此，倾听者应该等到说话者全部表述完之后，再作出判断。

微视频
倾听技巧

小故事

上　菜

女主人特别交代给上菜员摆放菜肴的方式：“记住，要用银盘来盛这条鱼，银盘四周要有精美的装饰，别忘了，嘴巴上含一片柠檬。”晚宴时宾主尽欢，宴会进行到高潮时，最后一道主菜被端了上来。然而当上菜员把那盘清蒸石斑鱼端上桌时，原本热闹的会场霎时安静了下来。石斑鱼被放在银盘当中，色、香、味俱全，银盘四周的装饰也一如女主人的吩咐，上菜员的嘴巴上含着一片柠檬——也正如女主人的吩咐。

【点评】因为没有注意倾听而产生误解、闹出的笑话的事例不胜枚举。因此，懂得适时发问，学会运用倾听的技巧是改善人际沟通效果的重要一环。

微视频
学会倾听

（2）积极关注自己不熟悉的信息。要想提升自己的倾听能力，就要学会关注自己不熟悉的信息。如果在倾听时遇到此类信息，就更需要高度集中注意力。因为如果不这样做，就可能抓不住信息的重点。当对方传递的是自己不熟悉的信息时，可以采取下列方法来改变自己：不要因为信息复杂而气馁；使自己对学习产生兴趣；通过提问来确认对方的观点。

（3）专注于对方的主要观点。倾听时，一定要专注于对方的主要观点，为了全面理解对方言辞中包含的内容和情感，要集中精力努力捕捉信息的精髓。这样做不仅能避免对方的情绪对你产生影响，而且能使你集中精力理解对方所述内容的主要观点。

（4）不要过早下结论。要想提升自己的倾听能力，在倾听时就不能过早下结论。当你不同意对方的看法时，最自然的反应就是立即不再理会对方所说的话。尽管不需要同意对方的所有观点，但是在下结论之前，还是应该先听完对方的话。只有这样，才可以更客观地检验并评估对方的观点、论据和论证过程。

小故事

复　印

一个刚到公司不久的小伙子抱着一摞文件站在碎纸机前发愣。经理秘书刚好从旁边经过，她看到小伙子后，低声说了句：“真是菜鸟，连这个都不会用。”她随即抢过小伙子手里的文件，放到机器里按动了按钮，很快文件就被粉碎了。这时小伙子问：“太谢谢你了，请问复印件从哪里出来？”

【点评】很多失误来源于“我以为”的思维惯性，以及过早地下结论。要做到有效地倾听，就要克服过早地下结论的毛病。

（5）增强自己的话语音辨力、记忆力、理解力和评判力。话语音辨力（包括辨音正字和听音辨调）是倾听能力的一个重要组成部分，是倾听者对听到的信息的表层意思的理解能力。话语记忆力是指倾听者迅速而准确地捕捉对方发出的每一个语音符号，并且立即将其存储到大脑中的能力。话语理解力是指理解说话者发出的语言信息的整体内涵，真正听懂对方的话的能力。话语理

小贴士
倾听的“珠穆朗玛峰”七层次

解力是听说能力的核心，它的强弱是倾听能力的重要衡量标准。话语评判力是对倾听能力的高层次要求，倾听者要善于分析、判断对方话语的本意及言外之意，体会对方在谈话过程中的情绪和感受的能力。以上四个方面的能力大致反映了“听进—记住—听懂—会听”这样一个完整的倾听过程。在具体的倾听过程中，这几个方面往往同时产生作用。为了增强自己的话语音辨力、记忆力、理解力和评判力，倾听者可以复述对方所传递的信息，以确定自己是否完全理解了所听到的信息。复述时，倾听者可以用自己的话向对方概述听到的信息的主要内容，这样能减少对信息的误解和错误的推测。

课堂互动

你的话语理解力如何？

你看到以下几个问题的第一反应是什么？教师寻找类似的问题，念两遍后请学生立即作答。

（1）法律是否允许一个男人娶他遗孀的妹妹为妻？

（2）哪一种表达更准确？9+5 是 13，9+5 =13。

（3）在一个 6 米长、3 米宽和 1 米深的洞里，有多少立方米的土？

（4）咖啡厅里有两个中学生，其中一个不是初中生，那么，这两人的情况是怎样的？

（5）珠穆朗玛峰被发现之前，哪座山峰是地球上最高的山峰？

（6）不到必要时，不打断他人说话。善于听别人说话的人不会因为自己想强调一些细枝末节，想修正对方话中一些无关紧要的部分，想突然转变话题，或者想说完刚刚没说完的一句话，就随便打断对方。经常打断别人说话的人是不善于倾听、激进、不礼貌、难以和他人沟通的人，所以除非在不得不说的情况下，否则不应打断对方说话。

（7）尊重说话者的观点。每个人都有自己的观点，要鼓励对方说出自己的观点，而不能因为自己的主观意愿，就否定自己不同意的观点。如果不这样做，就可能错过很多学习的机会，而且无法和对方建立起融洽的关系。

（8）换位思考。要以客观的态度面对说话者，站在对方的角度去考虑他所说的话，用心去感受对方的心情，这也是倾听的最高层次。这样做可以避免因心理定式和偏见等产生沟通障碍。

（9）倾听者不应该过于拘谨。倾听者在倾听时过于拘谨会使倾听变成一种被动行为，此时，倾听者不会表达自己的观点，他们根本不参与交流，常常只是以“很好”和“我明白你的意思”之类的话来回应对方。倾听者在倾听时过于拘谨可能是因为害羞，也可能仅仅是因为不想给对方带来麻烦。无论出于什么原因，这样的行为都会影响沟通的效果。要避免在倾听时过于拘谨，应当做到以下几点：乐于表达自己的想法；通过提问参与对话；回答问题要干脆；要多与对方进行眼神交流。

5. 运用其他沟通形式

小案例
一次倾听达成的交易

如果只是“听”，它所能记住的信息是有限的，这时候还需要借助一些其他的方法来帮助自己更好地记忆。比如做笔记，这样能更有效地记住对方所说的话，同时能有选择地记下自己认为重要的信息。

总之，经过严格、科学的训练，能够进行有效倾听的倾听者，在倾听时的表现是截然不同的。表 3.1 列出了两种不同的倾听者在相同情境下的倾听表现。请对照自己的倾听习惯，看看自己是否是好的倾听者。

表 3.1　两种不同的倾听者在相同情境下的倾听表现

差的倾听者	好的倾听者
• 寻找自己感兴趣的领域 • 关注枯燥的主题，兴趣领域很窄，忽略传递错误 • 不记录或记录不完整 • 无回应或很少有语言和非语言的回应 • 传递质量差就不认真听了；由于对方的个人特征而不接受对方的观点；过快地作出判断 • 很容易被干扰；集中精力的时间短 • 逃避困难，不想动脑筋解决问题 • 遇慢速说话者时注意力不集中 • 打断对方讲话，并问一些小的问题，做一些使对方分心的评述 • 把自己的精力放在两个或多个任务中 • 经常打断对方说话，喜欢以自我为中心，控制着谈话的主动权 • 容易受感情色彩强烈的话语影响，很难控制自己的情绪	• 寻找对每个人有启迪的内容和信息，并能发现自己可能感兴趣的新主题 • 关注内容和含义，对其中的信息敏感 • 用多种方法记录倾听过程和细节 • 经常以点头和“哦”“啊”等回应对方，展现主动的身体姿态 • 不会过快地作出判断，能耐心听对方说完，直至完成对核心信息的理解 • 能排除各种干扰；长时间集中精力 • 迎难而上，积极寻求解决方案 • 利用间隙时间对信息进行总结和梳理，像关注显性的信息一样关注隐性的信息 • 请对方澄清一些信息或要求其举例，或复述对方的观点 • 一次只做一件事情 • 不会打断对方说话，一直耐心地听对方陈述，即使有不同意见也不会打断对方 • 能承受负面语言或不好的语气，能够很好地控制自己的情绪

课堂互动

请同学们就所学内容及自己平时的经历，交流在倾听时的积极做法。

训练营

倾听技能训练

训练形式：集体参与。

训练时间：10 分钟。

训练场地：教室。

训练材料：任何一则包含一些数字或确切事件的故事。

训练程序：

（1）事先从报纸或文摘上选取一则 200～300 字的故事，注意最好是有简单情节的故事，而不是评论性的文章，在课堂上不经意地向学生提起，告诉他们你要为他们念一则很有意思的故事。

（2）大声朗读这则故事。

（3）朗读结束后，你可能会发现同学们对这个故事毫无兴趣，露出厌倦和疲惫的表情。

（4）这时你拿出一个精致的礼品，说：“故事念完了，现在我会就这个故事的内容提几个问题，谁能答对，我就把这个礼品送给他。”

（5）问 5～7 个关于故事的时间、地点、名字和简单情节的问题。

（6）尽管问题简单，你还是会发现几乎没有一个人能全部答对。

提问：

（1）既然大家都听了这个故事，为什么没有人能把内容记得非常清楚？

（2）我们不认真倾听的原因是什么呢？我们应该怎样认真倾听？

（3）如果事先把礼品拿出来，同学们的倾听效果会不会不一样？这是为什么呢？在没有物质刺激的情况下，我们应怎样提升自己的倾听效果？

第二节 说　话

金玉良言可能简短而通俗，但它们会如余音绕梁，在人们心中久久不绝。

——诺贝尔和平奖获得者特蕾莎

说话是用语言表达意思的常见的口头沟通形式，包括演说、正式的谈话、访谈及非正式的讨论。

一、说话的原则

语言的掌握需要多年的学习和实践。因为制定在所有场合和情况下都适宜的说话的原则是不可能的，这里的讨论仅限于六个重要方面：清楚、得体、有力、传情、生动和道德。

1．清楚

清楚是指思想依靠精确和简洁的语言，被以能使人正确理解的方式表达出来。在大多数情况下，如果你希望得到他人的理解，就必须尽可能清楚地说话。例如，你在说一件非常重要的事，或者进行一次正式的演讲，或者接受媒体采访时，说话清楚是必需的，因为你可能没有第二次机会澄清自己的观点。在说话时要谨慎使用行话、俚语、长句子，以免影响他人对意思的理解。

（1）行话。行话是一种专业化的语言，要注意应用的场合。例如，医生经常使用高度专业化的语言去描述病情，虽然医生们能相互理解，但使用行话与病人沟通时就会产生障碍。

（2）俚语。俚语是指民间非正式、较口语化的语句，是人们在日常生活中总结出来的通俗易懂、顺口、具有地方色彩的，地域性强，较生活化，如“歇菜”“车轱辘话”等。俚语是一种非正式的语言，通常用在非正式的场合。有时俚语也用于表达新鲜事物，或对旧事物赋予新的说法。

微视频
说话之道：不说别人的错，要说别人的对

（3）长句子。只有当更复杂的语句有助于使你要表达的意思更清楚时，你才有必要使用长句子。例如，假设你要把车漆成红色，如果你使用一个比红色更准确的描述，最终结果将会更令人满意。你喜欢哪种红色？葡萄酒红色，深红色，还是朱红色？随着你使用的词汇量的增加，意图被准确传递给倾听者的可能性也就增大了。使用的词汇越多，表达可能就越准确，但这并不意味着你总是需要使用更多的词语进行表述。

小故事

皮　包

一个上了年纪的乘客下了火车，当他走向出站口时，突然叫住了旁边的一个小男孩，急急忙忙地说：“小朋友，你快帮我去一趟7号车厢，我的一个皮包在6号软卧里。这是你的小费。”小男孩向着车厢跑去，片刻后，小男孩从将要启动的火车的踏板上跳下来，奔向了那个乘客。他气喘吁吁地说：“没错，先生。你可以放心了，你的皮包还在原处。”

【点评】工作出问题了，有的上司只顾对着下属发脾气，训斥下属，他们常常发出疑问：为什么下属总是不听话？好像在有意和我作对，就是不按我说的去做？为什么下属总是做不好？做出来的结果和我想象的不一样，相差很远，甚至南辕北辙？其实，作为上司应当反思的是，自己有没有直截了当、清楚明白地对下属做出明确的要求和布置？要知道，没有人是你肚子里的蛔虫。

微视频
说话得体

2．得体

得体是语言表达的最高原则，因为只有话语得体，才能实现交际目的，

微视频
很多年轻人吃亏在不会说话，记住这个技巧，人际关系会越来越棒！

才能取得令人满意的沟通效果。语言表达得体，概括地说，就是话说得适当、妥帖、恰到好处，即适时、适情、适势、适机、适人，一切都适度、恰当。

遵循得体原则应做到以下三点。第一，切合身份。即说话要符合自身的经历、身份、学识、地位、修养、性格等特点，如教师的文雅、诗人的浪漫、农民的质朴等。第二，切合对象，即切合交际对象的心理、文化水平、独特性格和特定的人际关系。第三，切合语境，即切合特定的社会文化背景、自然环境，切合特定的时间、地点、场合和语言环境。

小故事

女王的三次敲门

英国的维多利亚女王，与其丈夫相亲相爱，感情融洽。但是维多利亚女王是一国之主，每天忙于公务，出入各种社交场合，而她的丈夫阿尔伯特和她相反，对政治不太关心，对社交活动也没有多大的兴趣，因此两人有时也会闹些别扭。有一天，维多利亚女王去参加社交活动，而阿尔伯特没有去。已是深夜了，女王才回到寝宫，只见房门紧闭着。女王走上前去敲门。房内，阿尔伯特问："谁？"女王回答："我是女王。"门没有开，女王再次敲门。房内阿尔伯特问："谁呀？"女王回答："维多利亚。"门还是没有开。女王徘徊了很久，又上前敲门。房内的阿尔伯特仍然问："谁呀？"女王温柔地回答："你的妻子。"这时，门开了，丈夫阿尔伯特热情地伸出双手把女王拉了进去。

【点评】女王第一次回答"我是女王"，这个称谓表现的是她一国之主的身份，这个身份是对于国家和臣民而言的，"女王"是权力和威严的象征，但不属于家庭，不属于阿尔伯特，她当然"敲不开门"了。女王第二次回答"维多利亚"，这个称谓虽比"女王"柔和一些，少了一种高高在上的感觉，但"维多利亚"只是个姓氏，它适用于整个维多利亚家族，没有体现出妻子的身份和夫妻间的亲密关系，所以她也没有敲开门。第三次回答"你的妻子"，体现了她作为一个家庭成员的身份，没有丝毫的"行政干扰"，完全符合她在家中的身份，所以她敲开了门，也敲开了丈夫的心扉。

总统说话不得体

美国前总统卡特去盐湖城参加某教信徒颁发"本年度家庭好男人"的仪式。撰稿人为他写了一份讲稿，特别注明"幽默"，于是助手给他准备了三四个笑话。他在发表讲话时全用上了。卡特和他的撰稿人并没有意识到，该教信徒一直教育他们的孩子不要轻率地看待世事，在这样的场合自然也就不能随意讲笑话。当时，教堂里有2 000多人，卡特讲笑话时，众人只是瞪着他，不做任何反应。

【点评】说话得体就是针对不同的场合、特定的听众要说适宜的话，案例中卡特面对该教信徒乱用幽默是不可取的。

3. 有力

有力的说话方式是指直接表明观点的，即不使用含糊的和限定性词语的说话方式。说话有力的人被视为更可信、更有吸引力和更有说服力的人。在大学课堂上，学生通常会认为语言有力的老师更可信且有更高的学术水平。为了掌握有力的说话方式，你应该避免以下沟通行为。

（1）避免使用模棱两可的话和修饰性词语，比如"我猜想"和"某种……"，因为它们会削弱话语的威力。

（2）不要使用如"啊"和"你知道"这种含糊的表达方式，这些词语也会使说话者显得不确定。

（3）不要使用附加提问，即避免以陈述开始、以问题结束的表述，比如"春游会很有趣，是吗？”附加提问常显得说话者不够果断。

（4）不要使用否认自己的表达。否认自己的表达是指辩解或请求倾听者原谅自己的词语或表达方式，例如“我知道你或许不同意我的观点，但是……”以及“我今天确实没准备讲话”。

有很多人习惯于使用无力的词语或表达方式，那样会减弱自己讲话的效果。一旦认识到自己存在这样的习惯，就应该想办法克服它。

4．传情

语言所负载的，除了理性信息之外，还有情感信息。情感信息的内涵十分丰富，其功能不仅包括诉说人的理智，还包括激发人的情感。在人际交往中，话语饱含情感，就会在传递信息、思想的同时产生言语魅力，对他人产生感染作用，从而取得令人满意的沟通效果。

在语言表达中传情主要有以下三种途径。第一，尊重和谅解。它不仅能表现出说话者讲究文明礼貌、有教养，更重要的是能够缩短与对方的情感距离，甚至能调和双方的关系，营造出“亲如一家”的融洽氛围。第二，声中蕴情。说话者可利用语音、语气、语调和节奏来表达丰富的情感。第三，话语真诚，即言语内容饱含真情实感。在语言表达中，只有真诚的心灵与情感，才能产生磁石般的吸引力，唤起倾听者的热情，产生动人心魄的力量。话语真诚表现为词语运用情感分明，内容表述情真意切。

5．生动

你还记得自己在孩提时代听过的那些故事吗？印象深的总是那些令你感到恐惧的故事，即交织着你的尖叫声、悲哀的呻吟声和神秘的号叫声的故事。它们通常发生在黑暗的地方，只有一道忽闪忽闪的怪异的灯光或电光。如果有味道，那肯定也是潮湿和发霉的味道。

讲鬼故事的人通常使用第一人称，因为以“当时我在场”或“发生在我身上”的角度所做的叙述往往会特别生动。

当我们说语言生动时，经常是指某人发现了表达旧事物的新方式。孩童的语言经常使我们忍俊不禁，因为他们太小，还不懂得各种陈词滥调和圆滑的表达方式。孩子们会把“胖大海含片”按他们自己的理解说成“上海大胖”，会把夜里正在向上飞的飞机说成“飞机在爬坡”。生动语言的最好体现是诗词和歌词，如歌词“某年某月的某一天，就像一张破碎的脸”。很多歌词作者都为我们提供了新的表达形式，从而使一个古老的主题听起来新颖而激动人心。

6．道德

道德沟通是诚实、令人满意和考虑他人权利的沟通。当说话者讲述真相时，沟通是诚实的；当说话者考虑倾听者的情感时，他是令人满意和为他人着想的。然而，有时诚实和令人满意是矛盾的。例如，当一个朋友向你展示他的新车时问：“它很漂亮吧？”即便你认为它不漂亮，也不宜直言相告。这被称为“善意的谎言”，不伤害感情的谎言。因为在一些不太重要的问题上说谎，从道德上讲它是能够被接受的。再如，当你的一个朋友每天晚上都喝得不省人事，然后问你是否觉得他是酒鬼时，你的回答应该是“是的”，此时的诚实是重要的，因为它关系到一个人的健康。

一位叫雷·佩恩的沟通学教授曾指出：“词语的选择就是对世界的选择。”他提醒我们，如果选择了错误的词语，我们可能会对他人造成很大的伤害。很多时候我们提出善意的批评是想帮助对方改正错误，但措辞不当却常导致对方的怨恨，甚至使双方关系破裂，“好心没好报”。

小案例

太太与女佣

有位太太聘用了一位女佣，要求她下周一正式上班，然后利用这段空当，打电话给那位女佣的前任雇主，询问了一些她的个人情况，结果得到的评语是贬多于褒。

女佣到任的那一天，这位太太立即告诉她："莉莉，几天前我打电话问了你的前任雇主，她说你为人老实可靠，而且煮得一手好菜，带孩子也很细心，唯一的缺点就是家务做得不怎么好，老是把屋子弄得脏兮兮的。我想她的话并非完全可信，从你的穿着可以看出来，你是个很爱整洁的人，我相信你一定会把家里也整理得井井有条。我们应该可以相处得很好。"

事实上她们果然相处得很愉快，莉莉把家里打扫得干干净净，一尘不染，而且非常勤快，宁可加班，也不会将工作搁着不做。这位太太看在眼里，乐在心里。

【**点评**】这位太太的做法提醒我们，运用语言时要注意道德方面的因素。我们所说的话不仅决定了我们怎样向他人展现自己，而且决定了在未来若干年里我们和他人的关系。因此，明智和恰当的措辞是非常重要的。做到这一点的黄金法则是说话前问一下自己，如果别人对你说了同样的话，你会感觉怎样。

课堂互动

请把你上大学后的所见所感告诉你的父母，你会对他们怎么说？请注意对说话原则的运用。

二、说话的技巧

微视频
说话的三个技巧

说话的技巧包括说话方式的选择和说话的媒介——美妙声音的运用。

1. 说话方式的选择

首先，要注意说话的对象。说话时一定要了解对象的具体情况，这些情况包括身份、职业、年龄、性别、知识水平、气质、性格、兴趣爱好、处境、心情等。要根据说话对象的不同情况来确定自己说话的内容。当你与别人说话时，你需要针对他们的情况及时做出调整；要熟知你正在讨论的主题，因为它会影响你对词语的选择；还要对你所说的内容有意识，这种意识将提高你对他人情况的敏感度，也能提升你对语言的选择和使用能力。

视野拓展

说话要看对象

当与小孩沟通时，不要忽略了他的"纯真"；
当与少年沟通时，不要忽略了他的"冲动"；
当与青年沟通时，不要忽略了他的"自尊"；
当与男士沟通时，不要忽略了他的"面子"；
当与女士沟通时，不要忽略了她的"情绪"；
当与领导沟通时，不要忽略了他的"权威"；
当与长辈沟通时，不要忽略了他的"尊严"。

如果对方是一个豪爽的人，那你说话就应该豪爽一点；如果对方是一个内秀的人，那你说话就应该委婉一点，这样才会得到对方的认可。所以，在开口说话前一定要注意了解对方是什么样的人。

小案例

被蝎子蜇了的秀才

古时有一个秀才，说话总爱咬文嚼字。有一次睡觉被蝎子蛰了，他便摇头晃脑地喊道："贤妻，速燃银烛，你夫为虫所袭也！"一连说了几遍，他的妻子怎么也听不明白。他更着急了，说道："身如琵琶，尾似钢锥，叫声贤妻，打个亮儿，看是什么东西。"他的妻子还是不知道怎么回事。结果他痛得熬不住了，一气之下道："老婆，快点灯，蝎子蛰着我啦！痛死我了！"

【**点评**】这则笑话提示我们，说话时一定要弄清对象，这一点是绝不能忽视的。

小故事

上什么山就要唱什么歌

某人擅长奉承。一日请客，客人到齐后，他挨个问人家是怎么来的。第一位说是坐出租车来的，他大拇指一竖："潇洒，潇洒！"第二位是个领导，说是自己开车来的。他惊叹道："时髦，时髦！"第三位显得不好意思，说是骑自行车来的。他拍着人家的肩头连声称赞："廉洁，廉洁！"第四位没权也没势，自行车也丢了，说是走着来的。他也面露羡慕："健康，健康！"第五位见他奉承技巧高超，想刁难一下他，说是爬着来的。他击掌叫好："稳当，稳当！"

小案例
唐伯虎祝寿

其次，要注意观察周围的情况。说话时要看周边的情况是为了能够恰当地和当时的情景融合在一起，避免说出不合时宜的话来。

"唐伯虎祝寿"这个故事就是一个很好的说明。在这个故事中，唐伯虎并不是真心来祝寿的，骂一下那位老妪倒是他的真心。可是，他看了周围的环境，知道骂了人不会有好处，所以虽然脱口骂了出来，还是立刻改变了口吻，使已经骂出的话成为不是骂人的话。

再次，要礼貌为先。无论一个人在社会上扮演什么样的角色，有什么样的身份，礼貌都是维持人际关系的原则。有句话叫作"尊重别人就是尊重自己"。一个有礼貌的人到哪里都会受到人们的欢迎，受到热情的接待，而一个出言不逊、缺乏礼貌的人，是不会得到别人的喜欢和接纳的。

礼貌就是一个人的名片。礼貌看似小事，可有时能直接影响大事的成败。正如俗语说的那样，"礼貌是人类共处的金钥匙""礼貌是容易做到的事，也是最珍贵的东西""礼貌周全不花钱，却比什么都值钱""礼貌经常可以替代最深厚的感情""生活中最重要的是有礼貌，它比最高的智慧、比一切学识都重要"。我们在人际沟通中一定要注意礼貌待人。

小案例

没礼貌的学生

秦昆老师是一所高校有名的教授。有一天，一位外校的学生来找秦教授，请秦教授做他的校外论文评阅人。因为当时规定，论文答辩时要请一个校外的专家来指导。

这位同学一进门，见秦老师的屋里坐了好几位老师在商讨问题。他也搞不清哪位是秦教授，就张口问道："谁是秦昆呀？"秦老师听到这个学生直呼自己的名字，脸色微微一变，但还是有礼貌地对他说："我就是，找我有什么事吗？"这位学生大大咧咧地说："噢，你就是秦昆呀，我可早就听说过你了，我是某某教授的学生，我的论文你给我看一下吧！"秦教授到底是有涵养的人，看到这个学生这么没有礼貌，仍说道："那你就放在那里吧！"

这位学生把自己的论文往秦老师的桌子上一扔，对秦老师说："你快点看呀！后天我们要论文答辩，你可别耽误我的事！"

秦老师这么有涵养的人终于也忍受不了了，火气顿时上来，他对这位学生说："这位同学请留步。请问一下是谁找谁办事呀？你的论文拿走，我没有时间给你看！"

【点评】一向很有涵养的秦老师为什么会这么生气呢？是因为这位学生不懂礼貌。秦老师是长辈，这位学生却直呼其名，对秦老师毫不尊重，怎么会让秦教授高兴呢？其实，找人办事得有找人办事的样子，这位同学应该改变一下自己的说话方式，对秦老师这样说："秦教授，我早就听说过您的大名了，所谓名师出高徒，以前没有机会师从于您，临近毕业的时候我很希望能够得到您的指导，希望秦教授在百忙之中评阅一下我的论文。"如果他能够这么说，不要说秦教授这样有涵养的人了，任何一位老师都会热心地为他评阅论文的。

又次，要善于应变。应变，即说话者针对具体交流情境当中出现的不利因素，当场做出调整以适应事物变化的快速反应能力和应对处置各种意外情况的良好心理素质。如果你善于应变，在人际沟通中就可以应对很多意想不到的场面，一句妙语往往能帮你摆脱窘境。一个成功的说话者必然善于随机应变，那样才能掌控局面，把握机会，逢凶化吉，取得人际沟通的最佳效果。当然，这种能力与说话者思维的敏捷程度、自控力、知识的广博程度是分不开的。

微视频
警察谈判专家与轻生男子"舌战"（说服）

小故事

马克·吐温的应变术

美国著名作家马克·吐温写了一部著名的讽刺性作品《镀金时代》，立刻引起了轰动，在记者招待会上，马克·吐温不禁脱口说道："美国国会议员中有些人是狗婊子养的。"报纸纷纷加以报道。有些美国议员抗议，要求马克·吐温在报纸上公开道歉。马克·吐温答应了，在报纸上公开发文："日前，小的在宴席上信口雌黄，说美国国会议员中有些人是狗婊子养的，议员先生们对此大加责难，细细考虑，此言确有不妥，现修改如下：美国国会议员中有些人不是狗婊子养的。"

最后，要幽默风趣。幽默风趣犹如烹调中必不可少的盐，可以调剂人们的精神生活，松弛人们紧张的情绪，并促进人与人之间情感与心灵的交流。幽默能增强语言的表现力，有效地降低人与人之间的"摩擦系数"，化解人们之间的冲突和矛盾，并有助于人们摆脱沟通中可能遇到的困境，同时又使人在忍俊不禁、捧腹大笑中体会到深刻的哲理。

小故事

李抱枕的幽默

著名音乐家李抱枕，曾获得美国哥伦比亚大学音乐教育博士学位。他致力于发展国内音乐教育，贡献很大，他创作的《离别歌》《闻笛》等乐曲流传甚广。

李抱枕平时十分幽默。他曾告诉学生："早年我教授音乐时，一些调皮的学生连八个主要音阶都唱不准，有人唱成'独览梅花扫腊雪'（多来米发索拉西）。后来，有的学生搞恶作剧，竟唱成'多来米饭，少来稀粥'。"这段话引得学生们捧腹大笑，课堂气氛十分活跃，师生关系十分融洽。

一些合唱团的学生在演唱时，常犯只看谱不看指挥的毛病。李抱枕非常幽默地对学生们说："好的合唱团员把谱记在脑袋里面，不好的合唱团员把脑袋'埋'在谱里。我恳求各位在唱的时候，多'赏'我几眼，别老是‘埋头苦干’，因为在实际演出时，我们不能说话，只能‘眉来眼去’。”李抱枕一席话，说得大家哈哈大笑，从此学生在演唱时，眼睛再也不离开指挥了。

【点评】李抱枕的幽默话语，深深地感染和吸引了学生，使自己教得轻松，学生学得愉快，在谈笑风生中完成了教学。

小故事

服务员的幽默

一位顾客在一家餐馆用餐，有一道菜过了很久都没送上来，他不耐烦地问服务员：“我还有一道菜怎么还没有送上来？”服务员笑着耐心询问：“请问您点的是什么菜？”顾客没好气地说：“炒蜗牛！”服务员立即说：“哦，蜗牛是个行动迟缓的动物。”一句话把顾客给逗乐了，然后服务员又马上说：“真是对不起，先生。请您稍等，我这就去催。”

课堂互动

你去拜访一位名人，进屋之后发现主人家养了一只小猫。请以此为话题，设计一段对话。

微视频
说话的媒介

2. 说话的媒介——美妙声音的运用

说话要以声音为载体，声音是我们了解世界的媒介，美妙的声音能带给人美的享受。能说会道的人都具备美妙的声音。要想使自己的声音更有魅力，就要提升自己的口语表达能力。

（1）要发音准确，吐字清楚。如果读错字或发音不准，往往会闹出笑话，毫无魅力可言；如果吐字不清，含含糊糊，就会使倾听者感到吃力，也会降低信息传递的有效性。

课堂互动

读下面的绕口令。先慢慢读，注意分辨声母，发好字头音，读准声调，读几遍后再加速。

1．白石白又滑，搬来白石搭白塔。白石塔，白石搭，白石搭石塔，白塔白石搭。搭好白石塔，白塔白又滑。

2．四和十，十和四，十四和四十，四十和十四。说好四和十，得靠舌头和牙齿。谁说四十是“细席”，他的舌头没用力；谁说十四是“时适”，他的舌头没伸直。认真学，常练习，十四、四十、四十四。

（2）要注意把握声调和语调。声调即单个词的调子，语调即贯穿整个句子的调子，两者决定了声音的高低抑扬。语调可分为降调和升调两种基本类型，随着句子的语气和说话者感情的变化，又可以变化出多种类型。语调有区别句子语气和意义的作用。如“你干得不错”说成降调，是陈述句式，带有肯定、鼓励的语气；说成升调，是疑问句式，带有不信任和讽刺的意味。在谈话时应注意把握声调和语调，以增强语言的魅力。

课堂互动

根据括号内的提示，用恰当的语气说出下面的话。

“你到这里来过？”

1．高兴（这太好了！）

2．惊讶（真没有想到。）
3．怀疑（这可能吗？）
4．责怪（你不应该来呀！）
5．愤怒（真是太不像话了！）
6．惋惜（唉！无可挽回的过失。）
7．轻蔑（这种地方你也能来？）
8．冷漠（你是否来过与我无关。）

（3）注意控制说话的速度和节奏。人们说话时，影响速度和节奏的主要因素是人们内心情绪的起伏变化。速度和节奏的控制和变化一般要通过音调的轻重强弱、吐字的快慢断连、轻重音的各种对比，以及长短句式、整散句式、紧松句式的配合才能实现。我们应掌握这些方法，做到说话时快慢适中、快而不乱、慢而不断，增强语言的美感。

（4）掌握好说话的语气。语气在和别人谈话时起着重要的作用，有的人说话，对方容易接受、愿意接受，有的人说话，对方就不容易接受、不愿接受或者很难接受。这样完全不同的结果大多是由于语气的不同。一句同样的话，如果用不同的语气来说，就会出现不同的，甚至是相反的效果。例如，“我爱你”这三个字，如果用真挚的语气说出来，那就是满怀着对恋人的一腔真情；如果用油腔滑调的语气说出来，那就是另外一种情景了。所以，我们一定要注意自己说话时的语气。

小贴士
补救失言的意义与方法

说话要充分表达自己的意思和情感，这不是靠声高实现的，而是靠语气的得体达到的。虽然说“理直”就“气壮”，但有理也要有礼，有理不在声高。有理再加上得体的语气，才会取得“情通理达”的效果。所以，把握好说话语气的分寸，对任何人来说都是非常重要的。

事情有轻、重、缓、急，语调有抑、扬、顿、挫。只有把握好说话语气的分寸，才能使说出的话被对方充分理解和接受，才能取得预期的效果。

课堂互动

向其他同学讲述个人经历中印象深刻的一件事。

要求：不要照稿宣读，要注意吐字发音，并使自己的声音热情、自然、有表现力；可将自己讲述的内容用手机录下来，然后分析研究自己的录音，找到自己话语中的干扰词；重复自己刚才讲述的内容，重复时注意避免这些干扰词，尽量降低干扰词出现的频率。

小案例

声音的魅力

有一天上午，女主人独自在家，当她听到门铃声打开门时，眼前的一幕让她愣住了，一位彪形大汉手拿一把菜刀凶神恶煞地站在门口。女主人见此情形，很快便镇定下来，面带微笑温和地说道：“哟！您卖刀啊！请进吧。”进屋后，女主人请他坐下，又热情地为他倒茶，这一意外之举令本想来抢劫的大汉不知所措，接着女主人又坐下来温和地与大汉谈论起菜刀，还不时地讨价还价。在整个过程中，女主人始终用一种温和的语气和这位男子说话，显得亲切又从容。男子紧张的心情慢慢平静下来，心中本要抢劫的念头渐渐消散了，借机把菜刀卖给这位女主人后，就赶快跑掉了。

【点评】女主人凭借自己那温和而亲切的声音打动了一个本打算抢劫的男子，让他迷途知返。声音的魅力竟是如此神奇，着实让人意想不到。

训练营

说话训练

训练目的：掌握说话的基本技巧。

训练学时：1学时。

训练地点：教室。

训练方法：学生自设场景，分若干小组进行；本场景的模拟演示必须让学生进入情景之中，注意细节，讲究语言艺术，注意使用身体语言，恰当运用说话的技巧。

训练参考场景：

（1）新生入学自我介绍；

（2）参加校学生会文艺部部长竞选；

（3）陪女朋友回家，首次与女朋友的父母见面；

……

自我认知测试

你是一个善于倾听的人吗？

1．你喜欢听别人说话吗？（　　）

A．喜欢，我从别人的说话内容中可以得到许多信息

B．我不会花太多的时间听别人说话，现在很多人都是口是心非

C．我不太关心别人说什么

2．为了彻底地弄清事实，你是否会广泛地听取各方意见？（　　）

A．我没有那么好的耐心

B．我会尽量多地听取意见

C．方便的话，会这样

3．有人在对你说话时，你会注视着对方吗？（　　）

A．会的，我会一直给对方应有的尊重

B．如果对话题不感兴趣，我会东张西望、不耐烦

C．我根本就不知道讲话时该看着对方

4．当别人希望通过谈话来缓解压力时，你会怎样做？（　　）

A．尽量鼓励他说下去

B．忍不住地要抢夺话语权

C．不耐烦地打断他的话

5．无论说话者是不是你喜欢的人，你都会认真地看着对方吗？（　　）

A．会的，我觉得这是对他人基本的尊重

B．对不喜欢、不欣赏的人不会这样，我没有那么好的涵养

C．这样的状态只能保持一会儿

6．当别人的谈话不入耳时，你会怎样做？（　　）

A．由他去，不理他

B．听他讲完后再回敬他

C．不耐烦地打断他

7．当你觉得对方说话比较幼稚时，你会怎样做？（　　）

A．毫不客气地打断他

B．不搭理他

C．告诉他比较成熟的观点

8．当你和比你矮许多的人（如小孩子）说话时，你会怎样做？（　　）

A．尽量蹲下来，和对方平视

B．仍站着居高临下地和他说话

C．不理睬他，直视前方

9．当对方说了讨你喜欢的话时，你会怎样做？（　　）

A．理所当然地高兴

B．冷静地思考一下此话的真实性

C．觉得他真会哄人

10．如果说话者说的话不中听，你会分析一下吗？（　　）

A．能理解就理解，不能理解就算了

B．会的，因为人们经常会说一些言不由衷的话

C．不用，他说他的，我做我的，否则多累

11．别人正在跟你说话时，你突然想起要打一个电话，你会怎样做？（　　）

A．告诉对方，你忽然有一个很急的电话要打，请他等会儿再说

B．把对方晾在一边，只顾自己打电话

C．打断对方，也不解释什么，拿起电话就打

12．当对方说的话中有一些是你听不懂的内容时，你会怎样做？（　　）

A．不懂也不问

B．仔细地询问，直到弄清楚

C．觉得重要就问，不重要就算了

13．当对方说话有些犹豫时，你会怎样做？（　　）

A．鼓励他别急，耐心地等他说完

B．不耐烦地打断他

C．尽量忍耐

14．当你有听不明白的话时，你是否会重复说话者说过的话，直到弄明白了再问问题？（　　）

A．干脆什么也不问

B．没弄明白就问问题

C．会的，这样才不会造成误会

15．当你不是很明白对方的意思时，你是不是会把你理解的意思说出来，让他证实？（　　）

A．多想想就是了

B．按自己的理解方式办事就行

C．一般会向对方求证一下

自我认知测试结果分析

计分方法：

题号	1	2	3	4	5	6	7	8	9	10	11	12	13	14	15	总分
A	3	1	3	3	3	2	1	3	1	2	3	1	2	1	2	
B	2	3	2	2	1	3	2	2	3	3	1	3	3	2	1	
C	1	2	1	1	2	1	3	1	2	1	2	2	1	3	3	
得分																

你会说话吗？

1．当你不是话题的中心人物、不是众人关注的焦点时，你会不由自主地走神吗？（　　）

A．强烈肯定　　B．有时　　C．绝对否定

2．当有人试图与你交谈或对你讲一些与你关系不大的事情时，你是否时常觉得很难聚精会神地听下去？（　　）

A．强烈肯定　　B．有时　　C．绝对否定

3．一个在火车上刚认识的朋友详细地向你讲述他从恋爱到失恋的全过程，并期待你的回应，你会有什么感受？（　　）

A．极不情愿，觉得不舒服　　B．无动于衷

C．很乐意倾听并积极开导

4．你是否觉得需要一个人静静地待着才能整理好思路？（　　）

A．强烈肯定　　B．有时　　C．绝对否定

5．你是否很难放松警惕，向他人倾诉自己的心事，除非他是你相交多年的密友？（　　）

A．强烈肯定　　B．有时　　C．绝对否定

6．你和哪种人最容易相处？（　　）

A．各种人　　B．已经了解的人　　C．相处很久的人，但往往感到很困难

7．你是否会刻意避免表达自己的感受，因为你认为说了别人也不会理解？（　　）

A．强烈肯定　　B．有时　　C．绝对否定

自我认知测试结果分析

8．你是否认为轻易流露心情和感受的人是没有内涵的？（　　）

A．强烈肯定　　B．有时　　C．绝对否定

9．你是否总在人群中的气氛达到高潮时反而有一种强烈的失落感？（　　）

A．经常如此　　B．有时　　C．从未有过

计分方法：选A得1分；选B得2分；选C得3分。

知识巩固与训练

一、简答题

1．请举例说明倾听的作用。

2．请根据你对倾听的理解诠释“专心倾听”。

3．请总结一下你在倾听时有哪些不良习惯，应如何克服。

4．如何才能做到有效地倾听？

5．说话的原则有哪些？

6．说话有哪些技巧？

二、实践题

1．以“积极倾听，构建和谐班级（校园）”为主题组织一次主题班会，请同学们轮流发言，各抒己见。

2．两位同学为一组，每位同学准备一篇有一定信息量的约 800 字的文章，由一位同学将文章读给另一位同学听，倾听者要注意集中注意力。文章读毕，由倾听者陈述自己获得的信息，宣读者检查对方陈述的信息是否准确无误。然后，角色互换，再进行一轮测试。最后请双方分别谈谈自己在倾听时的感受。

3．“听”的能力训练。尽管“听”是我们与生俱来的能力，但是它并不是一件容易做好的事情。以下练习就是有力的说明。

练习 1　教师对学生说：“请拿出一支铅笔，一张纸。在纸上画一条约 10 厘米长的垂直线。把你姓氏拼音的第一个和最后一个字母写在直线的上方和下方。”注意不要强调最后一句话中的两个“和”字。教师发现大多数学生会把第一个字母写在直线的上方而把最后一个字母写在直线的下方。

练习 2　教师让学生迅速回答以下问题：“有的月份 31 天，有的月份 30 天。那么有多少个月份有 28 天？”不少学生会回答“一个”，而事实上所有的月份都有 28 天。

问题：

（1）以上两个小练习分别说明了倾听中的什么障碍？

（2）从以上练习中我们应该汲取哪些经验？

4．到养老院做义工，陪老人聊天，注意运用倾听和说话的技巧，看看效果如何。

5．假如你是一个企业的新职工，经常与工人们在一起，了解了企业的许多情况。一天，经理在和你聊天时突然问：“你是新来的，没有什么偏见，经过这一段时间，你觉得我这个人怎么样？”“很好，经理。”但经理固执地说：“你一定要讲真话，我只想听听你的意见，或者从你这里听到别人对我的意见，你不必担心。”而这位经理确实有一些不足和毛病，工人也有所议论。这时，你该怎样与经理继续聊下去呢？

6．如果你在事业上取得了一定的成就，在老同学聚会上，你会怎样谈及自己的成功？当别人赞扬你时，你怎样说话才能表现出谦虚的品格？

7．有这样一件事：在 19 世纪的维也纳，上层社会的女士们都喜欢戴一种高檐帽。她们进剧院看戏也总是戴着帽子，但是这样就会挡住后排观众的视线。尽管剧院要求她们把帽子摘下来，但她们都置之不理。剧院经理灵机一动，对她们说了一段话，话音刚落，全场的女士都自觉地把帽子脱了下来。你知道这位聪明的剧院经理对女士们说了什么吗？

案例分析题原文

三、案例分析题

扫描二维码，阅读案例原文，然后回答每个案例后面的问题。

第四章 Chapter 4 沟通问答技能

学习目标

了解提问和回答的作用；掌握提问的原则和方法；掌握回答的原则和方式。

引导案例

三个小贩卖水果

一天，一位老太太拎着篮子去楼下的菜市场买水果。她来到第一个小贩的水果摊前问道："这李子怎么样？"

"我的李子又大又甜，特别好吃。"小贩回答。

老太太摇了摇头没有买。她向另一个小贩走去，问道："你的李子好吃吗？"

"我这里专卖李子，各种各样的李子都有。您要什么样的李子？"

"我要买酸一点儿的。"

"我这篮李子酸得咬一口就流口水，您要多少？"

"来一斤吧。"老太太买完李子继续在市场中逛，又看到一个小贩也在卖李子，又大又圆非常抢眼，便问小贩："你的李子多少钱一斤？"

"您好，您问哪种李子？"

"我要酸一点儿的。"

"别人买李子都要又大又甜的，您为什么要酸的李子呢？"

"我儿媳妇怀孕了，想吃酸的。"

"老太太，您对儿媳妇真体贴，她想吃酸的，说明她一定能给您生个大胖孙子。您要多少？"

"我再来一斤吧。"老太太被小贩说得很高兴，便又买了一斤。

小贩一边称李子一边继续问："您知道孕妇最需要什么营养吗？"

"不知道。"

"孕妇特别需要补充维生素。您知道哪种水果含维生素最多吗？"

"不知道呀。"

"猕猴桃含有多种维生素，特别适合孕妇吃。您要给您儿媳妇天天吃猕猴桃，她一高兴，说不定能一下给您生出一对双胞胎。"

"是吗？好啊，那我就再来一斤猕猴桃。"

问题：

1．三个小贩面对同一位老太太，为什么销售结果完全不一样？

2．在人际沟通中，我们应该怎样提问和回答呢？

第一节 提 问

有教养的人的一个标志就是善于提问。

——[俄]普列汉诺夫

在人际沟通中，提问往往是交谈的起点，是把话题引向深入的方式之一。因此，会不会问、该怎么问、问什么，都直接影响着人际沟通的效果。

一、提问的作用

中医讲究望、闻、问、切，这在人际沟通的过程中同样适用。提问者必须掌握察言观色的技巧，学会根据具体的环境特点和对方的特点进行有效的提问。提问有以下三个作用。

微视频
提问是沟通的关键

1. 有利于准确把握回答者的需求

通过恰当的提问，提问者可以从回答者那里了解更充分的信息，从而对回答者的实际需求进行更准确的把握。

2. 有利于维持沟通双方的良好关系

当提问者针对回答者的需求进行提问时，回答者会感到自己是对方注意的中心，他会在感到受关注、被尊重的同时，更积极地参与谈话。

3. 有利于掌控沟通进程

主动提问可以使提问者更好地控制沟通的进程，以及把握今后与回答者进行沟通的总体方向。一些经验丰富的提问者总是能够利用有针对性的提问来逐步实现自己的询问目的和沟通目标，并且可以通过巧妙的提问与回答者保持良好的关系。

课堂互动

一位教徒在祈祷时烟瘾犯了，就问神父："我祈祷时可以吸烟吗？"结果神父狠狠瞪了他一眼。另一位教徒祈祷时也犯了烟瘾，问神父，结果神父给予他肯定的答复。请分析第二位教徒是怎么提问的。

二、提问的原则

1. 提问对象的辨识性

提问应因人而异，即要从对方的年龄、身份、职业、性格以及文化背景出发，采取不同的提问方式和技巧。

微视频
有效沟通之提问

2. 提问场合的敏感性

提问要注意场合，比如厕所里一般不适合高谈阔论；在办公室里，当对方很忙或正在处理一些急事时，不宜提琐碎无聊的问题；当对方伤心或失意时，不宜提太复杂、太生硬或者可能会引起对方不愉快的问题。提问时不仅要注意场合，还要事先设想对方的回答。比如一位中学生很想去玩游戏，但他父母不让去，如果当着他父母的面，你问他："去玩游戏吗？"这位中学生可能因为怕他父母不同意而给你一个虚假的回答“不去”；如果换个场合提问，他可能就会说“去”。

3. 提问目的的鲜明性

在提出疑问的时候，要带着鲜明的目的性。或者是寻找答案，或者是引导对方进一步说明，或者是假设和可能……，这些都是提问的目的。鲜明的目的能够让提问变得更有效；然而，鲜明并不等于直接，在某些情况下，旁敲侧击或者“曲线救国”式的提问往往会比直接询问更有效。此外，还应注意在旁敲侧击、“曲线救国”式提问的时候，紧扣提问的目的，不能迷失于连续的提问中，而失去方向。

4. 提问方式的多样性

在提问过程中，不要拘泥于一种提问方式，单一的提问与回答的形式会使沟通变得不自然、不活跃，往往会固化回答者的思维模式。提问的方式要多样，要根据不同的沟通内容、不同的沟通目的、不同的环境，使用不同的提问方式。如提前给出问题，让回答者进行准备，有利于获得相对完整和系统的回答；在沟通中进行现场提问，则可以得到直接且相对真实的回答；连环式的提问具有引导作用；跳跃式的提问则可以开拓思维；设问式的提问可以得到以问为答的效果；反问式的提问则会给对方造成一定的压力……

5. 提问语言的简明性

提问的语句不宜过长，要通俗、干脆、利落，不要拖泥带水、含糊其辞，但应具有启发性和诱导性。提问语言必须能为对方所理解，同时注意不要提一些“是不是”“对不对”等不需要动脑、脱口就能回答的封闭式问题，因为这样得不到正确的或者提问者需要的答案。

6. 提问难度的适度性

提出的问题要与沟通的内容相关，不要出现风马牛不相及的“提问”，也不要出现重复的“错问”。同时，提出的问题的难度要适度，必须考虑到沟通对象的年龄特征、知识水平和接受能力。一般来说，低难度的问题是针对较为具体的特殊事例的，中等难度的问题则可以是一些抽象的带有一般规律性的问题，高难度的问题则以开放式为特征，考量回答者的综合素质。在对群体进行提问时，提问难度应控制在中等水平，以大多数回答者经过思考便能够回答为标准，提出的问题既不要过于简单，也不要过于复杂。

7. 提问要留有余地

提问一定要留有余地，以免伤害别人。美国明尼苏达大学拉尔夫·尼科斯基博士对此做了四点概括：一是忌提明知对方不能或不愿作答的问题；二是切不可故作高深，卖弄学识；三是不要随意扰乱对方的思路；四是尽量避免你的提问引起对方的“对抗性选择”，即要么避而不答，要么拂袖而去。

课堂互动

假如你带一个旅游团到北京去旅游，你应该怎样发问才能了解各位游客的兴趣？

三、提问的方法

1. 直接提问法

提问者开诚布公、干脆利落、直截了当地讲明提问目的，开门见山地提出问题。

在运用直接提问法时要注意情感的铺垫，使对方的心理舒缓一些，也更愿意合作，同时要避免提出过于直白的问题，以免显得过分生硬，使回答者产生抗拒心理，难以获得有价值的信息和材料，而且会给人一种笨嘴拙舌的感觉。

小案例

“你是否对别人的批评很敏感？”

有人问美国华尔街40号国际公司前总裁马修·布拉：“你是否对别人的批评很敏感？”他说：“早年，我对这种事情非常敏感。我急于使公司里的每一个人都认为我非常完美。要是他们不这样想，就会使我忧虑。只要一个人对我有一些怨言，我就会想法取悦他。可是，我做讨好这个人的事，总会让另外一个人生气。等我想要补偿另一个人的时候，又会惹恼其他的人。最后我发现，我越想讨好别人，就越会使我的敌人增多。所以，我对自己说，只要超群出众，你就一定会受到批评，还是趁早习惯。这一点对我大有帮助。之后，我决定尽自己的最大能力去做，而把我那把‘破伞’收起来，让批评我的‘雨水’从我身上流下去，而不是滴在我的脖子里。”

【点评】“你是否对别人的批评很敏感？”这个开门见山的问题使马修·布拉打开了话匣子，侃侃而谈。给我们深刻启发的是马修·布拉对批评的态度——别太在意他人的看法，这其中的智慧更值得我们学习。有句话说：“20岁时，我们顾虑别人对我们的想法；40岁时，我们不理会别人对我们的想法；60岁时，我们发现别人根本就没有想到我们。”这是一种人生哲学。学会“看轻”自己，轻装上阵，人生之路才会更平坦。

“大娘，您吃上自来水了，高兴吧？”

北京远郊有个山村的群众吃水很困难。后来，在当地政府的努力下，村民都用上了自来水。记者采访一位老大娘时问道：“大娘，您吃上自来水了，高兴吧？”大娘回答：“高兴！高兴！”这次采访，记者就提了这一个问题，大娘也就连着说了两个“高兴”，心里有话却因记者的直白提问而没能说出来。如果记者问：“大娘，原先您想到过吃自来水吗？”或者“大娘，听说你们过去吃水好困难，是吗？”大娘心里的话就能痛快地说出来。

问题：这位记者对大娘的提问存在什么问题？

2. 限定提问法

小案例
李燕杰教授发问

人们有一种共同的心理——认为说“不”比说“是”更容易、更安全。所以，一般在人际沟通过程中，提问者向回答者提问时，应尽量设法不让对方说出“不”字来。提问者在问题中给出两个或多个可供选择的答案，此时可采用限定提问法，即两个或多个答案都是肯定的。

假如你想约一个人见面，你如果问“您看什么时候您有时间？”“您看周六上午可以吗？”那么对方很可能会这样回答：“不好意思，我最近没时间”“周六上午不行”。而你如果问“您看是周六上午还是周六下午我来见您？”对方则可能这样回答：“周六下午吧，上午我还有点别的事情要办。”

3. 迂回提问法

迂回提问法是指从侧面入手，采用聊天攀谈的形式，逐步将问答引入正题。这种提问方法的时间性一般不太强，谈话也不受场合与报道方式的限制。在回答者感到紧张拘束，或者有所顾虑不愿意交谈，或者虽然愿意谈，但一时不知该怎么谈的情况下，提问者可以采取迂回提问法，逐渐将谈话引入正题。应当明确的是，迂回提问只是一种手段而不是目的。因此，聊天的内容应当是有目的、有选择的，表面上似乎和人际沟通的主题无关，实质上应该是有关联的。

4. 诱导提问法

诱导提问法就是提问者通过启发的方式，引导或激活回答者的思路，激发对方的情感，使对方明确双方沟通的范围和内容，从而有针对性地说出自己掌握的信息。这种方法比较适用于回答者不愿意说、不太会说、不想主动说等情形。在某种情况下，诱导提问法还可以有意识地通过提问使回答者落入提问者的“圈套”，从而使其承认或否认某种言行。

小故事

孟子的诱导提问

孟子在劝谏魏惠王时，曾经提出一个问题：“假定有一个人向大王报告，他的臂力能举起 3 000 斤的重物，却拿不起一根羽毛；他的目力能把秋天大雁的细毛看得分明，但一车柴火摆在眼前却瞧不见。你相信吗？”魏惠王说：“不，我不相信。”孟子马上接着说：“这样看来，那个大力士连一根羽毛都拿不起，是不肯用力的缘故；那位明察秋毫的人，连一车柴火都瞧不见，是不肯仔细看的缘故；如果老百姓得不到安定的生活，是不肯干，而不是不能干。”孟子开始的问话就用了诱导提问法。

【**点评**】孟子的诱导提问说理自然、思想渗透性强，巧妙地利用形象生动的事例进行劝谏，使抽象的道理形象化、具体化、贴近生活，从而使针对魏惠王的劝谏收到了理想的效果。

5. 追踪提问法

所谓追踪提问法是指提问者把握事物的矛盾法则，抓住重点，循着某种思路、某种逻辑，进行连珠炮式的提问。这种提问既要根据事物的内在联系，把基本情况和事实真相了解清楚，又要抓住重点，深入挖掘，达到应有的深度。一般来说，提问者对于触及事物本质的关键性材料，以及回答者回答中的疑点，或者从回答者的回答中发现的有价值的新情况、新线索，往往会抓住不放，“打破砂锅问到底”，直至水落石出。这里可采用的提问方式如“还有什么呢？”“其他原因呢？”“您能进一步解释一下吗？”需要注意的是，追问既要让回答者开动脑筋，又要让回答者越谈越有兴趣。追问时的态度、语气都要与谈话的气氛协调一致，不要把追问变成逼问，更不要变成变相“审问”。

6. 假设提问法

假设提问法是指提问者提出一些假设性的问题，是一种“试探而进”的提问方法。这种提问方法采用“如果”“假如”一类的提问方式，不但可以了解回答者的观点、看法和见解，而且能深入了解其内心世界。

假设提问法往往用来启发回答者的思路，引导其说出对某个问题、某件事情的真实想法；或者用来设身处地地为回答者着想，积极帮助其回忆某种情景；或者用来调节回答者的情绪，促使其说出一些不太想说、不太好说的事情或想法；或者由提问者对人物或事物进行合乎规律的推断、预测，促使对方产生联想和想象；或者提问者已经有了一定的认识，再提出一些假设性问题，同回答者展开讨论，深化自己的认识。

7. 激将提问法

激将提问法是指以比较尖锐的问题，适当地刺激回答者，促使其心态由“要我说”变为“我要说”的提问方法。运用激将提问法时，提问者要考虑自己的身份是否得当，刺激的强度是否适中，还要考虑谈话的气氛。有些时候尖锐、刁钻、奇特，甚至古怪的提问，是“兵行险招”，成则大成，败则大败。例如某些西方政治家喜爱接待善于用“激将提问法”的记者，他们期望通过巧妙地回答记者刁钻刻薄的提问，在公众面前显示自己的才能。

8. 转借提问法

转借提问法是指提问者假借他人之口向回答者提出自己想提的问题，既可以借助第三方提出一些不宜面对面提出或不太好直说的问题，也可以证明所提问题的客观性，加大提问的力度。

一个青年教师向一位老教授这样提问：“刘教授，我听张主任说，您刚刚发表了一篇关于××问题的学术论文，是吗？据说这篇论文很有影响，您方便借我拜读一下吗？”借他人来说事，问中有赞，会让对方感到欣慰。

课堂互动

假如你现在是一个团队负责人，你想听听下属对你的评价，你会怎样向下属提问？

提问的方法丰富多样，提问者可以根据人际沟通中的具体情况，灵活地加以运用。同时，这些方法既是相对独立的，又是互相联系的，它们可以单独运用，也可以交替运用。掌握了每种提问方法的要领，就可以在人际沟通的过程中运用自如，获取更好的沟通效果。

训练营

猜物品游戏

游戏目标：通过提问获取自己所需要的信息。

游戏对象：全体学生。

游戏时间：5 分钟。

游戏要求：

（1）学生每两人为一组，一人提问，一人回答，目的是猜物品；开始时，一人会给出提示，由另一人提问来获得关于这件物品更多的信息；问题的格式是“是不是……”或者“是……吗？”只能回答“是”“不是”或者“不一定”；如果需要回答其他内容的问题，则为无效问题，不予作答，所以请注意提问的技巧。

例如，一人提示“这是一款电器。”另一人可以问“是不是家庭用的？”或者“是家庭用的吗？”而不能问“是在哪里用的？”

（2）对每件物品每个人只能问五个问题，然后根据提出的问题猜这是什么物品。

（3）在规定时间内猜对物品数量多的组获胜。

讨论：在游戏中你是如何提问的？效果如何？应如何改进？

第二节　回　答

在造就一个有修养的人的教育中，有一种训练必不可少，那就是优美、高雅的谈吐。

——[美]伊立特

一、回答的作用

回答问题是人际沟通过程中的重要环节之一，有效的回答建立在对提问者的观察、了解的基础之上，其具有以下三个作用。

1. 使提问者的疑问得到解答

提问者在提出问题时，或许期待得知关于人际沟通的更多内容，或许希望与回答者就某些问题展开辩论。回答者的目的就是解答提问者的疑问，成功地解答问题可以提升回答者的说服力，使对方不但获得信息，而且心悦诚服。

2. 使回答者获得进一步的展示

回答者在回答问题时，使自己立于说话者的角度，由于其往往拥有提问者所不具备的优势，通过系统性与连贯性的回答，回答者自身的能力与学识可以获得进一步的展示，从而获得对方的认可。

小案例
刘吉答青年学生问

3. 有利于减少与提问者之间的误会

在与提问者沟通的过程中，很多回答者经常会误解提问者的意图，不管原因是什么，这种问题的出现最终都会对整个沟通过程造成非常不利的影响。因此，回答者应该根据实际情况进一步了解、弄清提问者的真正意图，然后再根据具体情况采取合适的方式进行解答，以减少人际沟通中的误会。

二、回答的原则

正如在讲话过程中要把握要点一样，在问答过程中把握问答的要点同样重要。如果无法做到这一点，说话者可能就会失去说服对方、主导话题的重要机会。因此，在问答过程中，尤其是在回答问题的过程中，回答者要始终坚持以下三条原则，从而把握沟通的主动权。

1. 始终保持回答者的信用

回答者应确保自己在回答每个问题时都能保持严肃认真、谦虚礼貌的态度，正确的态度往往能赢得提问者的信任。回答者如果在提问者的心目中失去信任，那么在整个沟通的过程中都将处于被动的位置。回答者如果在回答问题的过程中情绪失控或者对提问者心存戒备，也将动摇回答者的主导地位。

2. 用回答来满足提问者

面对众多的提问，回答者不必回答所有问题，也不必在一个问题上花费太多时间。不过很可惜，大部分回答者都希望能从所有提问者那里得到满意和赞许的眼神，于是他们往往会刻意地将时间都花在一个问题上，而忽视了对其他人、其他问题的回答。因此，回答者在面对很多个问题的时候，要学会用一种可以平衡所有提问者的方式来回答问题，眼神不要停留在一处太长时间，应保持对整个会场的关注。对问题太多的提问者可以说："你问了一个非常有深度的问题。可是因为我们有许多提问者都有需要解答的问题，我回答问题的时间又非常有限，所以可不可以请你把机会让给别人？"这样既不失礼貌，又能使正常的问答进程得以继续。

3. 力求获得其他提问者的支持

如果一次被问到过多的问题，比如，"我怎样才能解决人员不足、空间不足、老板没有给予我足够的信任的问题？”回答者可以这样回答：“你问了三个非常好的问题，可是因为还有其他的听众要提问，我就先回答其中一个吧，如果还有时间，我再来回答剩下的问题好吗？”以这种方式，即使你只回答了部分问题，仍然能够使提问者满意。并且，其他提问者将对回答者产生敬意，因为回答者没有让一个人独占大家有限的时间。

如果被问到一个偏离主题的问题，那么回答者可以停顿一下，然后问：“在座的其他人还有类似的问题吗？”如果没有，就简要地回答一下这个问题，并且告诉提问者自己很愿意在讲话结束后留下来同他进一步探讨这个问题。这个办法用来应对那些不怀好意的提问者也很有效。

小案例

周杰伦妙答记者

周杰伦是许多青年朋友非常喜爱的一位华语歌手，拥有众多“粉丝”。其实，周杰伦不但歌唱得好，他的口才也是数一数二的。

有一次，记者问周杰伦和某女明星是否有恋爱关系，周杰伦立即以四句改编诗歌回答：“绯闻诚可贵，八卦价更高。若为音乐故，两者皆可抛。”周杰伦幽默的话语顿时引得现场响起一阵阵笑声和掌声。

还有一次，周杰伦的《魔杰座》全亚洲发片记者会在台北市举行。在记者会上，周杰伦抢先让大家欣赏了他刚刚完成最后剪辑工作的另一首新专辑主打歌曲《时光机》。这首歌曲演唱完后，主持人在台上问他如果时光能倒转，他最希望回到过去挽回什么。主持人期待周杰伦可以谈到挽留之前的感情，聪明的周杰伦没有掉进“圈套”，他出其不意地回答：“我是看未来的人，即使有时光机我也不希望回到过去，我希望前往未来，看看到时候自己的音乐是否存在。”

【点评】周杰伦睿智、巧妙的回答很好地体现了回答的原则。面对记者关于恋爱绯闻的提问，周杰伦化用匈牙利诗人裴多菲广为传诵的诗篇“生命诚可贵，爱情价更高。若为自由故，两者皆可抛”，巧妙地将“绯闻”“八卦”以及自己从事的“音乐”寓于其中，不仅显示出自己的机智幽默，而且有力地回击了“八卦”新闻，同时巧妙地表达了自己不为“绯闻”“八卦”所动，矢志音乐的态度。面对记者有意设置的“圈套”，周杰伦更是出其不意，巧妙地回到对自己有利的方面，他巧借记者的问题，放眼“未来”，直抒胸臆，先亮明自己是“看未来的人”，接着用“即使……也……”的假设句，进一步强调自己的“时光机”是“前往未来”的，目的是“看看到时候自己的音乐是否存在”。这一句话，可谓“神来之笔”，让人回味无穷。

三、回答的方式

回答问题的方式有很多，我们主要介绍以下几种。

1. 针对性回答

有时问题的字面意思和提问者的本意不是一回事，回答者在回答问题时，不仅要注意问题的表面意义，更要弄清提问者的动机、态度、前提，使回答更具针对性。

小故事

对　答

一次，英国剧作家萧伯纳结识了一个肥头大耳的神父。神父仔细打量着瘦骨嶙峋的剧作家，揶揄道：“看着你的模样，真让人以为英国人都在挨饿。”萧伯纳马上接过话说道：“但是，看看你的模样，人们一下子就清楚了，这苦难的根源就在你们这种人身上！”

2. 艺术性回答

这里所说的艺术性回答，包括避答、错答、断答、诡答。

（1）避答。避答这种方式主要用于应对那些冒昧的提问者提出的问题。有时，某些问题回答者自己不宜回答，但对方已经把问题提出，保持沉默显然被动，就可以避而不答。

小案例

避答两例

日本演员中野良子来到上海，有人问她："你准备什么时候结婚？"中野良子笑着说："如果我结婚，就到中国度蜜月。"婚期是个人隐私，中野良子自然不愿吐露。她虽然没有说出婚期，却回答如果结婚要到中国度蜜月，既遮掩了这个问题，又表现了她对中国的喜爱。

王光英当初赴香港创办光大实业公司时，一下飞机，记者们蜂拥而至。一位女记者挤到他面前，问道："先生，请问您这次到香港来带了多少钱？"王光英见对方是个女记者，急中生智，这样答道："对女士不能问岁数，对男士不能问钱数，小姐，你说对吗？"他的做法既达到了避答这个问题的目的，又表现了自己的幽默感。

（2）错答。错答是一种机警的口语表达技巧，既可用于严肃的口语交际场合，也可以用于日常的口语交际场合。它的主要特点是不正面回答问题，也不反唇相讥，而是用话岔开提问者提出的问题，作出与所问问题错位的回答。

运用错答这一语言技巧时要注意三点：一是要注意对象和场合；二是要使提问者明白，既是回答又不是回答，潜台词是不欢迎对方；三是要学会利用问话的含混意思，答话要模棱两可，似是而非，使对方无法理解。

（3）断答。断答就是打断对方的问话，在对方还没有说出或者还没有说完某个意思时，即作出错答的口语交际技巧。它与错答的相同点是答与问都存在人为的错位，即答非所问。它们的不同点是，错答是在听完问题之后做回答，断答则是没有听完问题就抢着回答。为什么不等对方把问题说完，回答者就要打断对方，抢先回答？往往有以下两种原因：一是如果等对方把问题说完，可能就会泄露某个秘密，难以收场；二是如果待听完问题再回答，就会比较被动，不好应付。因此，提前考虑对方可能要问什么，在他的问题未说完时，就迅速按另外的思路进行回答，一方面可以转移其他提问者的注意力；另一方面还可以提醒对方改换话题，避免因说破秘密而造成尴尬局面或其他不良后果。

小案例

女青年的三次断答

一对青年男女在一起工作，男方对女方产生了爱慕之情，男方急于向女方表白心意，女方却不愿使友情向爱情方向发展，女方认为还是不要说破，保持一种纯真的朋友情谊更好。于是，两人之间出现了下面的对话。

男青年：我想问问你，你是不是喜欢……

女青年：我喜欢你借给我的那本公关书，我都看了两遍了。

男青年：你看不出来我喜欢……

女青年：我知道你也喜欢公共关系学，以后咱们一起交流学习心得？

男青年：你有没有……

女青年：有哇！互相切磋，向你学习，我早就有这个想法。

男青年：……

【点评】此处女青年的三次断答，使得男青年明白了她的想法，于是，男青年不再问了。这比让男青年直接问出来、女青年当面拒绝的效果要好得多。

（4）诡答。诡答是与诡辩连在一起的回答。诡答，是一种很奇怪的回答。在特殊的情况下，回答者不能、不宜或不必直接回答时，往往可以运用诡答技巧，作出反常的回答，既增添了谈话的情趣，又应对了难题。

小故事

老头子

清朝乾隆年间的进士纪晓岚在宫中当侍读学士时，每日伴皇帝读书。一天，天色已亮，而乾隆皇帝还没来，纪晓岚就对同僚说："老头子还没来？"恰巧乾隆皇帝跨门而入，听到他的话，便责问道："老头子三个字作何解释？"纪晓岚急中生智，跪下道："皇上万寿无疆叫作'老'；皇上乃国家元首，顶天立地叫作'头'；皇上是真龙天子，叫作'子'。"于是龙颜大悦。

【点评】"老头子"本来是一种对老年人不尊敬的称呼。面对乾隆的责难，为了开脱，纪晓岚采用文字拆合法偷换概念，居然把"老头子"说成对皇帝的敬称。试想，纪晓岚如果不是运用"诡辩"来应对这样的难题，怎么能避免一场杀身之祸呢？

3. 智慧性回答

智慧性回答包括否定预设回答和认清语义诱导回答两种。

（1）否定预设回答。预设是语句隐含的使语句可理解、有意义的先决条件。在正常情况下，这种先决条件的存在是不言而喻的，如"鲁迅先生是哪一年去世的？"这个问题包含的预设是鲁迅先生已经去世。预设有真假之别，符合实际情况的预设是真预设；反之就是假预设。就问题而言，其预设的真假关系到对问题的不同回答。黑格尔在《哲学史讲演录》中谈到古希腊诡辩学派时曾讲过这样一个例子。有一位诡辩学派的哲学家问梅内德谟："你是否已经停止打你的父亲了？"这位哲学家提此问题的目的是迫使从未打过自己父亲的哲学家陷入困境，因为无论梅内德谟作出"停止了"还是"没有停止"的回答，实际都验证了自己打过父亲这一假预设。可见，利用假预设可以设置语言陷阱。有些智力测试题的陷阱的设置就是如此。

小案例

秦始皇为什么不爱吃胡萝卜？

一个电视节目中曾有道智力测试题："秦始皇为什么不爱吃胡萝卜？"选手们都答不上来。

此问预设了"秦朝时有胡萝卜""秦始皇吃过胡萝卜"这两点，将思考点定为"为什么不爱"。

其实秦朝时还没有胡萝卜。

正确的回答是，秦朝还没有胡萝卜，秦始皇当然说不上爱吃胡萝卜了。

【点评】大约在12世纪，胡萝卜从伊朗被引入中国，与秦始皇时代相隔一千多年，所以秦始皇是不可能见过，更不可能吃过胡萝卜的。"秦始皇为什么不爱吃胡萝卜？"就是利用假预设设置的提问陷阱。

（2）认清语义诱导回答。人们理解语言时会受到已有经验的影响，自然而然地产生某种语义联想。例如，由"春天"会想到桃红柳绿，万紫千红；由"冬天"又会想到寒风凛冽，白雪皑皑；

见“晚霞”能想到色彩的绚丽；看“群山”就能想到山势的起伏……既然普遍存在着语义联想，那么我们就可以利用语义联想来设置提问陷阱，诱导目标进入思维定式。例如，在没有星星、看不见月亮的时候，有一个盲人身着黑衣，在公路上步行。在他的后方，一辆车前灯坏了的汽车奔驰而来，奇怪的是，司机在未按喇叭的情况下，却安全地将车停在了盲人的身后。这是怎么回事呢？看到“星星”或“月亮”等词语，我们一般都会联想到晚上。现在出现了“星星”“月亮”“黑”“灯”等字眼，我们就很容易将场景与“黑夜”联系起来，而这正是本题的陷阱。它通过这些词语诱导你的思维走向“黑夜”，那样你就会百思亦难得其解了。答案是，这是白天，司机能安全停下车毫不奇怪。

语义诱导这种陷阱在智力测试题中可以说随处可见，知道了这种陷阱的特征，有些问题就很容易解答了。

小故事

顾维钧妙答美国小姐

顾维钧是一位出色的外交家，25岁就获得了美国哥伦比亚大学法学博士学位。他在担任驻美公使时，有一次参加国际舞会，与他共舞的美国小姐突然发问：“请问，你喜欢美国小姐，还是中国小姐呢？”这个问题看似简单，其实不易回答。如果说喜欢中国小姐，就得罪了美国小姐；若说喜欢美国小姐，不仅有违心意，而且可能会惹来麻烦。顾维钧略加思索后答道：“无论是中国小姐还是美国小姐，只要喜欢我的，我都喜欢。”

【点评】美国小姐诱导性的提问使顾维钧面临两难的选择。顾维钧的回答高明之处在于，他没有直接作出回答，而是运用了模糊的语言，“只要喜欢我的，我都喜欢”，不仅给那位美国小姐留了面子，而且显示了自己不凡的气度。

4. 形象性回答

形象性回答是指当提问者提出一个带有一定“理论色彩”的问题时，如果回答者泛泛地讲一些空洞的大道理，往往得不到提问者的认同，这时不妨用形象化的方法进行回答，如讲故事、打比方等，将枯燥的道理具象化，让提问者仔细品味并深刻理解。

小案例

韩寒的巧妙回答

在一次读者见面会上，有读者问韩寒：“你是如何看待你成长之路上遇到的种种困难挫折的？”韩寒沉思片刻后回答：“一个农夫的驴子不小心掉进了枯井里，农夫绞尽脑汁都没法救出驴子，为了免除驴子等死的痛苦，他决定将泥土铲进枯井中把驴子埋了。刚开始驴子叫得很凄惨，后来却渐渐安静了下来。农夫好奇地探头往井底一看：原来，当泥土落在驴子的背部时，驴子便将泥土抖落在一旁，然后站到泥土堆上面！就这样，驴子很快便上到了井口！我们在成长之路上难免会陷入‘泥土’中，换个角度看，它们也是一块块垫脚石，而从‘枯井’脱困的秘诀就是将‘泥土’抖落，然后站到上面去！只要我们锲而不舍地将它们抖落，站上去，那么即使是掉入最深的‘井’中，我们也能安然脱困。”

【点评】韩寒通过即兴讲述“驴子落枯井”的小故事，生动有趣地说明了成长之路上的“枯井”和“泥土”的现实意义，深刻地道出了自己独特的人生观——把困难化作动力，给人以智慧的启迪。

5. 借用性回答

借用性回答就是在回答提问者提出的问题时，巧妙地借用对方使用的语气和词句等，以一种出人意料又在情理之中的借题发挥式的方法来回应对方，以取得一种在特定情境下的理想的应答效果。

小故事

基辛格的回答

1972年，基辛格随同尼克松访问莫斯科，途中在维也纳就美苏首脑会谈问题举行了一次记者招待会。

这时《纽约时报》记者提出了一个所谓的“程序问题”：“到时你是打算‘点点滴滴’地宣布呢，还是来个‘倾盆大雨’，成批地发表协定呢？”

从不放过任何机会讥讽《纽约时报》的基辛格一板一眼地说：“我明白了，这位记者先生要我们在‘倾盆大雨’和‘点点滴滴’之间选一种，这很困难，无论怎样，都是很糟糕的。这样吧，我们‘点点滴滴’地发表成批协定。”

全场哄堂大笑。

【点评】在面对不好回答的问题时，我们就应该像基辛格这样巧妙地进行借用性回答，既回答了棘手的提问，也展现了自身的幽默。可见，善于对他人的语言技巧加以揣摩学习，是提升语言表达能力的重要途径。

6. 无效性回答

无效性回答是指当提问者提出的问题很难回答时，如果不予理睬或一律说“无可奉告”，既显得不礼貌，又可能使回答者当场陷入窘境，所以这时可以作出绝对正确而毫无实质意义的无效回答。

小案例

王蒙的“大实话”

有一次，一位美国人问作家王蒙：“20世纪50年代和70年代的王蒙，哪些地方相同，哪些地方不同？”王蒙答道：“50年代我叫王蒙，70年代我还叫王蒙，这是相同的地方；50年代我20多岁，70年代我40多岁，这是不同的地方。”

【点评】王蒙根本不想再触及这些往事，而且也不宜或不必贸然与一个陌生的美国人谈这些。所以，王蒙机敏幽默地说了这些绝对正确的看似“切题”却没什么实质意义的大实话。

小幽默

巧妙回答

春节过后第一天上班，同事问小林：“你骗你妈说有女朋友，还说这个春节要带女朋友回家。结果没带回去，你妈有没有问为什么呀？”小林说：“当然问了啊！”同事问：“那你怎么回答的？”小林笑道：“很简单，我就说我女朋友没有抢到火车票。”

训练营

人际沟通技能训练

训练目的：

（1）通过训练，掌握各类人际沟通技能；

（2）增强运用相关知识解决人际沟通问题的信心和能力。

训练情景：

职业情景1 如果你是公司办公室陈主任，公司曾向某家饭店租用大舞厅，每一季用20个晚上，举办员工培训的一系列讲座。可是就在培训即将开始的时候，公司突然接到饭店通知，要求必须支付高出以前近3倍的租金。当你得到这个消息的时候，所有的准备工作都已经就绪，通知都已经发出去了。单位领导派你去说服对方不要违约，你该怎么办？

职业情景2 于雪的领导吴总是公司负责营销的副总，为人非常严肃。吴总是南方人，说话有浓重的南方口音，经常"黄"与"王"不分。他主管公司的市场部和销售部，市场部经理姓"黄"，销售部经理又恰好姓"王"，由于经常将"黄"和"王"听混，于雪非常苦恼。这天，于雪给吴总送邮件时，吴总让她"请黄经理过来一下"。是让王经理过来还是让黄经理过来？于雪又一次没听清吴总要找的是谁。面对这种情况，于雪该怎样处理？

训练内容：

（1）根据职业情景1，模拟演示陈主任的沟通协调过程；

（2）根据职业情景2，为秘书于雪想出一个两全其美的办法，并演示沟通过程。

训练要求：

（1）本训练可在教室或实训室中进行；

（2）将学生分组，每组3～5人先进行讨论，再进行角色模拟演练；

（3）组员分别扮演相应角色，每组分别轮流演示以上两个职业情景；

（4）要求编写演示角色的台词与情节，用语规范，表达到位。

训练总结：个人畅谈人际沟通交流的体会，教师总评，师生评选出最佳人际沟通表现者。

自我认知测试

提问能力与回答能力测试

一、提问能力测试

请通过下列问题对自己的提问能力进行测试。

1．在提问前，你通常会考虑什么？（ ）

A．总是考虑以哪种方式提问　　B．有时会考虑如何提问

C．不考虑

2．提问完毕后，你会从什么角度评估自己提出的问题？（ ）

A．一般会从对方的角度　　B．从对方反应的角度

C．从自己的角度

3．当对方已经回答完你的问题时，你会如何做？（ ）

A．什么也不说，等待对方说话　　B．引导对方继续解释

C．问对方下一个问题

4．在对方回答你的问题时，你会如何做？（ ）

A．答"是的"，让对方继续讲　　B．鼓励对方继续讲

C．用"是的，但是……"这样的句子回应

5．面对不同的回答者，你会如何提问？（　　）

A．因人而异，随机应变　　B．从对方的角度提问

C．按照统一的方式提问

6．在提问时，你经常采用哪种问题？（　　）

A．开放式问题　　B．封闭式问题　　C．反射性问题

7．在提出问题前，你对于自己的表述会进行怎样的思考？（　　）

A．看逻辑思路是否清晰　　B．看语言组织是否有问题

C．考虑用什么语气表达

8．你如何看待提问时的语气？（　　）

A．语气可能导致意思发生变化　　B．语气不同，问题指向就会不同

C．要时刻注意语气

9．当你想更多地了解问题产生的原因时，你一般会采用怎样的提问方式？（　　）

A．开放式　　B．封闭式　　C．步步追问，以确认每个细节

10．在提问时，你如何让回答者清晰地了解你的问题和你的真实意思？（　　）

A．用逻辑性的思维和语言　　B．对问题进行重复和解释

C．用大众化的表达方式

计分方法：选A计3分，选B计2分，选C计1分。

二、回答能力测试

有问必有答，在沟通中，回答不当往往也会使沟通陷入困境。请通过下列问题对自己的回答能力进行测试。

1．在回答问题时，你会怎样做？（　　）

A．思考后再回答　　B．不经思索立即回答　　C．边思考边回答

2．在回答别人的问题时，你通常会怎么做？（　　）

A．有问必答　　B．选择性地回答　　C．不回答

3．在回答对方提出的问题时，你会选择怎样的角度？（　　）

A 一般会从对方的角度　　B．从对方反应的角度

C．从自己的角度

4．在回答对方的问题时，你会怎样回答？（　　）

A．准确回答　　B．模糊回答　　C．视情况而定

5．面对不同的提问者，你在回答时会考虑这一因素吗？（　　）

A．因人而异，随机应变　　B．从对方的角度回答

C．按照统一的方式回答

6．在回答难以回答的问题时，你会怎样做？（　　）

A．模糊回答　　B．转移回答　　C．避而不答

7．在回答问题时，你如何让对方了解你的真实意思？（　　）

A．使用有逻辑性的思维和语言　　B．对问题进行重复和解释

C．用大众化的表达方式

8．你如何看待回答时的语气？（　　）

A．语气可能导致意思发生变化　　B．语气不同，回答指向会不同

C．要时刻注意语气

9．你在回答问题时是如何运用口头语言和肢体语言的？（　　）

A．有机结合口头语言和肢体语言来回答

B．只用口头语言进行回答

C．只用肢体语言给予回应

自我认知测试
结果分析

10．当回答完对方的问题后，你对自己的回答感到后悔吗？（　　）

A．没有　　B．有时会后悔　　C．后悔

计分方法：选A计3分，选B计2分，选C计1分。

知识巩固与训练

一、简答题

1．举例说明人际沟通中提问和回答的作用。

2．在人际沟通中，提问和回答分别应遵循哪些原则？

二、情境分析题

1．请分析以下情境中“提问”的“得”或“失”。

情境1

在一家经营咖啡和牛奶的茶室，刚开始营业员总是问顾客：“先生，您要喝咖啡吗？”或者：“先生，您要喝牛奶吗？”其得到的回答往往是否定的。后来，营业员经过培训换了一种问法：“先生，喝咖啡还是喝牛奶？”结果茶室的销售额大增。

无独有偶。两家卖粥的小店，其产品、装修、服务没什么两样，但A店总是能比B店多卖出一倍的鸡蛋，原因何在呢？B店的客人进门时，服务员会问一句：“您要不要鸡蛋？”有一半要一半不要。而A店的客人进门时，听到的则是：“您要一个鸡蛋还是两个？”客人有的要一个，有的要两个，不要的很少。这样，A店的鸡蛋就总是卖得多一点。

情境2

有一对来自阿坝地区的羌族兄弟，他们演唱了一首流传千年的大山古歌《羌族酒歌——唱不起了》。这是一首没有经过任何“艺术加工”、真正的原生态民歌。在无伴奏的情况下，羌族兄弟那极具特色的和声引得专家连声称奇，评委也给出了很高的分数。只是，在素质考核环节，羌族兄弟的表现不好，得分为零。

为了缓解羌族兄弟俩的尴尬，董卿临时加上了一个小环节。她这样说道：“就像这对来自深山的选手不了解外面的世界一样，我们对他们的文化也未必知道。我现场替他们给评委出一道题，请问佩戴在兄弟俩脖子上的这个银质的小壶是干什么用的？请回答。”

顿时，场上场下气氛热烈，评委们纷纷抢答，观众们也纷纷讨论起来。可十几秒后，仍无人答对。

考虑到整个比赛的进程，董卿赶紧转场，说：“刚才是否有答对的，现在请这对选手告诉我们。”

羌族兄弟中的一个走上前来，解释道：“这个银制的小壶是进山打猎时用来装油和盐的。”

这一答案消除了评委和观众的疑惑，也缓解了选手的尴尬。顿时，现场响起了热烈的掌声。

2．请分析以下情境中的“回答”好在何处。

情境1

2000年10月美国总统大选，当时我国的一位知名教授赴洛杉矶访问。刚下飞机，记者就过来采访他：“请问×教授，你认为美国总统大选谁会获胜？”如果这位教授按照记者的思路，回答谁会获胜，一旦回答错误，就是一件很尴尬的事情。这时，就应该巧妙地避答了：“首先，我要感谢各位记者对我们的关注。此外，我相信美国人民是受过良好教育的人民。美国是一个强调独立自主的国家，所以这次美国总统大选，美国人民一定会作出符合自己意愿的选择，而且我相信不管谁当选美国总统，都会促进中美关系的可持续发展。谢谢，我的话讲完了。”无论最后谁当选美国总统，这样的回答都不会使这位教授陷入尴尬的境地。

情境 2

一次，某记者问杨澜：“你想拥有什么样的后半生？”杨澜说：“我连前半生还没过完呢，怎么就后半生了啊？”

情境 3

1860 年，与林肯竞选总统的是当时显赫一时的大人物——民主党候选人道格拉斯。他倚仗自己的财势，专门准备了一辆竞选车，还在车后安装了一门礼炮，所到之处，他都要鸣礼炮 32 响。在他看来，只要用强大的气势压倒林肯这个穷小子，他就能顺利地当上总统。

与对手不同的是，林肯坐着一辆耕田用的马车，每到一处，他都要亲自走到选民中间，与选民进行亲切的交流。当有人问林肯拥有多少财产时，林肯发表了一段感人至深、令人难忘的演讲：“如果大家问我有多少财产，那么我告诉大家，我有一位妻子和三个女儿，都是无价之宝。此外，我还有一间租来的办公室，室内有桌子一张，椅子三把，墙角还有大书架一个，架子上的书值得每一个人读。我本人既穷又瘦，脸很长，不会发福。我实在没什么可依靠的，我唯一的依靠就是你们。”

三、案例分析题

案例分析题原文

扫描二维码，阅读案例原文，然后回答每个案例后面的问题。

第五章 Chapter 5 职场沟通

学习目标

掌握与领导沟通的原则和方法；掌握请示与汇报工作的技巧；掌握处理领导对自己的误解的沟通技巧；掌握与同事沟通的要求、方法及禁忌；掌握职场“新人”与同事沟通的技巧；掌握劝慰同事的技巧；了解与下属沟通的意义；掌握与下属沟通的技巧；掌握调解下属间的矛盾的技巧。

引导案例

不善沟通的约翰

约翰所在的公司要进行人事调动，负责人罗伯特对约翰说：“把手中的工作放一放去销售部工作吧，我觉得那里更适合你，你有什么意见吗？”

约翰撇了撇嘴说：“意见？您是负责人，我敢有意见吗？”实际上他的意见很大，因为当时销售部的状况特别糟糕。

来到销售部后，约翰的消极情绪非常严重，总是板着脸，对同事爱答不理，别人主动跟他打招呼，他也只是应付地点点头，一来二去，同事们渐渐疏远了他。

一天，一个客户打来电话，请约翰转告罗伯特，让罗伯特第二天务必到客户那里参加洽谈会，有非常重要的事情要谈。约翰认为这是一个绝佳的报复机会，就当什么事都没有发生，吹着口哨回家了。

第二天，罗伯特将约翰叫进办公室，严厉地说：“约翰，那么重要的客户电话你怎么不告诉我？你知道吗？要不是客户早晨打电话给我，一笔价值1 000万美元的大生意就白白溜走了！”

罗伯特看了看约翰，一副毫不在乎的样子，根本没有要承认错误的表现，便说：“约翰，说实在的，你的工作能力还不错，但在为人处世方面还不够成熟，我本来想借此机会锻炼你一下，你却让我大失所望。我知道你对我不满，可你非但不与我沟通，反而暗中给我‘使绊子’。你知道吗？部门的前途差一点毁在你手里。你没能通过考验，所以现在我只能遗憾地宣布，你被解雇了。”

鉴于此次教训，这家公司的高管专门召开了一次名为“张开你的嘴巴”的会议，强调并鼓励所有员工要与上级多多进行沟通。

问题：

1．约翰为什么被解雇了？

2．本案例对你有何启示？

微视频
职场沟通概说

人在职场，必然要与领导、同事、下属等进行交往，交往的效果将直接影响个人的职业生涯乃至发展前途。因为我们每天至少有三分之一的时间是在职场中度过的，能否从工作中获得快乐与满足感，能否敬业、乐业并最终成就一番事业，领导、同事和下属均扮演着很重要的角色。掌握职场沟通的方法，不仅可以减少职场中的矛盾与冲突，还能使职场的人际关系更加和谐融洽，大大提高工作效率。所以，有专家认为，职场人士必须具备三项基本技能，即沟通技巧、管理才能、团队合作意识。世界上很多知名的公司也都以此要求员工。

职场沟通的对象主要包括领导、同事和下属等。沟通的对象不同，使用的沟通技巧也有所不同。但是，无论与谁沟通，均应遵循以下几项基本原则。

一是真诚。在职场沟通过程中，只有坦诚相待，才能增强彼此间的理解和信任，才能化解矛盾与隔阂。

二是自信。成功者往往是那些拥有坚强信念的普通人。在沟通过程中，只有充满自信，才能从容不迫、应对自如，才能赢得对方的尊重与认可。

三是友善。在职场中要站在对方的立场看待事情，从对方的角度想问题，以友善的态度与对方进行沟通。

四是理性。沟通时一定要清醒、理智，明确沟通的目的，预测沟通的效果，采用可行的沟通方法。不信口雌黄、口无遮拦，不冲动、说“过头话”，不做无谓争执，不斤斤计较。

五是尊重。只有互相尊重，沟通才能顺利进行。在职场沟通过程中切记不责备、不抱怨、不攻击、不谩骂、不说教。

微视频
职场新人指南

六是互动。沟通是双向的，不是洗耳恭听、默不作声，更不是口若悬河、夸夸其谈。

沟通始终是两个维度之间信息的互动交流。只有恪守互动原则，才能在沟通中有说有听，有问有答，顺畅交流，实现共赢。

第一节 与领导沟通

说话和事业的进展有很大的关系，是一个人力量的主要体现。

——[美]富兰克林

与领导沟通，指的是团队成员通过一定的渠道和方式，与管理者或决策层进行的信息交流。

上下级之间的有效沟通，无论是对组织还是对个人，都具有十分重要的意义。就下级而言，通过与上级主动有效的沟通，既能准确了解信息，提高工作效率，又能及时表达自己的意愿，形成积极的双向互动。

一、与领导沟通的原则

在与领导沟通的过程中尤其需要注意遵循以下原则。

1. 不卑不亢

与领导沟通，要保持不卑不亢的态度，既不能唯唯诺诺、一味附和，也不能恃才傲物、盛气凌人。沟通只有在平等的原则下进行，才可能坦诚相待、求得共识。

微视频
与领导沟通的原则

在社交过程中，每个人都希望得到别人的尊重、帮助，希望自己的地位和荣誉得到肯定和巩固，没有人愿意在一个群体中被孤立和冷落。如果这种愿望得不到满足，他就会与周围的人产生“隔膜”，进而拒绝与人合作。因此，尊重别人是每个职场人士必备的一种修养。在职场中，要尊重领导的意见，维护领导的威信，理解领导的难处和苦衷，即使要提出不同的意见，也要选择适当的时机，选择对方能接受的方式。这样，无论是对工作，还是对沟通双方的感情、建立融洽的关系来说，都是大有益处的。

尊重与讨好、奉承有着质的区别。前者基于理解他人、满足他人正常的心理和感情需要，而后者则往往是为了满足一己私欲。在现实生活中，有一些人为了达到自己不可告人的目的，不惜曲意迎合、奉承、讨好领导，这不仅混淆了领导的视听，降低了领导的威信，也造成了同事之间的不和谐。绝大多数有主见的领导，对那种一味奉承的人都是比较反感的。

2. 工作为重

上下级之间的关系主要是工作关系，因此，在与领导沟通时，应从工作出发，以做好工作为沟通协调的目的。在与领导沟通时，既要摒弃个人的恩怨和私利，又要摆脱人身依附关系，在任何时候、任何问题上都从工作和整个团队的利益出发；要作风正派、光明磊落。切忌对领导一味地讨好献媚、阿谀奉承、百依百顺、丧失理性和原则，甚至为讨领导欢心而违法乱纪。

3. 服从至上

领导掌握公司的全盘情况，一般来说考虑问题比较周全，处理问题时往往能从大局出发。在与领导沟通时，坚持服从至上是在一切组织中通行的原则，是组织获得巩固和发展的基本条件。事实证明，如果下属与领导沟通时拒不服从，那么这样的组织就无法形成统一的意志和严密的整体，就会像一盘散沙，不可能顺利发展。当然，服从不是盲从，如果下属发现领导犯了某些错误，就应抱着对工作高度负责的态度，及时向其反映。

4. 非理想化

在与领导沟通的过程中，下属不能用自己头脑中形成的理想化模式去要求领导，从而对领导过分苛求。坚持非理想化原则，就需要全面地看待领导，既要看到其优点和长处，又要看到并接受领导的缺点和短处，摆脱苛求完美的思想。

课堂互动

从你的暑期打工经历或朋友那里收集一些在职场中与领导沟通的经验，在课堂上与同学们分享。

视野拓展

领导喜欢下属具备的品质

爱岗敬业，忠诚可靠。
独当一面，开拓创新。
自觉主动，服从第一。
乐观向上，勇担责任。
善于沟通，乐于合作。

二、与领导沟通的方法

1. 主动沟通

有人说："要当好管理者，就要先当好被管理者。"作为下属要时刻保持主动与领导沟通的意识，因为领导工作比较繁忙，不可能经常深入地与员工进行沟通。但在实际工作中，很多下属都害怕直面自己的领导，不敢积极主动地与领导沟通交流，这是一种"职场通病"。我们应该消除对领导的恐惧感，领导也是人，也有情感，而人与人之间如果没有了交流和沟通，就会因此而疏远。

小案例

主动与领导沟通的小丽

小丽在一家化妆品公司做财务工作，一直以来，她踏实肯干，工作能力也很强，但一直没有得到提拔，原因是她不善于主动与领导沟通，许多事都等着领导亲自来找她。后来由于工作上的竞争，她被迫辞职。小丽吸取失败的教训，辞职后以全新的面貌到另一家公司上班。一个月后她接到一份传真，说她花了两个星期争取的一笔业务出了问题，她便马上去找领导。领导正准备打电话同这位客户谈生意，她就将情况做了汇报，并提出具体的建议和意见。领导掌握这些材料后，在与客户交谈时顺利地解决了这一问题。此后，小丽经常主动向领导汇报工作，及时与其进行良好的沟通，并在销售和管理方面提出了一些不错的意见和建议，不断得到领导的认可。不久后，她被提升为业务主管。

【**点评**】现代社会需要的是乐于而且善于与人合作和沟通的“实干家”。不论是对领导还是对下属，有效的沟通都有助于工作的顺利开展。多与领导进行工作上的正常沟通有助于成就多赢的局面，小丽在新公司的收获就充分说明了这一点。

那么，怎样消除对领导的恐惧感呢？

首先，要抛弃“不宜与领导接触过多”的观念。合理的沟通观念应该是，与领导沟通是一个职场人士的基本职责之一，因为领导是决策者和管理者，而下属则是执行者和完成者。在决策执行和目标实现的过程中，下属必须借助沟通来了解领导的意图，争取领导的支持，获得领导的认可。

微视频
与领导沟通的方法

其次，不要害怕在领导那里“碰钉子”。当领导反馈的结果不理想时，要从沟通态度、沟通方式等方面进行自我反省；同时，要仔细揣摩领导的态度和意见，并通过换位思考寻求对领导的理解。

最后，要用改进人际沟通技能的方法增强自信。在沟通内容上，尽量做到观点精练、有理有据、层次清晰。在人际沟通方式上，应采用易被对方接受的沟通频率、语言风格和态度情绪。刚开始时最好采取面对面直接交流的方式，相互熟悉之后可以借助电话、微信、电子邮件等方式与领导进行沟通。

小案例

主动沟通的效果

方知渔老实、木讷，很少说话。所以，尽管工作勤勤恳恳，但他在公司里总是“不上不下”，几年如一日地待在同一个位置上。

领导最近带几个下属一同出差。在火车上，方知渔的铺位刚好在领导的旁边，两人寒暄了几句后，就陷入了沉默。突然，方知渔瞥见领导脚上穿着一双新皮鞋，非常显眼。于是他说：“头儿，你这鞋子很有品位，在哪里买的？”原本只是没话找话，但领导一听，顿时眼睛放光，说：“这双鞋啊，我在××买的，世界名牌呢！”领导的话匣子一下子打开了，滔滔不绝地讲起自己在服装搭配上的心得，还善意地指出方知渔平时在工作中着装方面的不足。方知渔则多听少说，关键的时候才加一句。两人相谈甚欢。下车的时候，领导意味深长地说：“知渔啊，看来我以前对你的了解太少了，今后你好好干，一定会大有前途的。”

【**点评**】不善言辞的方知渔主动与领导沟通，他通过赞美领导衣饰细节的变化，迅速拉近了自己与领导的距离，获得了领导的好评。

2. 适度沟通

所谓适度，是指下属与领导的关系要保持在一个有利于工作、事业发展及两人的正常关系的适当范围内，形成和谐的工作环境。沟通既不能“不及”，也不可“过分”。

目前，下属与领导的沟通主要存在两大误区。一是沟通频率过高。有些下属为了博得领导的赏识和信任，有事没事就往领导办公室跑，既给领导的正常工作造成了干扰，又让领导认为你缺乏独立工作的能力，遇事没有主见。二是沟通频率过低。有些下属以为做好本职工作就行了，至于是否向领导汇报思想和工作情况则无所谓，因而该请示时不请示，该汇报时不汇报，目无组织和领导。这既不利于开展工作，在一定程度上也会影响个人和团队的发展。

小案例

车间主任

甲和乙是两位新上任的车间主任，业务水平都很高。不过，在与领导沟通时，两位车间主任采取的却是截然不同的态度。甲主任认为，一定要和领导搞好关系，于是，他有事没事就往领导那儿跑，弄得车间员工议论纷纷，都说甲主任只会“拍马屁”，丝毫不关心员工。后来这话传到了领导的耳朵里，领导感到很难堪。与此相反，乙主任则认为“打铁还要自身硬”，一天到晚只知埋头苦干，为了完成生产计划甚至连车间主任会都不参加。可是车间员工对此也不买账，他们认为这样的主任不会为员工着想；而领导也因为他常常不来开会心生不满，乙主任由此弄得“里外不是人”。

【点评】甲、乙两位车间主任的问题在于没有把握好与领导沟通的“度”。甲主任沟通“过分”，乙主任沟通“不及”。只有把握好与领导沟通的“度”，才能赢得领导和下属的共同认可。

微视频
如何与上级沟通（1）

3. 适时沟通

领导每天需要考虑的事情很多，因此我们应根据问题的重要程度，选择恰当的沟通时机。

首先，要选择领导相对轻松的时候。与领导沟通之前，可以通过打电话、发信息等方式主动预约，或者请对方确定沟通的时间、地点，自己按时赴约。假如是私事，则不宜在领导埋头做事时打扰领导，否则就会忙中添乱，适得其反。

其次，要选择领导心情较好的时候。沟通之前，可与其秘书或助理取得联系，以了解对方的情绪状态。当领导情绪欠佳时，最好不要去打扰他，特别是准备向对方提要求、说困难或者发表不同意见的时候。

再次，要寻找适合单独交谈的时间。特别是在试图改变领导的决定或意向的时候，要多利用非正式场合和没有第三者在场的时间。这样既能给自己留下回旋的余地，又有利于维护领导的尊严。

最后，不要选择在领导准备去度假、度假刚回来或吃饭、休息的时间与其沟通。因为这时对方的精力不集中，心不在焉，或者容易匆忙作出决定。

微视频
如何与上级沟通（2）

4. 灵活沟通

由于个人的素质和经历不同，不同的领导往往有不同的风格。根据领导的风格，在沟通过程中使用不同的技巧，往往会取得较好的沟通效果（见表5.1）。

表5.1 与不同风格领导的沟通技巧

风格类型	性格特点	沟通技巧
控制型（权力欲强）	实际，果决，求胜心切 态度强硬，要求服从 关注结果，不关注过程	简明扼要，直截了当； 尊重权威，执行命令； 称赞其成就而非其个性或人品

续表

风格类型	性格特点	沟通技巧
互动型（重人际关系）	亲切友善，善于交际	公开、真诚地赞美；开诚布公地发表意见；忌背后发泄不满情绪
	愿意聆听下属的困难和要求	
	喜欢参与，主动营造融洽氛围	
务实型（干事创业）	为人处世自有标准	开门见山，就事论事；据实陈述；不忽略关键细节
	理性思考，不喜感情用事	
	注重细节，探究来龙去脉	

5. 定位沟通

正确认识自己的角色、地位，真正做到出力而不“越位”，是处理好上下级关系的一项重要原则。越位是下属在处理上下级关系过程中常犯的一种错误，其主要表现在以下几个方面。

第一，决策越位。决策是领导活动的基本内容，不同层次的领导的决策权限也不同。本该由领导作出的决策却由下属作出，就是越位的行为。

第二，表态越位。一个人对某件事的基本态度，往往与其特定的身份相联系，超越身份胡乱表态，是不负责任的表现。

第三，工作越位。本该由上级出面处理的工作，下属却越俎代庖、抢先去做，就会造成工作越位。

第四，场合越位。在有些场合中，如接待客户、参加宴会等，应适当突出领导，下属却张罗过度，大出风头，也会造成越位。

小案例
杨瑞该怎么办?

课堂互动

假如你是某公司的员工，领导把一项临时性的工作任务安排给你，而你又不愿意去做这项工作。在这种情况下，你应该怎样与领导进行沟通，怎样才能说服领导把这项工作安排给别人而且不会对你产生不好的印象?

三、请示与汇报的技巧

请示是下属向领导请求决断或批示的行为；汇报是下属向领导报告情况，提出建议的行为。这二者都是职场人士的经常性工作。

小案例

哪种请示与汇报方式更好?

①“领导，我感觉最近员工的士气总是不高，您能不能给我些建议？”

②“领导，我感觉最近员工的士气不高，业绩也受到了影响。这两天，我跟大家沟通了一下，感觉主要是临近春节，很多客户都忙着拜年和要账，没有时间和精力与我们谈广告业务，而我们的业务员也都想着回家过年，所以整个团队的士气不高。春节前这段时间还是很宝贵的，我们必须提高团队的士气，我有两个方案，请您帮我看看哪一个比较好。一是我们在团队内部展开竞赛，业绩排名前六的员工，公司报销回家的火车票；二是开展激励活动，表现良好的员工可以获得公司准备的春节大礼包。这两个方案，花费都不会超过6 000元，而增加的收入可能是60万元，您看选择哪个比较好？”

【点评】领导喜欢做“选择题”，而不是“问答题”。对于下属而言，把“问答题”抛给领导是不明智的做法，甚至会导致领导作出错误的判断或决定。所以在请示和汇报工作时，一定要掌握相应的技巧。

请示与汇报的技巧主要包括以下内容。

1. 明确程序

请示与汇报工作主要有以下几个程序。

一是明确指令。一项工作在明确了方向和目标后，领导通常会指定专人负责此项工作。如果领导明确指示自己去完成这项工作，那么就一定要迅速准确地把握领导的意图和工作的重点，包括谁传达的指令（who）、要做什么（what）、什么时间做（when）、在什么地点做（where）、为什么做（why），以及怎么做（how）、做多少（how much）。对其中任何一点不明白，都要主动询问领导并及时记录下来。最后，还要简明扼要地复述一遍，以确认是否有遗漏之处或领会有误的地方。当对领导的指令理解模糊时，决不能“想当然”；在执行任务的过程中，遇到困难或疑惑之处，也要及时与领导进行沟通，以避免“走弯路”，耽误工作。

视野拓展

在面对领导的指令时应考虑下面几个问题

领导希望做的是什么？

这项任务的具体目标是什么？

完成这项任务的最佳做法是什么？

公司在这一项目上准备投入多少资源？

怎样进行工作报告？报告中应包括哪些内容？什么时候需要报告？应该向谁报告？报告以什么形式呈现？

二是拟订计划。在明确工作目标之后，应尽快拟订工作计划，交与领导审批。在拟订工作计划时，应详细阐述自己的行动方案和步骤，尤其是要有明确的时间表，以便领导进行监控。以制订月销售计划为例，首先，要明确下个月要达成的业绩目标；其次，要说明这些目标的完成有多少需要依靠老客户、多少需要依靠新客户；最后，要说明打算通过哪些渠道，采用什么促销方案来实现这一目标，等等。这样的月销售计划交上去，可方便领导及时给予指导

三是适时请教。在工作进行过程中，要及时向领导进行汇报和请教，让领导及时了解工作进程和取得的阶段性成绩，并及时听取领导的意见和建议。切不可等工作全部结束后，才告知领导全部的工作情况。

四是总结汇报。工作任务完成以后，应及时向领导进行总结和汇报，总结成功的经验和不足之处，以便在今后的工作中改进提高。向领导总结自己的工作，既能显示出对领导的尊重，也有利于展示自己的才干，赢得领导的赏识和器重。

小案例

善于汇报的销售员

一个小伙子名叫小波，是一家酒店的销售员，颇得领导的赏识。之所以如此，一方面是因为他业绩突出，另一方面就是因为他每做完一笔业务，都会以书面的形式总结这项业务成功与失败的原因并汇报给领导。领导对此非常满意，尽管有些业务完成得不是很出色，但领导从来没有责备过小波，相反，还经常给他提出一些合理的建议。

【点评】在现在的职场中，汇报工作已经逐渐成为每个职场人必备的技巧。小波向领导汇报工作的方式，体现了他的好学上进，让领导对他十分满意。

2. 充分准备

“凡事预则立，不预则废。”无论是请示还是汇报，要想达到预期目的，都必须事先做好准备。

首先，要做好思想准备。向领导汇报，既要消除紧张心理，又要端正态度，调整情绪，树立信心，认真对待。

其次，要做好资料准备。“巧妇难为无米之炊”，充分占有资料是汇报成功的基础。如果对情况不熟悉，或对某方面的情况还不明了，就不能凭主观臆断、道听途说去汇报，搞所谓“领导要，我就报，准不准，不知道”那一套。只有通过调查了解，准确掌握情况，才能更好地进行请示和汇报。

最后，汇报要有章法。如果是就某个特殊问题请求领导批示，自己至少要拿出两套解决方案，并对各套方案的利弊了然于胸，必要时向领导详细阐述，并提出自己的主张，争取得到领导的理解和支持。如果是就某项工作进行汇报，要在明确领导意图的基础上，确定汇报主题，把握汇报重点，组织汇报材料，合理安排汇报内容的顺序与层次；对汇报中可能出现的情况，领导可能提出的问题，要做到心中有数，决不能仓促上阵。

3. 选择时机

除了紧急事件需及时向领导请示、汇报外，还应注意选择以下时机进行请示与汇报：当本人分管的或领导交办的工作告一段落时；当工作中遇到较大困难，想请求领导的帮助或支持时；当领导决策需要某方面的信息时；当领导主动询问有关情况时；当领导有空余时间时；等等。汇报不仅要选择时机，还要注意场合，可以通过会议形式正式汇报的，尽量不要不分场合地临时汇报。当领导公务繁忙或工作出现困难，心情烦躁时，一般不宜贸然开口汇报；应选择领导乐意听取汇报的时机进行汇报，以取得预期的效果。

小贴士
说服上级的技巧

4. 因人而异

在请示与汇报时，下属应采取不同的方式，以适应不同领导的风格特点。例如，对于严谨细致的领导，要解释得详细一点，最好列举必要的事例和数据；对于干练果断的领导，要注意言简意赅，提纲挈领；对于务实沉稳的领导，要注意言语朴实，少加修饰；对于活泼开朗的领导，语言可以轻松幽默一些。总之，要根据不同领导的不同个性特点，有针对性地做好请示与汇报。

小案例

冯涛的汇报技巧

某建材公司的冯涛从一个客户那里考察回来后，敲开了经理办公室的门。“情况怎样？”经理向冯涛问道。冯涛坐定后，并不急于回答经理的问话，而是显得有些心事重重。因为他十分了解经理的脾气，如果直接将不利的情况汇报给他，经理肯定会不高兴，搞不好还会认为自己没有尽力去办。经理看见冯涛的样子，已经猜到了肯定是对公司不利的情况，于是改用另一种方式问道：“情况糟到什么程度？有没有挽救的可能？”“有！”这次冯涛回答得倒是十分干脆。“那谈谈你的看法吧！”

冯涛这才把考察情况汇报给经理：“我这次下去了解到，这个客户之所以不用我们公司的产品，主要是因为他们已经答应从另一个乡镇建材厂进货。”“竟有这样的事！那你怎么看呢？”

“我是这样想的，我们公司的产品应该比乡镇企业的产品更有优势，我们的产品不但质量好而且价格还很公道，在该省已经具有一定的知名度……”

【点评】向领导请示与汇报一定要掌握技巧，对不同类型的领导要采用不同的汇报方式，特别是汇报坏消息时，如果处理不好，很可能就会“引火上身”。冯涛使用的汇报技巧就是根据经理的性格特点，先给他“打预防针”，然后再顺势而为。

5. 斟酌语言

向领导汇报工作时，一定要抓住重点，简短明快，不能东拉西扯，词不达意，这样的汇报既浪费领导的时间，又令人生厌。因此，下属向领导汇报时，一定要有提纲或打好腹稿，使用精辟的语言归纳整理所要汇报的内容，做到思路清晰、观点精练、语言流畅、逻辑性强，遣词用语朴实与准确。关键语句要认真推敲；评价工作要把握好分寸，切忌说“过头话”；列举的数字一定要准确无误，尽量避免使用“大概”“估计”“可能”之类的模糊词语。如果语言啰唆、拖泥带水，再好的内容也汇报不出应有的效果。

6. 遵守礼仪

请示与汇报主要需要遵守以下礼仪。一是要准时赴约。要按照事先约定的时间到达，过早到达或迟迟不到，都是严重失礼的行为。二是要举止得体。做到站有站相，坐有坐相，文雅大方，彬彬有礼。三是要把握好汇报顺序。一般情况下，领导总是想先了解事情的结果，所以在汇报工作时要先说结果，再谈过程和程序。这样，汇报时就能做到简明扼要，有效节省时间。四是要注意场合。切忌在路上、饭桌上、家里汇报工作，更不能在公开场合与领导耳语汇报工作。

此外，请示与汇报时还应注意以下内容。要按照下级服从上级的原则，坚持逐级请示、汇报；要避免多头请示、汇报，坚持谁交办向谁请示、汇报，以避免不必要的矛盾，提高办事质量和工作效率；要尊重而不依赖，主动而不擅权；请示与汇报要根据工作需要，不能仰仗、依附于领导，时时、事事都向领导请教或求助；要在深刻领会领导的工作意图的前提下，积极主动、大胆负责地开展工作。

四、妥善处理领导的误解

在实际工作中，由于某些特殊的原因，下属可能会无意间得罪领导，被领导误解，尤其是在多个领导手下工作、单位人际关系复杂微妙的环境中。遇到这种情形时，必须妥善处理误解，否则就会影响工作的顺利开展甚至是个人的发展前途。

小案例
他们是如何做到和好如初的?

宇宙万物，无处不存在矛盾。在与领导共事的过程中，出现矛盾是在所难免的。其实，矛盾并不可怕，最重要的是我们能够勇敢地正视它，并运用自己的智慧和技巧化解它。上下级之间最常见的矛盾就是彼此之间存在误解与隔阂。如果处理不当或掉以轻心，误解就会变成成见，隔阂更会发展成鸿沟，这对工作的开展无疑是极为不利的。

误解缘何而生？这是一个非常复杂的问题，它涉及人的心理活动的复杂性。嫉妒、多疑、防范、自负甚至偏爱，都可能诱发领导对别人的不信任感，从而导致各种误解产生。这里，我们想要探讨的是产生误解的一般性原因或客观性原因，也就是上下级之间沟通不充分的问题。由于缺乏足够的沟通与交流，彼此对对方的情况没有清晰的认识，在判断时难免会加入主观色彩和心理因素，从而出现不客观的认识和推测。

微视频
妥善处理领导的误解

对待领导的误解，下属最明智的做法就是及时、主动地消除它，而不要让它变成成见与隔阂。消除领导的误解可以从以下几个方面着手。

1. 掩盖矛盾

在其他同事或领导面前，极力掩盖彼此之间的矛盾，以防止事态进一步扩大。

2. 尊重对方

即使领导误解了自己，仍要尊重对方，见面要主动打招呼，不管对方反应如何都面带微笑；当误解自己的领导遇到困难的时候，要挺身而出，及时提供帮助，用实际行动去打动对方。

小案例
职场生存——除了沟通还是沟通

3. 背后褒扬

背后褒扬一方面可以通过他人之口替自己表白心迹；另一方面能够很好地取悦对方，毕竟，第三者的话总是让人觉得更可信。

4. 主动沟通

经过以上多种努力，上下级之间的矛盾往往会有所缓和，在此基础上，下属要寻找合适的机会，以请教的口吻让领导说出产生误解的原因。此时，下属可以做必要的解释，但一定要注意措辞，适可而止，否则就会显得缺乏诚意，引起对方的逆反心理。

5. 加强交流

误解消除后，要加强与领导的思想交流和情感沟通，不断增进彼此之间的了解，以免误解再次产生。

小幽默

应该撤换谁

公司的销售额极低，经理训斥销售员："如果你们无法胜任这项工作，就会有人替代你们的。"然后，他对新雇员——一名退役足球队员说道："如果一支球队赢不了，会怎么样？队员们都得被换掉，不是吗？"几秒钟沉默后，这名前足球队员回答道："实际上，先生，如果整支球队都有问题，我们通常会换个新教练。"

训练营

与领导沟通训练

训练目的：通过本训练更好地掌握与领导沟通的技能，提升解决在沟通过程中出现的实际问题的能力。

知识要点：结合自身实际情况，分析在与领导相处过程中存在的问题；掌握与领导沟通的原则、方法、技巧等。

训练学时：1 学时。

训练内容：为了获得全面的服装市场信息，随时掌握市场动态，公司应做好日常的信息搜集工作，为此，公司需要订阅一些网络平台信息；请你将信息搜集的范围、特点、步骤以书面形式整理好，然后就这件事向总经理汇报并提出资金申请。

训练程序：由两位学生轮流扮演上下级，选择合适的时间、地点向领导进行汇报；汇报完毕后，全体同学进行讨论，交换意见。

训练小结：个人畅谈训练体会，教师总结，评选出最佳汇报方案。

第二节 与同事沟通

与人相处的学问在所有的学问中应该是排在最前面的，沟通能够带来其他知识所不能带来的力量，它就是成就一个人的顺风船。

——[美]戴尔·卡耐基

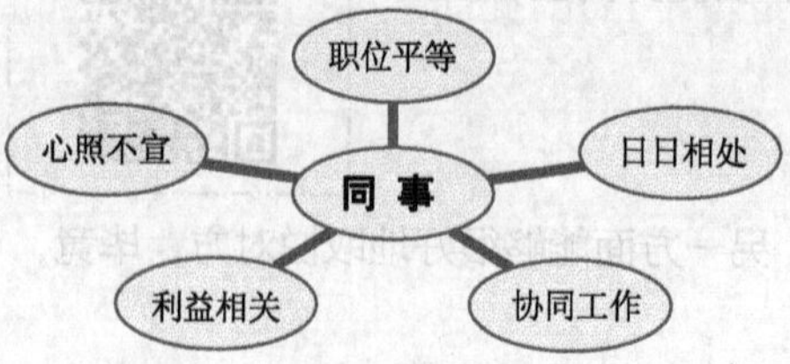

图 5.1 同事的基本特征示意图

处理好同事关系对每一位职场人士来说都很重要。所谓同事关系，是指同一组织内部处于同一层级的员工之间存在的一种横向人际关系。同事之间既是天然的合作者，又是潜在的竞争者，双方存在一种微妙的人际关系（见图 5.1）。同事之间必然会产生既渴望合作，又警觉竞争的复杂心理。因此，职场人士在与同事相处时，应特别注意沟通的技巧。

小故事

荀攸的智慧

三国时的荀攸智慧超群，谋略过人。他辅佐曹操征张绣、擒吕布、战袁绍、定乌桓，为曹操统一北方、建功立业，作出了自己的贡献。在朝二十余年，荀攸能够从容自如地处理政治旋涡中的复杂关系，在极其残酷的同僚斗争中始终地位稳定，立于不败之地，原因就在于他能谨以安身，以忍为安，很好地处理同僚关系。他平时特别注意周围的环境，从不刻意与同僚争高下，总是表现得十分谦卑。他对自己的功勋闭口不提。这样，他就能和同僚和平共处，并且深受曹操宠信，也从来没有人到曹操处进谗言加害于他，他在朝内朝外的口碑极佳。

【点评】荀攸作为曹操的首席军师，是曹操智囊团的重要成员，也是历史上少有的几个善始善终的臣子。从个体角度而言，这与他“外愚内智，外怯内勇，外弱内强”（曹操对荀攸的评价），善于与同僚们相处有很大的关系。

一、与同事沟通的要求

与同事沟通主要有以下几个要求。

1. 互相尊重

尊重是个体的需要，也是沟通的前提。职场人士需要的尊重包括团队成员给予的重视、威望、认可、名誉、地位和赏识等。每个成员都希望获得其他成员的认可，要求被给予较高的评价，希望自己受到礼遇，获得较高的名誉和地位。因此，高明的领导都十分尊重员工。尊重是相互的，正所谓“敬人者，人恒敬之”。因此，在职场中要想得到同事的尊重，首先就必须尊重同事的人格，尊重同事的工作和劳动，尊重同事在整个团队中的地位和作用。

小案例

小陈为何不受欢迎

小陈是毕业于北京某重点大学的研究生，在单位工作几年后，由于业务能力突出，他被提拔为车间主任。

这给了他一个施展才华的大舞台。但他在与别的车间主任交流时，总是流露出对那些工人出身的车间主任的不屑，开口闭口总是我们研究生如何、你们工人怎样，很快就让自己陷入与其他车间主任格格不入的境地，成为一个不受欢迎的人，最终不得不调换工作岗位。

【点评】工人出身的车间主任是在实践中摸爬滚打成长起来的，他们具有丰富的实践经验，小陈不应看不起他们，而应充分地尊重他们，并向他们学习。只有互相尊重、互相学习，才能创造良好的工作氛围，大家才能和睦相处。

2. 真诚待人

小贴士
蘑菇定律

常言道："精诚所至，金石为开。"同事之间要和谐沟通，双方就必须消除不必要的戒备心理，摒弃"逢人只说三分话，不可全抛一片心"的处事原则，襟怀坦荡，以诚相待。唯有真诚，才能打开同事的心扉，才能激起与同事在思想和情感上的共鸣。反之，如果当面一套，背后一套，或者说一套，做一套，就会失信于人，引起同事的反感。

小案例

互相帮助

伍兰兰大学毕业后进入一家企业从事销售工作。她是一个勤劳善良的女孩，每天都提前到达公司，把同事的桌椅收拾整齐，把办公室打扫干净，尤其会帮同事江龙收拾桌椅。江龙常常加班，桌上经常堆满书本，显得十分凌乱。江龙对此非常感激，主动要求带伍兰兰出去洽谈业务。在"师傅"的指导下，伍兰兰的能力提升得很快。半年后，伍兰兰自认为已经能够胜任业务工作，私自替江龙撰写了一份策划方案，并交给客户。

没想到由于伍兰兰疏忽大意，一组数据被弄错了，客户因此否决了伍兰兰的方案，并且拒绝与他们合作。江龙得知后非常生气。伍兰兰诚恳地承认了自己的错误，并在之后的工作中更加努力。

后来有一天，江龙生病住进医院，伍兰兰主动去医院精心照顾他，而且没有耽误工作，甚至连江龙的工作也一并处理了。

伍兰兰的一言一行都被同事们看在眼里，渐渐地，她的人缘越来越好，有什么事情大家都愿意真诚地帮助她。

【点评】伍兰兰之所以受到同事欢迎，是因为她在用一颗真诚的心与别人沟通。其实她与同事沟通的技巧并不复杂。真诚是做人的基石，也是与人相处的根本。

3. 互谅互让

职场人士都希望有一个平和的、令人心情舒畅的工作环境。但是，同事之间由于存在思想认识、性格修养、观点立场等方面的差异，看问题的角度会有所不同，处理问题的思路与方法也不一致。面对这种差异和分歧，首先，不要过度争论，以免激化矛盾，影响彼此之间的关系；其次，要通过换位思考，充分理解对方，并本着从工作出发、为全局着想的原则，求同存异，互相谦让。

小贴士
职场中的同事
沟通 36 计

4. 分享成绩

同在职场中，成绩的取得与分享、利益的分配，都是大家十分关注的。对于成绩，如果你在工作上有特别的表现，受到嘉奖时，千万别独享成功的荣耀。因为成绩的取得，不是哪一个人单独的功劳，需要同事们明里暗里的协助。所谓“一个篱笆三个桩，一个好汉三个帮”，好成绩是大家共同努力的结果。无论是有人与你争功，还是无人与你争功，你都要抱着分享、感恩的心态，才能赢得同事的好感与支持。

小案例

功劳是大家的

在某单位的一次公开竞聘中，左某战胜了其他几位竞争对手，当上了经理。许多同事对他表示祝贺，更有人当众夸他能力非凡。左某却坦诚地说：“其实几位候选人各有长处。论管理我不如老刘，论经营我不如老叶，论公关我不如小王。”后来左某不但以诚意挽留了这几位竞争者，而且根据他们各自的特长做出了相应的工作安排。宽厚的气度使他赢得了大家的尊重，也使他在工作中取得了显著的成就。他上任没多久，单位就取得了很好的业绩。

【**点评**】左某之所以能得到同事的支持，秘诀就是不把功劳揽到自己一个人身上。一句“各有长处”，温暖的是人心，赢得的是尊重。

5. 大局为重

单位同事由于工作走到一起，形成了一个利益共同体。其中的每一分子，都要有集体意识和大局意识。因此，在与领导、同事沟通时，要尽量保持同等的距离，即使和某些同事意趣相投、关系密切，也不要在工作场合显现出来，以免让别的同事产生猜疑心理；在与本单位以外的人员接触时，更要有荣辱与共的“团队形象”观念，多补台少拆台，不要为自身小利而损害集体大利，也不要外扬“家丑”，更不要对自己的同事品头论足甚至恶意攻击，破坏同事的形象。

课堂互动

从你的暑期打工经历或朋友那里收集一些在职场中与同事沟通的经验，在课堂上讲给同学们听。

微视频
如何和不同性格的同事顺利沟通？

二、与同事沟通的方法

1. 重视团队合作

荀子说过：“人力不若牛，走不若马，而牛马为用，何也？曰：人能群，彼不能群也。”这段话道出了团队合作的重要性。随着社会分工越来越细，现代企业越来越强调员工之间的沟通协调。作为企业中的个体，无论自己处于什么职位，在保持自己个性特点的同时，都必须很好地融入集体。正所谓：“大成功靠团队，小成功靠个人。”因此，在工作中要与同事同心协力、互相支持。需要大家共同完成的，要预先商定，在配合中守时、守信、守约；自己分内的事要认真完成，出现问题或差错时要主动承担责任，不拖延、不推诿；确需他人协助完成的，要使用请求的态度和商量的语气，不能居高临下、颐指气使。

小故事

天堂和地狱的故事

有一个人请求上帝带他参观一下天堂和地狱，希望通过比较来选择自己的归宿。上帝答应了，先带他参观了由魔鬼掌管的地狱。进去之后，只见一群人，围着一个盛满了肉汤的大锅，但这些人看起来都愁眉苦脸、无精打采，一副营养不良、绝望又饥饿的样子。仔细一看，原来，每个人都拿着一只可以够到大锅的汤匙，但汤匙的柄比他们的手臂长，所以他们没法把肉汤送进嘴里，看起来非常悲苦。

紧接着，上帝带他进入另一个地方。这个地方和先前的地方几乎一样：一大锅肉汤、一群人、一样的长柄汤匙。但每个人都很快乐，吃得也很愉快。上帝告诉他，这就是天堂。

这位参观者很迷惑：为什么情况相同的两个地方，结果却大不相同？最后，经过仔细观察，他终于发现了答案。原来，地狱里的每个人都想着自己舀肉汤；而天堂里的每一个人都在用汤匙喂对面的人喝肉汤。结果，地狱里的人都挨饿，而天堂里的人却吃得很好，非常快乐。

【点评】由以上内容可知，团队合作多么重要。在和谐的团队里，人们在帮助别人的同时也能得到别人的帮助，在相互帮助中体会到了和谐的人际关系带来的幸福快乐。

2. 懂得相互欣赏

小贴士
赞美的四个技巧

人是具有能动思维的主体。人所具有的这种特性表现在工作中，就是有一定的价值目标，即追求理想和信念的成功，也就是希望获得成就感。人的成就感包括职业感和事业感两个方面。职业感体现为个人对本职工作的态度，事业感则体现为个人追求被群体和社会承认的较高层次的成就。职场人士都有得到赞许的期望，都希望自己的职业和工作受到别人的重视，得到恰如其分的评价和鼓励。只有懂得这些，在和同事共事的过程中，我们才能善于发现同事的优点、长处以及在工作中取得的成绩和进步，并及时加以肯定和赞美。欣赏是人际关系的润滑剂。一句由衷的赞美既可以表达对同事的尊重，又会赢得对方的好感，进而使彼此之间的关系融洽。

3. 主动交流沟通

人际关系是在“互动”中发生联系和变化的。要使人际关系变得密切，注重彼此之间的交往是前提。因此，在紧张的工作之余不妨主动找同事谈谈心、聊聊天或请教一些问题等，以便双方加深印象、增进了解。在与同事的主动沟通中应把握以下几点：一是选择合适的时间、场合及易引起对方兴趣的话题；二是保持诚恳、谦虚的态度；三是善于体察对方的心理变化，因势利导、随机应变；四是讲究语言艺术，选用“商量式”“安慰式”“互酬式”的语言并注意分寸。

小案例
焦先生的后悔

4. 保持适当距离

“过密则狎，过疏则间。”同事之间只有保持适当的距离，对人处事才可能客观、公正。每个人都有自己的私人空间，搞好职场人际关系并不等于与同事无话不谈、亲密无间。有时同事之间摩擦不断、矛盾重重，恰恰是由于交往太过密切、随意，侵犯了对方的隐私。所以，当自己的个人生活出现危机时，不要随意在办公室里倾诉；要尊重同事的权利和隐私，不打探同事的秘密，不私自翻阅同事的文件、信件，不查看同事的计算机；不要对同事品头论足，更不要做搬弄是非的嚼舌根的人。

课堂互动

请谈谈在一个新的工作环境中应如何与同事相处。

三、与同事沟通的禁忌

我们和同事同在一个单位，甚至同处一间办公室，每天都要见面谈话，谈话的内容可能无所不包，涉及工作的方方面面。因此，在与同事的日常沟通中把握好分寸，就成了不可忽视的一个问题。与同事沟通的禁忌主要包括以下内容。

1．不谈论私事

办公室不是互诉心事的场所，虽然这样的交谈富有人情味，能使彼此之间的关系变得更亲密。但据调查，只有不到1%的人能够严守别人的秘密。因此，当自己的生活出现危机时，如失恋、婚变等，不宜在办公室里倾诉；当自己的工作出现危机时，如工作不顺利，对老板、同事有意见，更不应该在办公室里向同事袒露。我们不能把同事的“友善”和朋友的“友谊”混为一谈，以免影响正常的工作秩序和自身的形象。

微视频
与同事沟通的禁忌

2．不好争喜辩

同事之间在某些问题上出现分歧很正常，尤其是在座谈会、讨论会等场合。当别人提出不同的意见时，要尊重对方，认真倾听，不随意打断，不急于反驳，在清楚了解对方的观点及其理由的前提下，语气平和地陈述自己的观点，并提供自己的理由。切不可抱着“胜过对方”或“证明自己是对的，对方是错的”的心态一味地与同事争执，否则就会影响彼此之间的关系，伤害别人的自尊。

3．不传播“耳语”

所谓“耳语”，即小道消息，是指非经正式途径传播的消息，其往往失实，并不可靠。在一个单位里，各方面的“耳语”可能很多，关于领导的“耳语”可能更多。这些“耳语”如同噪声一般，影响着人们的工作情绪。对于“耳语”，应该做到“三不”：不打听、不评论、不传播。

4．不刻意表现

表现自己并没有错。美国戏剧评论家威廉·温特尔说过：“自我表现是人类天性中最主要的因素之一。”在现代社会中，充分发挥自己的潜能，表现出自己的才能和优势，是应对挑战的必然选择。但是，表现自己要分场合、分方式，刻意的自我表现就会使热忱变得虚伪，自然变得做作，最终的效果可能还不如不表现。

小案例

小马的表现

小马是一家大公司的高级职员，平时工作积极主动，表现很好，待人也热情大方。但有一天，一个小小的动作使他的形象在同事眼中一落千丈。那是在会议室里，当时好多人都在等着开会，其中一位同事发现地板有些脏，便主动拖起地来。而小马似乎身体有些不舒服，一直站在窗台边往楼下看。突然，他走过来，一定要拿过那位同事手中的拖把。本来地差不多已拖完了，不再需要他的帮忙。可小马执意要求拿过拖把，那位同事只好把拖把给了他。

过了半分钟，总经理推门而入，看到小马正拿着拖把勤勤恳恳、一丝不苟地拖着地。小马的反常似乎不言而喻了。从此，大家再看小马时，都觉得他虚假了许多。以前的良好形象被这一个小动作破坏殆尽。

【**点评**】在工作中，往往有许多人掌握不好热忱与刻意表现之间的界限。不少人总把一腔热忱的行为演绎得像是故意装出来的。也就是说，这些人学会的是表现自己，而不是展现真正的热忱。热忱绝不等于刻意表现。在他人需要的时候关心他人，在应当拼搏的时候努力付出，真诚自然，这才是热忱。而抓住一切机会刻意表现自己“与群众打成一片”“关心别人”“是领导的好下属”，只会让别人觉得虚假而不愿接近。

5．不当众炫耀

在人际交往中，任何人都希望得到别人肯定的评价，都在自觉或不自觉地维护着自己的形象和尊严。如果当众炫耀自己的才能、相貌、财富、地位等，处处显出高人一等的优越感，那么在无形之中就是对他人的自尊与自信形成了挑战与轻视，往往会引起别人的排斥心理乃至敌对情绪。因此，在与同事的相处过程中，应该认真做事，低调做人，即使自己的专业技术过硬，深得领导的赏识和器重，也不能过于张扬。

小案例

爱吹嘘的多娜小姐

多娜小姐刚到公司的时候，最喜欢吹嘘自己以前的工作成绩，以及自己每一个成功的地方。同事们对她的自我吹嘘非常讨厌，尽管她说的都是事实。她与同事们的关系因此弄得很僵，为此，多娜小姐很烦恼，甚至觉得自己无法在公司里继续工作。

她不得不向职业专家请教。专家在听了她的讲述之后，认真地说："唯一的解决方法就是隐藏你自己的聪明以及所有优越的地方。他们之所以不喜欢你，仅仅是因为你比他们更聪明，或者说你常常将自己的聪明展示给他们。在他们的眼中，你的行为就是故意炫耀，他们难以接受。"多娜小姐恍然大悟。她回去后严格按照专家的话要求自己。从此，她总是先听对方滔滔不绝地把他们的成绩讲出来，与她分享，而只是在对方问她的时候，才谦虚地说一下自己的成绩。很快，公司同事们就改变了对她的态度，慢慢地，她成了公司人缘最好的人之一。

【点评】炫耀让人讨厌，谦虚赢得信赖。你倾听别人、尊重别人，不自夸、不吹嘘，别人才会认同你，才会与你建立良好的关系。

6. 不直来直去

我们常常认为心直口快是一种难得的品质，有话就说，直来直去，给人以光明磊落、酣畅淋漓之感。但是，不分场合、不看对象的直率，往往会成为沟通的障碍，特别是当我们有求于对方或者想要发表不同见解的时候，更不能横冲直撞、口无遮拦。

小案例
怎样与同事沟通

7. 不随便纠正或补充同事的话

在日常交流中，可以对某个问题发表自己的见解，但不要随便纠正或补充同事的话，除非工作需要或对方主动请教，否则就会有自以为是、故作聪明之嫌，也会在无意中打击对方的自尊心。

课堂互动

请谈谈怎样与令人讨厌的同事相处。

四、劝慰同事的技巧

俗话说：患难见真情。当同事在工作中遇到了麻烦，同事本人或者同事家中遭遇了不幸，我们理应伸出援助之手，努力为对方排忧解难，给同事以安慰和鼓励，这是人之常情，也是一种为人处世的美德。但是，要想使劝慰同事真正收到实效，必须掌握一些技巧。

小案例

口舌拙笨的小王

小王被分配到机关工作，这本是件令人开心的事，但是上班几个月以来，小王却感到很郁闷，因为他口舌拙笨，总是让同事不高兴。一次，奔丧回来的老李来到办公室，小王马上站起来安慰他说："听说你岳母大人被车撞死了，我们都很难过，希望你节哀顺变。”老李一听，面色阴沉地走出了办公室。

【点评】小王不善于安慰同事，一是在众人瞩目之下，急于表达自己的关切；二是“被车撞死”用词不妥，让当事人觉得难以接受，听的人也觉得很不舒服。

1. 劝慰同事的基本要求

（1）同情而非怜悯。一个人在遭到挫折和不幸的时候，十分需要别人的同情。真正的同情，是在完全平等的地位上与之交流思想感情，给对方以精神和道义上的支持，并分担对方的痛苦，使不幸者痛苦、懊丧的消极情绪得以宣泄，并逐渐消除其心理上的孤独感，不断增强其战胜困难的信心。怜悯则是对不幸者的感情施舍，其结果，要么是刺伤不幸者的自尊心，使其从心理上拒绝接受；要么使不幸者更加心灰意冷，无法振作精神重新站起来。

（2）鼓励而非埋怨。遭遇挫折和不幸的人，由于一时无法摆脱感情上的羁绊，往往会垂头丧气、消极悲观。此时，最重要的是通过积极的鼓励，给予其信心和勇气，让他在困难的时候看到前途和希望。一味埋怨只会使不幸者更加悲观，甚至会使个别情感脆弱的人走向极端。

（3）安抚而非教训。一个人在遭遇挫折，精神处于迷惘状态时，特别需要他人给予及时的安抚和真诚的开导，我们应针对其此时此刻的心境，循循善诱，积极开导，帮助其解除忧愁，驱散烦恼。如果以教训人的口吻讲大而空的道理，只能使其更加不安，甚至产生破罐子破摔的情绪。

（4）选择恰当的时机。劝慰同事效果的好坏，在很大程度上取决于能否选择恰当的时机。对生老病死等突发事件要注意及时劝慰；一个人在情绪失控的情况下，对任何话都可能听不进去，这时就要等他冷静下来后，再去劝慰他。

2. 劝慰同事的技巧

（1）劝慰事业受挫的同事。对于胸怀大志而又在事业上屡遭挫折和失败的同事，最重要的是表现出对其事业的充分理解和支持。在劝慰过程中，应注意理解多于抚慰，鼓励多于同情。最好的一种劝慰是帮助其总结经验教训，分析其面临的诸多有利条件和不利条件，帮助其克服灰心丧气的情绪并树立必胜的信心。

（2）劝慰患病的同事。一般来说，生病的人都会感到心情烦躁，有些病人还会顾虑重重，因病住院者更会感到寂寞、孤单和愁闷。在劝慰生病的同事时，要视具体情况选择谈话内容。对于身患重症、绝症的同事，即便感情再深，也不能在其面前流露哀伤情绪，以免给对方造成精神上的压力和负担，而应选择较为愉快的事情与其交谈，并多讲些安慰、鼓励的话。

（3）劝慰丧亲的同事。亲人去世，同事的悲伤可想而知。劝慰这些同事时，专注的倾听尤为重要，倾听对方的回忆和哭诉，让其悲痛的心情得以宣泄和释放，这样有利于对方恢复心理平衡。此外，还应与同事多谈死者生前的优点、贡献以及后人对他的敬仰和怀念，因为对死者的评价越高，其亲属就越能感到宽慰，进而能尽快从丧亲的沉重与悲痛中解脱出来。

（4）劝慰受轻视的同事。在现实生活中，那些因能力平平或其他原因而被领导和同事轻视的同事，往往都存在一个共同的心理缺陷——自卑。因此，劝慰这些受轻视的同事时应多讲些成功人士的典型事例，鼓励他们不要向现实屈服；同时，要善于挖掘他们身上不易被人觉察的优点和长处，从而唤起他们的自尊心和自信心，使他们坚信只要充分发挥自己的主观能动性，就一定能够取得成功，就一定能够赢得别人的尊重与信赖。

此外，劝慰同事还应注意避开对方的痛处和可能引起对方伤感的相关信息；认同对方的感受，以示理解和同情；引导对方把注意力集中到如何解决问题上；控制好自己的情绪；真诚沟通，对对方的生活与工作表现出关切。

训练营

与同事沟通训练

训练目的：更好地掌握与同事沟通的方法，提高解决实际沟通问题的能力。

训练学时：1 学时。

训练内容：假设你是公司的行政助理，下周一将有一位入职不久的同事负责与顾客面对面的交流，如果你能给她一些指导将对她很有帮助。下面有几个问题，请就每个问题给她一些指导。

（1）为什么弄清楚顾客的姓名、头衔和职务是十分重要的？

（2）如果你不知道该如何称呼一名顾客，应该怎样找到这方面的信息呢？

（3）影响面对面交流的因素有哪些？

回答问题时需要考虑的因素如下。

因素 1：采取积极的行动，在别人反应的基础上，在适当的时候提出自己的观点，尊重对方的想法，询问恰当的问题以获取需要的信息，总结谈话。

因素 2：有效地提出问题，以便得到需要的信息；就谈到的问题达成共识，就得到的答复确定双方的协议。

因素 3：有效地倾听，便于就谈到的问题集中精力，适当地记一些笔记，表现出对对方讲话的兴趣。

训练程序：由两位学生轮流扮演角色，领会需要表达的内容，组织谈话步骤和内容。

训练小结：个人畅谈实训体会，教师总结，评选出最佳沟通方案。

第三节　与下属沟通

君子上交不谄，下交不渎。

——《周易·系辞下》

一、与下属沟通的意义

小案例

与下属沟通不当

美容师小张和小李都是新来的员工。小张热情大方，能说会道，吸引客户开卡消费的数量比小李多，因此受到了店长赵姐的认可，在员工会议上赵姐多次对小张提出表扬。而小李寡言少语，只听说她很踏实。眼看两个月的试用期快到了，小李开卡的数量还不足小张的一半，赵姐就特别找她沟通了好几次，每次都希望她向小张多多学习沟通之术，但每次都发现小李听后一脸郁闷，欲言又止。不久后，小李便辞职走人了。接下来，赵姐发现小张的客户数量在小李走后，居然没有增加，反而流失了不少。

此时，老员工周姐向店长说明了情况，赵姐才知道，原来能言善道的小张技术不佳，大部分她说服开卡的客户都是在经过技术能力较强的小李护理后，才决定开卡。此时的赵姐才猛然醒悟，由于自己与下属沟通不当，严重打击了对方的工作热情，最终失去了一个核心员工。

【点评】作为领导，与下属的沟通绝对不是聊天和谈工作这么简单，因为与下属沟通最大的目的就是充分调动下属的积极性，使他们的潜力得到最大限度的发挥。如果不能达到沟通的目的，你和下属的沟通要么属于寒暄，要么就可能成为对方离开的导火索。

领导不仅要把工作设计为生产产出过程，更应该设计为人和人交流、协作、沟通，满足员工的深层次交往需要以及个性、心理需求的过程。领导必须了解下属的观点、态度和价值，努力帮

微视频
如何对待下属？

助下属在工作中实现个人价值。实现这一目标的一个重要途径就是沟通。没有沟通，就没有了解；没有了解，就没有全面、整体、有效及平衡的管理过程。

在现实生活中，上下级的沟通出现问题屡见不鲜。领导在处理人与人之间的各种矛盾时如果一味地谴责、贬斥、误解，或以一种“我是领导我怕谁”的态度对待别人，往往会把事情搞砸。即使在世界上著名的大公司，类似的事件也屡次发生。

小案例

总裁史蒂芬·盖瑟的转变

美国某银行前总裁史蒂芬·盖瑟曾经亲身体会到了作为领导与下属沟通的重要性。20世纪80年代末，大学刚毕业的他在一家大规模的投资公司任业务主管。他在洛杉矶西区拥有住宅，开着一辆奔驰汽车，时年不过25岁。此时他自认为是神童，可以呼风唤雨，无所不能，而且他在别人面前毫不掩饰这种自大的态度。

20世纪90年代以后，美国经济开始萎缩，裁员的风暴无情袭来。起初他不以为意。可没想到有一天，老板对他说：“史蒂芬，你的能力没话讲，问题出在你的态度上，公司里没有人愿意与你配合，我恐怕必须请你离开公司。”

这真是晴天霹雳，像他这样的人才居然被开除了！此后，经过几个月的求职挫折，他被一家公司录用，在新的岗位，他以前那种自大的态度已荡然无存。他终于意识到应该与他人进行有效沟通，并帮助那些处境不如自己的人。他换了一种态度去待人，变得更有人情味、更可爱、更好相处了。之后，他周围的人也开始关心他。三年后，他晋升到高级主管的职位，只不过这一次周围的同事都成为他的朋友了。

【**点评**】领导与下属在人格上是平等的，职位的不同不等于人格的贵贱。你越是在下属面前摆架子，想让下属服从你，你就越会被下属看不起，认为你是“小人得志”；你越是在下属面前放下架子，尊重他们，你在他们心中就值得尊敬。美国某银行前总裁史蒂芬·盖瑟用亲身经历深刻地诠释了这一道理。

身为领导，不管工作有多么繁忙，都要保留与下属沟通的时间。真正有效的沟通并不会妨碍工作，比如开会时、讨论时、走廊里的短暂同行、共进午餐的时刻，等等，都是与下属进行沟通的机会。领导要成功地与下属进行沟通，关键有三点：一是有真诚的态度，不走形式；二是保持开放的心态，不搞“一言堂”；三是主动创造沟通的良好氛围，不咄咄逼人。

小贴士
与下属相处的
七大原则

课堂互动

从你的暑期打工经历或朋友那里收集一些在职场中与下属沟通的经验，在课堂上讲给同学们听。

二、与下属沟通的技巧

有这样一则寓言，一把坚实的锁挂在铁门上，一根铁杆费了九牛二虎之力还是无法将它撬开。这时，钥匙来了，它瘦小的身子钻进锁孔，只轻轻一转，那大锁就“啪”的一声打开了。铁杆奇怪地问：“为什么我费了那么大气力也撬不开这把锁，而你轻而易举就把它打开了呢？”钥匙说：“因为我最了解它的心。”

微视频
如何激发下属
的工作潜力

领导的才能并不表现在告诉下属如何完成工作，而在于激发下属的能力去完成它。因此，身为领导，必须通过与下属的沟通，了解本组织、本部门每个成员有形的和无形的需求，并设法满足他们的合理需求，如此，他们才会更忠诚、组织才会更有凝聚力。而在实际的管理工作中，领导往往重视自身的带头示范作用，却忽视了与下属的沟通，尤其是上下级之间的真诚谈心。

微视频
如何减少对下属批评的负面效应

1. 贴近下属，寻求沟通

下级对上级，往往存在各种各样的心态：试探、戒备、恐惧、对立、轻视、佩服、无所谓，等等。有的下属在上级面前唯唯诺诺，不敢说话，而在同事面前落落大方、侃侃而谈。因此，领导应该避免使用命令、训斥的口吻讲话，要放下“架子”，以平易近人、亲切和蔼的姿态去寻求沟通，如经常深入基层和下属之中，通过召开座谈会、个别访谈、即时聊天等形式，了解下属关心的焦点问题，征求下属的意见和建议，关心下属的工作和生活。只有这样，下属才会敞开心扉，畅所欲言。

小案例

善于沟通的奥田

奥田是丰田公司第一位非丰田家族成员总裁，在长期的职业生涯中，奥田赢得了公司内部许多人的深深爱戴。他常常和公司里的工程师聊天，聊他们最近的工作，聊他们生活上的困难他还常去走访公司的经销商，和他们聊业务，听取他们的意见。

【点评】作为知名大企业的总裁，奥田用聊天的方式实现了与下属和经销商的充分沟通，他平易近人，贴近下属，关心员工，倾听经销商呼声的形象也在一次次的聊天中树立起来，这大大增强了丰田公司的凝聚力。

微视频
如何深刻理解赞美下属的要领

2. 仔细倾听，适时提问

沟通艺术的核心在于仔细倾听和适时提问。一个优秀的领导应该具备作为一个倾听者应拥有的非凡技能和一针见血地提出问题的能力。通过倾听，充分体味下属的心境，了解全部信息；通过提问，促进沟通的深化，探究信息的深层内涵。这二者均可为领导准确分析信息、调整管理方式提供客观依据。因此，在沟通的过程中，领导要尽量少说多听，不随意插话，不轻易反驳；提问的言语简洁，要等下属说完或者说话告一段落时再发言。

微视频
管理下属要从尊重他们开始

3. 设身处地，换位思考

站在他人的立场分析问题，能给人留下善解人意、体察入微的印象。这种投其所好的技巧常常具有极强的说服力。要做到这一点，知己知彼十分重要，唯有知彼，方能站在对方的立场考虑问题。这就需要领导经常深入基层开展调研，及时了解和掌握下属的思想动态和利益需求。在沟通时，领导要善于联系下属的身份、职位和目前的工作与生活境况揣摩对方的心理，做到想对方之所想，急对方之所急，以真正了解对方的思想和观点。

4. 拉近距离，平等交流

沟通时要特别重视开场白的作用。通常可以先寒暄几句，开一些善意的玩笑，以消除下属的拘束感，拉近双方心理上的距离，然后慢慢引入正题。在阐述自己的观点时，要以平等的姿态，晓之以理，动之以情，不以势压人，不使用训斥、命令的口吻；说话的音量要适中，语气要平和，语调要自然，态度要和蔼；手势或动作幅度不宜过大；应多采用商量的口吻，如“你觉得我的话有道理吗？”“你同意我的意见吗？”等。

小故事

艾森豪威尔与士兵

艾森豪威尔是第二次世界大战时的盟军统帅。有一次，他看见一个士兵从早到晚一直在挖壕沟，就走过去跟他说："大兵，现在日子过得还好吧？"士兵一看是将军，敬了个礼后说："这哪是人过的日子哦！我整天在这边没日没夜地挖。"艾森豪威尔说："我想也是，你上来，我们走一走。"艾森豪威尔就带他在那个营区里面绕了一圈，告诉他当将军的痛苦和肩膀上挂了几颗星以后，还要被参谋长骂的那种难受，打仗前一天晚上睡不着觉的那种压力，以及对未来的那种迷惘。

最后，艾森豪威尔对士兵说："我们两个其实都一样，不要看你在壕沟里面，我在帐篷里面，其实谁的痛苦更多还不知道呢。也许你还没死，我就活活地被压力给压死了。"这样绕了一圈以后，又绕到那个壕沟附近，那个士兵说："将军，我看我还是挖我的壕沟吧！"

【点评】领导在管理公司时，下属一般不太知道你在忙什么，你也不知道他们在想什么，你的痛苦他们未必了解，他们在做什么你也不见得知道，其实，加强相互间的沟通才是解决之道。作为领导，常到下属中间，哪怕是上午 10 分钟，下午 10 分钟，大家平等交流，都能拉近领导与下属的心理距离，并能使公司的凝聚力和向心力得到增强。

课堂互动

你对于布置工作时很耐心，但在下属反映困难时很不耐烦的领导怎么看？

小案例
握手言欢

三、调解下属间的矛盾的方法

有人的地方，就必然有矛盾与冲突，而矛盾与冲突不仅会破坏人与人之间的和谐关系，而且会削弱一个集体的凝聚力和战斗力，损害整个团队的声誉和绩效。因此，领导的日常管理活动之一就是调解下属间的矛盾与冲突。

那么，领导应怎样正确调解下属间的矛盾，营造和谐、积极的工作氛围呢？

1. 事前有预案

识别冲突、调解争执是领导应具备的最重要的能力之一。当发现下属间发生冲突时，如果盲目调和，往往收效甚微，弄不好还会火上浇油，适得其反。因此，领导要在对发生冲突的原因、过程及程度等做详尽的了解后，研究制定可行的调解方案，再按制定的方案进行调解。

2. 大局为重

现代社会的一个重要特点就是分工严密，这虽提高了工作效率，但也带来了一个不可避免的问题——彼此之间缺乏了解。在职场的诸多矛盾与冲突中，虽然冲突双方会在各自的利益上产生纷争，但双方的目标往往是一致的。因此领导应让冲突双方清醒地意识到，单纯地指责对方是无济于事的，只有相互配合、密切协作才能解决纷争，才能实现团队的共同目标。事实上，当冲突双方均以单位的整体利益为重时，他们心中的怒气往往就会化为乌有。

3. 换位思考

在局部的利益冲突中，冲突双方所犯的错误多半是只考虑自己，以自己为中心，而没有体谅对方。让他们互相了解、体谅对方的最好办法，莫过于让他们站在对方的立场考虑问题。当双方确实做到这一点后，可能就会握手言和、心平气和地协商化解冲突的方法。孔子说："己所不欲，勿施于人。"这正是其设身处地、从对方角度看问题而得出的结论。

4．折中协调

领导是下属的矛盾的仲裁者。仲裁者要保持权威，就必须坚持公平、公正的原则。如果偏袒一方，就会使另一方产生不满和对立情绪，进而加剧矛盾，甚至会将矛盾转化为上下级之间的矛盾，使矛盾的性质发生变化。所以，冷静公允、不偏不倚是调解下属间的矛盾时的基本原则，尤其是在调节利益冲突时。此外，很多情况下冲突双方各有道理，但各执一词，很难判断谁是谁非。这时候，折中协调、息事宁人是最好的解决办法。

5．创造轻松气氛

冲突双方对对方抱有成见和敌意，所以领导者在进行调解时，缓和气氛很重要。调解不一定要在会议上、办公室里进行，有时在餐桌上、咖啡厅、领导家里调解的效果反而更好。

总之，下属之间的矛盾与冲突是多样的，调解冲突的办法也没有一定之规，要在实际工作中根据不同的冲突对象、起因及程度采用灵活的方法。

小幽默

吵　架

两个女员工在办公室吵架，经理闻讯出来调解。俩人柳眉倒竖，互不相让，都说自己对，对方错。一个刚说，另一个马上反驳，把经理的头都吵“大”了。经理无奈，大喝一声：“停！这样，丑的先说！”瞬间，整个世界都安静了……

训练营

与下属沟通训练

训练目的：更好地掌握与下属沟通的技能，提升解决人际沟通实际问题的能力。

训练学时：1 学时。

训练背景：王先生是某高校旅游系新上任的系主任，工作认真，性格内向；朱老师是王先生的下属，教学经验丰富，性格倔强；一天午餐时间，朱老师正在家里用餐，突然接到王先生的电话，王先生因有急事，要求朱老师中午 12 点到自己办公室开会；朱老师询问会议主题，王先生表示你只要参加会议就行；朱老师很生气，表示午休时间属于私人时间，问能不能把会议时间延后 1 小时到下午上班时间再开会；王先生立即批评朱老师，周一至周五，老师的时间都是属于学校的；朱老师更生气了，立即表示不参加会议。

训练任务：三人为一组，根据训练背景，在小组内轮流扮演角色进行模拟，并做好沟通交流的记录。

训练内容：各小组研读训练背景和训练任务；每组由一名同学扮演朱老师，一名同学扮演王先生，一名同学作记录；各小组分析王先生与朱老师之间的沟通存在什么问题，王先生应该怎样与朱老师沟通才能达到预期的效果；设计王先生与朱老师顺畅沟通的方案，分小组讲述分析结论，阐述设计的沟通方案，并现场模拟。

训练小结：教师对训练进行总结，师生共同评选出最佳沟通方案。

自我认知测试

职场沟通能力测试

你的职场沟通能力如何？请回答下列问题，测试一下自己的沟通能力。

1．在说明自己的重要观点时，别人却不想听你说，你会（　　）。

A．马上气愤地走开

B．不说了，但你可能会很生气

C．等等看还有没有说的机会

D．仔细分析对方不想听的原因，找机会换一个方式说

2．去与一个重要的客户见面，你会（　　）。

A．像平时一样随便穿着　　B．只要穿得不太糟就可以了

C．换一件自己认为很合适的衣服　　D．精心打扮一下

3．与不同身份的人讲话，你会（　　）。

A．对身份低的人，总是漫不经心　　B．对身份高的人，总是有点紧张

C．在不同的场合，会用不同的态度与之讲话　　D．不管什么场合，都以一样的态度与之讲话

4．在与人沟通前，你认为比较重要的是应该了解对方的（　　）。

A．经济状况、社会地位　　B．个人修养、能力水平

C．个人习惯、家庭背景　　D．价值观念、心理特征

5．去参加老同学的婚礼回来，你很高兴，而你的朋友对婚礼的情况很感兴趣，这时你会（　　）。

A．详细述说从你进门到离开时所看到的和感受到的细节

B．说些自己认为重要的内容

C．朋友问什么就答什么

D．感觉很累，没什么好说的

6．你正在主持一个重要的会议，而你的一个下属却在玩手机并发出声音干扰会议进行，这时你会（　　）。

A．幽默地劝告下属不要玩手机　　B．严厉地让下属不要玩手机

C．装着没看见，任其发展　　D．给那位下属难堪，让其下不了台

7．当你正在向老板汇报工作时，你的助理急匆匆跑过来说有一个重要客户打来长途电话，这时你会（　　）。

A．说你在开会，稍后再回电话过去　　B．向老板请示后，去接电话

C．让助理说你不在，直接问对方有什么事　　D．不向老板请示，直接去接电话

8．你的一位下属已经连续两天下午请事假，在第三天快午休的时候，他又拿着请假条过来说下午要请事假，这时你会（　　）。

A．详细询问对方因何请假，视原因而定

B．告诉他今天下午有一个重要的会议，不能请假

C．你很生气，但还是什么都没说就批准了他的请假

D．你很生气，不理会他，不批假

9．你刚应聘到一家公司任职部门经理，上任不久，你了解到公司中原本有几个同事想担任部门经理，老板不同意，才招了你。对这几位同事，你会（　　）。

A．主动认识他们，了解他们的长处，争取与他们成为朋友

B．不理会这件事情，努力做好自己的工作

C．暗中打听，了解他们是否具有与自己进行竞争的实力

D．暗中打听，并找机会为难他们

10．你在听别人讲话时，总是会（　　）。

A．对别人的讲话表示感兴趣，记住对方所讲的要点

B．请对方说出问题的重点

C．当对方老是讲些没必要的话时，立即打断他

D．当对方不知所云时，感到很烦躁，想或做别的事

计分方法：

1～4 题选 A 得 1 分，选 B 得 2 分，选 C 得 3 分，选 D 得 4 分；
其余各题选 A 得 4 分，选 B 得 3 分，选 C 得 2 分，选 D 得 1 分；
将 10 道测试题的得分加起来就是总分。

自我认知测试结果分析

知识巩固与训练

一、简答题

1．与领导进行沟通应该遵循哪些原则？

2．如何向领导进行请示与汇报？

3．如何与同事进行沟通？

4．如何与下属进行沟通？

5．如果你是一位职场新人，请谈谈应如何与领导和同事们进行沟通。

二、实践题

1．作为大学生，应为走向社会做好准备。从你的暑期打工经历或从朋友那里收集一些在职场中与领导、下属和同事沟通的经验，在课堂上讲给同学们听。

2．从老师与学生、同事、领导的沟通中体会：①领导应如何与下属沟通；②同事之间应如何沟通；③下属应如何与领导沟通。

3．设想自己在实习时或大学毕业后来到一个新的工作环境，面对初次见面的领导和同事，应该说的话和说话的技巧。

案例分析题原文

三、案例分析题

扫描二维码，阅读案例原文，然后回答每个案例后面的问题。

第六章 Chapter 6 仪容礼仪

学习目标

结合自身特点修饰、美化自己的仪容；结合自身特点选择适合自己的发型；科学地护肤；能熟练地化出得体的妆容；能够进行手部修饰。

引导案例

换 妆

吴菲是某高校文秘专业的高材生，毕业后在一家公司做文员。为适应工作需要，上班时，她毅然放弃了“清纯少女妆”，化起了整洁、漂亮、端庄的“白领丽人妆”：不脱妆的粉底，修饰自然、稍带棱角的眉毛，与服装色系搭配的灰度高、偏浅色的眼影，紧贴上睫毛根部描绘的灰棕色眼线，黑色自然型睫毛，以及明艳的唇色。虽化了妆，却好似没有化妆，整个妆容清爽自然，尽显她自信、成熟、干练的气质。但在公休日，吴菲又给自己来了一个“大变脸”，化起了久违的“清纯少女妆”：粉蓝或粉绿、粉红、粉黄、粉白等颜色的眼影，彩色的睫毛膏和眼线，粉红色或粉橘色的腮红，自然的唇彩或唇釉。她看上去娇嫩欲滴，鲜亮淡雅，让人倍感轻松。

一年来，吴菲以得体的外在形象、端正的工作态度和骄人的业绩，赢得了公司同事的好评。

问题：

1．吴菲为什么要“换妆”？

2．仪容礼仪对个人形象的塑造有何作用？

微视频
商务礼仪之仪容礼仪

仪容礼仪、着装礼仪和仪态礼仪共同构成个人礼仪。个人礼仪就是指一个人在人际交往中，在面部表情、梳妆打扮、着装修饰、举手投足等方面应遵循的行为规范。个人礼仪是个人道德品质、文化修养、教养良知等精神内涵的外在表现。人们在日常生活中必须时刻注意仪容礼仪。在人际交往中，仪容礼仪不但可以树立良好的个人形象，表现出一个人的精神风貌和内在修养，给人留下良好的第一印象，而且决定了交往的人群类别。仪容礼仪无疑是一个指向标，指向每个人交往的特定人群。

仪容礼仪应遵循的原则如下。第一，整体和谐。当美的仪容、美的仪表、美的仪态融为一体时，个体就会散发出绚丽的美之光华。第二，自然大方。不修边幅、扭捏作态、浓妆艳抹，会让他人反感，唯有自然大方的举止、得体的装扮才会令人赏心悦目。第三，扬长避短。人无完人，每个人的外观都有不尽如人意的地方，但我们可以扬长避短，寻求完善，追求完美。

在社交过程中，交往对象对个体的好恶亲疏，往往来自其在见面之初对对方仪容的基本印象，这种对他人仪容的观感除了会产生先入为主的影响之外，其作用可谓大矣。日本松下电器产业株式会社创始人松下幸之助一次到银座的一家理发厅去理发，理发师对他说：“你毫不重视修饰自己的容貌，就好像把产品弄脏了一样，你作为公司代表都如此，产品还会有销路吗？”一席话说得他无言以对，之后他接受了理发师的建议，十分注意自己的仪表，可见仪容礼仪的巨大作用。

小故事

尼克松因何败北

1960 年 9 月，尼克松和肯尼迪在全美的电视观众面前，进行他们竞选总统的第一次辩论。当时，这两个人的名望和才能大体相当，可谓棋逢对手，但尼克松素以经验丰富的“电视演员”著称，大多数评论员预料他可以击败缺乏电视演讲经验的肯尼迪。但结果并非如此，为什么呢？肯尼迪事先进行了练习和彩排，还专门跑到海滩晒太阳，养精蓄锐。当他在电视屏幕上出现时，精神焕发，满面红光，挥洒自如。而尼克松没有听从导演的规劝，加之那一阵十分劳累，更失策的是面部化妆用了颜色较深的粉底，因而在屏幕上他显得精神疲惫，表情痛苦。正如一位历史学家所形容的那样：“他让全世界看来，好像是一个不爱刮胡子和出汗过多的人正带着忧郁感等待着电视广告告诉他怎样才不会失礼。”

【点评】在总统竞选中，肯尼迪反败为胜，仪容在其中发挥了重要作用。仪容礼仪是个人礼仪的重要组成部分，它的重要性不可忽视。我们每个人都应该精心地修饰打扮自己的仪容，给人留下良好的第一印象，以便更好地进行社会交往。一般来讲，第一印象很难改变，而仪容是影响第一印象的重要因素，所以，掌握正确的仪容礼仪至关重要。

一个人的仪容大体上受两大因素左右。其一是本人的先天条件。一个人的相貌如何，主要受制于血缘遗传。不管一个人是“天生丽质难自弃”，还是相貌平平，实际上一降生到人世便已“注定”，其后的发展变化往往不会相去甚远。其二是本人的修饰维护。每个人的先天条件固然重要，然而这并不意味着一个在仪容方面先天条件优越的人，可以过分地自恃其长，而不进行任何后天的修饰与维护。事实上，修饰与维护对于仪容的优劣起着很大的作用。在任何情况下，一个正常人倘若不注意对自己的仪容进行合乎常规的修饰与维护，往往在他人的心目中也难有良好的个人形象。所以，我们在平时必须对自己的仪容进行必要的修饰与维护，做到“内正其心，外正其容”。

微视频
礼仪之仪容仪表

第一节　讲究仪容卫生

礼仪之始，在于正容体、齐颜色、顺辞令。

——《礼记·冠义》

个人卫生可以反映社会的文明程度，体现社会风尚。讲究仪容卫生，要求做到干净整洁，这是现代人对仪容的基本要求。那么，如何做到仪容干净整洁呢？最重要的是坚持不懈地进行以下修饰工作。

一、坚持洗澡、洗脸

洗澡可以去除身上的尘土、油垢和汗味，并且使人精神焕发。如果有条件要常洗澡，在参加重大礼仪活动之前还要加洗一次。若脸上常有灰尘、污垢等，难免会让人觉得此人又懒又脏。所以，除了早上起床后、晚上睡觉前洗脸之外，一天当中的其他时间也要注意勤洗脸。

视野拓展

正确的洗脸方法

取适量洁面乳分别点在下巴、鼻尖、额头、脸颊，用中指和无名指轻轻地从下巴开始洗：从下巴至耳根→从嘴角至耳中→从鼻翼至太阳穴→从眉心至太阳穴→从眉心至鼻尖→从眼睛沿眉心到眉尾再到眼角画圈→在嘴角周围画括号，这样才能把脸上的脏污清洗干净，洗完以后要用温水冲洗干净。

二、注意手部、口腔卫生

1. 保持手部卫生

手是与外界直接接触最多的一个部位，它最容易沾染脏污，所以，必须勤洗手。除饭前、便后外，还要在一切有必要的时候洗手。此外，还要常剪手指甲，不要留长指甲，因为它不但不太美观，还会藏污纳垢，给人留下不讲卫生的印象。手指甲的长度以不超过手指指尖为宜。

微视频
赢在职场，礼仪先行——仪容礼仪

洗手要遵守规范，不是用水随便冲一下就可以的。其规范包括以下内容。

（1）用清水冲洗双手，在手上均匀涂抹洗手液或肥皂。
（2）掌心相对，手指并拢相互摩擦。
（3）手心对手背，沿指缝相互摩擦，双手交换进行。
（4）掌心相对，双手交叉，沿指缝摩擦。
（5）一手握另一手大拇指，旋转摩擦，双手交换进行。
（6）弯曲各手指关节，在另一手掌心旋转摩擦，双手交换进行。
（7）搓洗手腕，双手交换进行。
（8）用清水将双手彻底冲洗干净。
（9）用干毛巾或手纸擦干双手，或用干手机吹干双手。
（10）以擦手巾擦拭水龙头，或在水龙头上泼水冲洗干净后，再把水龙头关上。

2. 注意口腔卫生

坚持每天刷牙，消除口腔异味，保证口腔卫生，是非常有必要的。刷牙应坚持“三三原则”，即每天三餐后刷牙，每次刷唇颊面、舌面、咬合面三个面，每次刷三分钟。切勿用饮水漱口和咀嚼口香糖一类的方法来替代刷牙。此外，还要养成平日不吃生蒜、生葱和韭菜等带有刺激性气味的食物的良好习惯，以免在工作中说话“带味道”，使接近自己的人感到不适。

三、保持头发整洁

（1）清洗头发。只有经常洗头，方可确保头发不粘连、不板结，无发屑、无汗味。一般认为，每周应当清洗两至三次头发。

（2）修剪头发。与清洗头发一样，修剪头发同样需要定期进行。在正常情况下，通常应当每半个月左右修剪一次头发，至少也要确保每个月修剪一次头发，否则头发难有“秩序”可言。

（3）梳理头发。梳理头发是每天必做之事，而且每天应当不止梳理一次。按照常规，在下述情况下应自觉梳理头发：一是出门上班前；二是换装上岗前；三是摘下帽子时；四是下班回家时；五是其他有必要的时候。在梳理头发时，还有三点应注意。一是梳理头发不宜当众进行。作为私人事务，梳理头发时应当避开他人。二是梳理头发不宜直接用手，最好随身携带一把发梳，以便必要时梳理头发。不到万不得已，千万不要用手指代替发梳。三是断发、头屑不宜随手乱扔。梳理头发时，难免会产生少许断发、头屑等，随手乱扔是缺乏教养的表现。

视野拓展

保持脚部清洁和衣衫整洁

（1）保持脚部清洁。脚作为支撑人体的重要部位，每天都要运动。它会分泌大量汗液，为真菌的繁衍提供条件，如不及时清洗，往往就会导致各种脚部疾病，如脱皮、脚癣、脚部溃烂等。所以，平时要注意勤洗脚，还要擦护脚霜，并进行适当的保健按摩，美化脚部肌肤。要勤换鞋袜，保持鞋袜舒适干净，不要在公众场合脱鞋。

（2）保持衣衫整洁。要勤换内衣，外衣也要定期清洗、消毒。

训练营

洗手规范训练

训练目标：掌握洗手的要领，规范地洗手。

训练学时：半个学时。

训练地点：训练室。

训练准备：脸盆、毛巾、清洁纸巾、洗手液等。

训练方法：教师示范，学生分别进行练习。

第二节 注重规范妆容

世界上没有比快乐更能使人美丽的化妆品。

——布雷顿

职场女主的化妆礼仪有一定特殊性，规范妆容应从以下几个方面入手。

一、护肤得法

健康人的皮肤具有光泽，且质地柔软、细腻洁净、富有弹性；而当人处于病中或衰老状态时，其皮肤就会失去光泽、弹性，出现皱纹或色斑。对皮肤进行经常性的护理和保养，有助于保持皮肤的青春活力。

1. 分类型保养

皮肤一般可分为干性皮肤、中性皮肤、油性皮肤和混合性皮肤。对不同类型的皮肤，需用不同的方法加以护理和保养。

（1）干性皮肤红白细嫩，油脂分泌较少，对外界的刺激十分敏感，极易出现色素沉着和皱纹。有些干性皮肤的人苦于自己的皮肤少了一些光泽，就使劲往脸上涂抹“提亮”的油脂类护肤品。殊不知，此举降低了皮肤的透气性。其实对于这类型的皮肤，每天在洗脸的时候，可以在水中加入少许蜂蜜，湿润整个面部，用手拍干。坚持一段时间，就能改善面部肌肤，使其光滑细腻。

（2）中性皮肤比较润泽细嫩，对外界的刺激不太敏感。这种皮肤比较易于护理，可以在晚上洗脸后，用热毛巾轻敷片刻。中性皮肤的保养要点是维持水油平衡。

（3）油性皮肤的毛孔粗大，易生痤疮等皮脂性皮肤病，但适应性强，不易出现皱纹。洗脸时可在热水中加入少许白醋，以便有效地去除皮肤上过多的油脂，使皮肤富有光泽和弹性。油性皮肤的保养要点是控制油脂分泌和保湿。

（4）混合性皮肤看起来很健康且质地光滑，但 T 形区（额头、鼻子、下巴部分）油脂分泌较多，而两颊及脸部的外缘有缺水的现象。混合性皮肤在护肤时可考虑分区护肤的方法，对干燥的部位除了更多地补水保养外，还可以适当使用一些营养成分较丰富的护肤品；对偏油的部分可以使用清爽的护肤品。混合性皮肤的保养要点是控制 T 形区的油脂分泌，消除两颊的缺水现象并注意保湿。

视野拓展

确定皮肤类型的简单方法

在早晨起床前，准备四张纸片，分别贴在额头、鼻子、两颊上，两分钟后揭下，放在亮处观察，就可以判断自己的皮肤类型。如果四张纸片都满纸油迹即为油性皮肤；如果四张纸片有极少油迹即为干性皮肤；如果额头、鼻子处有油迹，两颊几乎没有油迹，即为中性皮肤；如果额头、鼻子处有较多油迹，两颊没有油迹，则为混合性皮肤。

2. 合理饮食

合理饮食是维持健康的根本。人体需要多种养分，有了养分，皮肤才会焕发自然健康的美。因此，我们在日常生活中应注意饮食的多样化，多吃富含维生素的食物，少吃刺激性食物，保持吸收、消化系统的畅通。一项研究表明，美好容颜的养成，内在营养的作用占 80%，外在营养的作用占 20%。

3. 保持乐观情绪

乐观的情绪是最好的“护肤品”。俗话说“笑一笑，十年少”，笑是一种化学刺激的反应，它能激发人体的各个器官，尤其是头脑、内分泌系统的活动。笑的时候，脸部肌肉舒展，面部皮肤新陈代谢加快，可促进血液循环，增强皮肤弹性，起到美容的作用。经常笑能使面色红润，容光焕发，给人年轻健康的美感。

4. 保证睡眠质量

长期熬夜可引起血红蛋白含氧量降低，使皮肤营养缺乏，影响皮肤的新陈代谢，加速皮肤老化；睡眠不足会导致副交感神经兴奋，造成黑色素生成增加，皮肤出现色斑。睡眠充足后，能改善皮肤末梢的循环，清除皮肤毛细血管的淤滞，能充分供应皮肤组织细胞所需的营养，纠正和预防皮肤早衰。在睡眠中皮肤毛细血管循环增强，其分泌和清除过程加强，加快了皮肤的再生。同时睡眠时大脑皮层处于抑制状态，有助于消除疲劳、恢复精力，使皮肤光泽、红润。睡觉时应使卧室的温度、床垫和枕头的软硬，都满足自己入睡的要求。如有可能，特别是北方的冬季，可在室内装置加湿器，防止皮肤干裂。

5. 使皮肤滋润

皮肤的弹性和光泽是由含水量决定的，要使皮肤滋润，每天要保证喝 2 000 毫升左右的水。每天晚上临睡前饮一杯水，睡眠时，水分会融入细胞，为细胞所吸收。早晨起床后，也要饮一杯水，使肠胃畅通，使水分随血液循环分布全身，滋润皮肤。皮肤角质层也可以从体外吸收水分，因此保持环境的湿度适宜，选择有保湿成分的护肤品，是保持皮肤滋润的好方法。

6. 避免不良刺激

紫外线对皮肤有破坏作用，过度暴晒会使皮肤变黑、粗糙并出现皱纹，因此在紫外线太强的天气，要注意防晒。化妆时应化淡妆，不要浓妆艳抹，以减轻对皮肤的刺激。不要使用伪劣化妆品。

7. 按摩皮肤

按摩皮肤的具体方法是，两手掌相互摩擦发热后，由前额顺着脸周轻轻向下，双手按摩至下巴时，再向上按摩至前额，如此一上一下将面部的各处皮肤均按摩到，上下共 36 次，每天早晚洗脸后进行。按摩时手法要轻柔，不可过分用力。

总之，只有自觉地在日常生活中养成保养皮肤的习惯，才能使皮肤细腻、光滑、柔嫩、红润，富有弹性。

课堂互动

请你说说还有哪些护肤的好方法。

视野拓展

世界卫生组织的十项健康标准

（1）精力充沛，能从容不迫地应对日常生活和工作。

（2）处事乐观，态度积极，乐于承担责任。

（3）善于休息，睡眠质量良好。

（4）应变能力强，能适应外界环境的各种变化。

（5）能抵抗一般性疾病，如感冒等。

（6）保持标准体重，身材匀称，站立时头、肩、臂协调。

（7）反应敏捷、眼睛明亮，不发炎。

（8）牙齿完整，整洁、无龋齿、不疼痛；牙龈颜色正常，无出血现象。

（9）头发有光泽，无头皮屑。

（10）骨骼健康，肌肉丰满，皮肤有弹性，走路轻松。

二、化妆的原则、方法和禁忌

小案例

“百变公主”

小李是一名刚刚走上工作岗位的大学毕业生，对新的职场生活充满了憧憬与期待。为了尽快地融入职场，她在家人的支持下添置了不少“行头”，有职业装、化妆品、配饰等，可是每天早上上班前化妆是让她感到最痛苦的事情，一是花费的时间长，二是她根本不知道自己适合什么样的妆容，每次都弄得很花，有时自己也会感觉很尴尬。有一次她还被一名男同事笑话是“百变公主”。还有一次她使用了咖啡色的眼影，吓坏了同事。她自己也很苦恼，本来想用深色眼影让自己的脸看起来立体感更强，为什么却适得其反了呢？

【点评】化妆是一门很需要技巧和可操作性很强的事情，需要多加练习才能得心应手。每个人化妆的手法可能不一样，但总体原则是一样的，那就是妆容要适合自己。

1. 化妆的原则

化妆必须坚持以下三个原则。

（1）美化原则。每一个化妆的人都希望化妆能使自己变得更美丽，但事实上，有些人以为把各种色彩涂抹在脸的相应部位自己就会变美了，这是错误的。我们看到许多幼儿园的孩子被老师化得脸上一团红、眼睛一团黑，变得又凶又老气，使孩子的天真可爱荡然无存，这样化妆不是变美了，而是变丑了。因此，美化的原则是从最终效果上来说的。要通过化妆变美，首先必须了解自己脸部的特点，还要弄清楚怎样化妆才能扬长避短，使自己的容貌更迷人。化妆要在把握个人脸部的特征和正确的审美观的指导下进行。

小案例

李霞，你过得好吗？

今天是李霞大学毕业20周年聚会的日子。李霞在毕业后就再也没有见过任何一位同学。对于今天的同学聚会，李霞非常激动。平时不怎么化妆的她觉得应该好好地打扮打扮。于是她涂上厚厚的粉底，抹上深紫色的口红和深蓝色的眼影，兴高采烈地来到聚会地点。当她出现在同学们面前时，同学们都大吃一惊，有的同学还走过来关切地问她是否过得不如意，说她看起来脸色不好，充满了沧桑感。她的心情一下就降到了冰点，她纳闷同学们莫名的惊讶与关心，因为她觉得自己过得很好。

【点评】自然的富有美感的妆容使人的面目真实生动，更显精神。缺乏美感的妆容则会使人显得虚假而呆板，缺少生命力，充满沧桑感，这正是李霞的老同学感到惊讶和关心她的原因。

（2）自然原则。自然是化妆的生命，能使化妆后的脸看起来真实而生动，而不是一个呆板生硬的面具。化妆失去了自然的效果，就会显得虚假，虚假的东西就不具有生命力和美感了。自然的化妆要依赖正确的化妆技巧、合适的化妆品；要一丝不苟、井井有条；要讲究过渡、体现层次；要点面到位、浓淡相宜。化妆时如果不讲究艺术技法，乱来一气，敷衍了事，片面追求速度，就会使妆容不自然。

视野拓展

生命的化妆

作家林清玄在《生命的化妆》这篇文章里引用了一位专业化妆师的评述："最高明的化妆术，是经过非常考究的化妆，让人家看起来好像没有化过妆一样，并且这化出来的妆与主人的身份匹配，能自然地表现那个人的个性与气质。次级的化妆是把人凸显出来，让她醒目，引起众人的注意。拙劣的化妆是一站出来别人就发现她化了很浓的妆，而这妆是为了掩盖她的缺点或年龄的。最坏的一种化妆，是化过妆以后扭曲了自己的个性，又失去了五官的协调，例如小眼睛的人竟化了浓眉，大脸蛋的人竟化了白脸，阔嘴的人竟化了红唇……"

（3）协调原则。协调原则包括以下几个方面的内容。

① 妆面协调。妆面协调是指妆容的色彩搭配、浓淡协调，所化的妆应根据个人脸部的个性特点进行整体设计。

微视频
一汽大众的仪容规范

② 全身协调。全身协调是指脸部妆容还必须与发型、服装、饰物协调，如穿大红色的衣服或搭配大红色的饰物时，口红可以用大红色的，以求取得完美的整体效果。

③ 身份协调。身份协调是指化妆时要考虑自己的职业特点和身份，采用不同的化妆手段和化妆品。如作为职业人士，应注意化妆后体现出端庄稳重的气质；专门从事关系协调的从业人员露面的机会多，与人打交道频繁，要表现出一定的人际魅力。妆容不能太艳俗或太单调，而应浓淡相宜，符合人们共同的审美标准。

④ 场合协调。场合协调是指妆容要与所处的场合气氛协调一致。日常办公，妆可以化得淡一些；出入宴会、舞会等场合，妆可以化得浓一些，尤其是参加舞会，妆可以化得亮丽一些。为不同的场合化不同的妆，不仅会使化妆者内心保持平衡，也能使其更快融入环境。

视野拓展

常见的妆容造型的特点

（1）端庄型——稳重、大方、清秀，双颊、双唇在脸上形成倒三角形。

（2）文秀型——文静、娇柔，强调柔和、透明、粉嫩，一般选择松散、多卷的发型，不强调脸上的某一部分，以表现清纯秀气为主。

（3）自然型——自然、随意、洒脱，不刻意修饰，但应强调眉毛、眼睛及发型的洒脱、新潮。

（4）华丽型——典雅、高贵，强调眼睛和嘴唇的颜色艳丽华贵，多变幻。

2. 化妆的方法

化妆前要认真掌握化妆的方法。化妆大体上可分为上粉底、画眼线、施眼影、描眉形、上腮红、涂唇彩、喷香水等步骤。每个步骤均有一定之法，必须认真遵守，讲求化妆的规范。化妆的操作程序与要求如表 6.1 所示。

表 6.1　化妆的操作程序与要求

步骤	目的	操作要点	注意事项
1. 上粉底	调整面部肤色，使之柔和美丽	① 选择粉底霜 ② 用海绵蘸取适量粉底霜，细致均匀地涂抹	① 粉底霜与肤色的差别不宜过大 ② 一定要在颈部上粉底，以免面部与颈部“泾渭分明”
2. 画眼线	使眼神生动有神，并且更有光泽	① 笔法为先粗后细，由浓而淡 ② 上眼线从内眼角向外眼角画 ③ 下眼线从外眼角向内眼角画	① 一气呵成，生动而不呆板 ② 上下眼线不可在外眼角处交会
3. 施眼影	增强面部立体感，使双眼明亮有神	① 选择与个人肤色适合的眼影 ② 由浅至深，表现出眼影的层次感	① 眼影色彩不宜过分鲜艳 ② 工作妆应选用浅咖啡色眼影
4. 描眉形	突出或改善个人眉形以衬托容貌	① 修眉，拔除杂乱无序的眉毛 ② 具体描眉形	① 使眉毛具有立体感 ② 眉头淡、眉毛浓，上边浅、下边深
5. 上腮红	使面颊更加红润，轮廓更加优美，显示健康活力	① 选择适宜的腮红 ② 延展晕染腮红 ③ 扑粉定妆	① 腮红与唇膏或眼影应属于同一色系 ② 腮红与面部肤色过渡自然
6. 涂唇彩	改变不理想的唇形，使双唇更加娇媚	① 以唇线笔描好唇线 ② 涂好唇彩 ③ 用纸巾擦去多余的唇彩	① 先描上唇，后描下唇，从左右两侧沿唇部轮廓向中间画 ② 涂完后检查一下牙齿上有无唇彩
7. 喷香水	掩盖不雅体味，清香怡人	① 选择适宜的香水类型 ② 喷涂于腕部、耳后、颌下、膝后等处	① 切勿使用过量 ② 香水气味应淡雅清新

课堂互动

某公司行政助理小洁，看到同事们很注重自己的仪容，她也开始留心起来。她有一双丹凤眼，很有古典美，但她想让自己的双眼看起来大一些。如果你是小洁的同事，你应如何帮她画出一双水汪汪的明亮大眼呢？

视野拓展

化妆水介绍

化妆水是爽肤水、紧肤水、调理水、柔肤水和洁肤水的统称。

（1）爽肤水。爽肤水涂抹的感觉比较清爽，能为皮肤补充水分。

（2）紧肤水，也称收敛水。紧肤水最大的功效在于收紧毛孔，有效控制油脂分泌。紧肤水针对需要收敛毛孔的油性皮肤或混合性皮肤的T形区设计，干性皮肤和中性皮肤并不适用，因为它通常含有酒精。

（3）调理水。调理水的作用是调整皮肤的酸碱值，皮肤在正常状态下呈弱酸性，洗完脸后，用调理水可将皮肤恢复到弱酸性状态。

（4）柔肤水。与上面的几种化妆水比较，柔肤水比较滋润，能给予肌肤细致的呵护，还可以软化角质层，增强皮肤吸收护肤品的能力。

（5）洁肤水。除了洗脸可以清洁皮肤之外，洁肤水也能清洁脸部的残余污垢。

购买化妆水的时候大体可以这样区分：油性皮肤使用紧肤水，中性皮肤使用爽肤水，干性皮肤使用柔肤水。对于混合性皮肤来说，T形区使用紧肤水，其他部位使用柔肤水或爽肤水皆可。

完成化妆后要进行妆后检查。一是检查左右是否对称。眼、眉、腮、唇、鼻侧等的形状、长短、大小、弧度是否对称，色彩浓淡是否一致。二是检查过渡是否自然。脸与脖子、鼻梁与鼻翼、腮红与脸色、眼影、阴影层次等过渡是否自然。三是检查整体与局部是否协调。各局部是否有缺漏，是否符合整体要求，是否达到了应有的效果，整个妆面是否协调统一。四是检查整体是否完美。化妆忌将脸部贴近镜子检查。虽然这样可以看清细小的部分，但一般人是在一米之外的距离与你面谈或打招呼。所以要在镜前大约50厘米处审视自己，以便对脸部整体的妆容作出正确的判断。

眉毛很重要，根据发色画眉毛，不要太黑
粉嫩的腮红，采用打圈式画法，甜美可爱
唇部颜色清新，很适合夏天
图6.1　化妆成功示例

化妆成功示例如图6.1所示。

视野拓展

如何卸妆

（1）卸除睫毛膏。如果你戴了假睫毛或隐形眼镜，首先一定要先将其取下。将化妆棉用眼部专用卸妆液润湿后对折，闭上双眼，两手各用两根手指将化妆棉压住眼睫毛，夹紧包住，注意，睫毛根部也不要忽略。等待三至五秒后，化妆棉上的眼部专用卸妆液会将睫毛上的睫毛膏溶解，然后轻轻将化妆棉往前拉出，以便顺势将溶解的睫毛膏拭去。通常睫毛膏无法一次性完全去除，你可以用新的化妆棉将上述步骤重复一次，直至完全清除。

（2）卸除眼影及眼线。取一片化妆棉，同样以眼部专用卸妆液将其润湿。闭上眼，用食指、中指与无名指夹紧化妆棉，覆盖于眼皮上两三秒。然后将化妆棉轻轻地往眼尾方向拉，以顺势拭去眼皮上的眼影。如果因为使用了防水眼线而没有去除干净，可重复一次。

（3）卸除不沾杯唇膏。用面纸按压嘴唇，吸走唇膏里的油脂。将两片蘸满卸妆液的化妆棉叠在一起轻敷于嘴唇上，微笑使唇部肌肤舒展。由外围向唇部中心垂直卸除，不要来回搓。张开嘴，将棉片对折，清理残妆。

如何卸妆

（4）卸除底妆。将卸妆产品适量涂抹于脸部，用指腹轻轻按摩脸部，让卸妆产品将脸上的底妆充分溶解。卸妆时要注意细小的地方，如鼻梁两侧、嘴角、发际线等处都要彻底卸除。用面纸擦拭脸部，如果一次卸不干净，可重复一次。

小幽默

化妆不难

阿美买了一堆化妆品，她看着网上的使用教程，不禁感叹道：“步骤这么多，也太难记了吧！”

老公走过来看了看，说：“这还不简单？先洒水，后防水，再做隔离，最后刷白，这么一来，底子再粗糙也看不到了。”

阿美听了赞叹道：“老公，你真厉害！”老公把嘴一撇，说：“你忘了，我是干装修的，这跟刷墙一个道理嘛！”

3. 化妆的禁忌

小贴士
女性化妆十不宜

化妆的禁忌主要包括以下几个方面。

（1）切忌在公共场合化妆。在众目睽睽之下化妆是非常失礼的，这样做不仅会妨碍别人，也不尊重自己。

（2）女性不宜当着男性的面化妆。如何让自己更加妩媚是女性的私人问题，即便是丈夫或男朋友，这点距离也是要保持的，从某种意义上来说，“距离”产生美。

（3）不能议论他人的妆容。由于个人文化修养、皮肤类型等的差异，每个人对化妆的要求及审美观是不一样的，不要认为只有自己的妆容才是最好的。在和他人交往的过程中，即便是好朋友，也不要主动为别人化妆、改妆及修饰，这样做就是强人所难和热情过度。

（4）不要借用别人的化妆品。如确实忘了带化妆品而又需要化妆，在这种情况下除非别人主动向你提供方便，否则千万不要随意使用别人的化妆品，因为这是极不卫生的，也是很不礼貌的。

注意：目前，男性的化妆品越来越多，但男女有别。男性不宜使用过多的化妆品，否则会给他人留下不良印象。

微视频
仪容仪表对同事的影响

三、不同脸型的妆容

化妆一方面要突出脸部最美的部位，使其更加美丽；另一方面也要掩盖或矫正缺陷或不足的部位。经过化妆品修饰的美有两种：一种是趋于自然的美，一种是艳丽的美。前者是通过恰当的淡妆实现的，它给人以大方、悦目、清新的感觉，适合在家或平时上班时使用。后者是通过浓妆实现的，它给人以庄重、高贵的印象，可用在晚宴、演出等特殊的社交场合。无论是淡妆还是浓妆，都要恰当地使用化妆品，以达到美化形象的目的。

1. 椭圆形脸的妆容

椭圆形脸是公认的理想脸型，化妆时宜注意保持其自然形状，突出其可爱之处，不必通过化妆改变脸型。

涂腮红时，应涂在颊部颧骨的最高处，再向上、向外揉开。

涂唇膏时，除唇形有缺陷外，应尽量按自然唇形涂抹。

修眉毛时，可顺着眼睛的轮廓修成弧形，眉头应与内眼角对齐，眉尾可略超过外眼角。

因为椭圆形脸不需要太多修饰，所以化妆时一定要找出脸部最动人、最美丽的部位予以突出，以免给人留下平平淡淡、毫无特点的印象。

2. 长形脸的妆容

长形脸的人在化妆时力求达到的效果应是增加面部的宽度。

涂腮红时，应注意离鼻子稍远些，在视觉上拉宽面部。涂抹时，可在颧骨的最高处与太阳穴下方所构成的曲线部位，向外、向上揉开。

涂唇膏时，依自己的唇形涂成自然的样子，修改不宜过大。

打粉底时，若双颊下陷或者额部窄小，应在双颊和额部用浅色调的粉底霜，通过形成光影，使双颊和额部变得丰满一些。

修眉毛时，应使其呈弧形，切不可修成有棱有角的眉毛。眉毛的位置不宜太高，眉尾切忌高翘。

3. 圆形脸的妆容

圆形脸给人可爱、玲珑之感，若要修正为椭圆形并不困难。

涂腮红时，可从颧骨涂至下颌，注意不能简单地在颧骨最高处涂成圆形。

涂唇膏时，可在上嘴唇涂成浅浅的M形，不能涂成圆形的小嘴状，以免给人圆上加圆之感。

打粉底时，可在两颊"造"阴影，使圆形脸"瘦"一点。选用深色调粉底霜，沿额头从靠近发际线处向下涂抹，至颧骨部位下可稍加大涂抹的面积，使脸部亮度自颧骨以下逐步集中于鼻子、嘴唇、下巴附近。

修眉毛时，可修成自然的弧形，可作少许弯曲，不可太平直或太有棱角，也不可过于弯曲。

4. 方形脸的妆容

方形脸的人以颧骨突出为特点，因而在化妆时要设法掩饰，增强脸部的柔和感。

涂腮红时，宜涂抹得与眼部平行，切忌涂在颧骨最高处，可抹在颧骨下方并向外揉开。

涂唇膏时，可涂得丰满一些，强调柔和感。

打粉底时，可用深色调粉底霜在颧骨最高处"造"阴影，令其存在感减弱。下颌宜用大面积的深色调粉底膏"造"阴影，以调整脸部轮廓。

修眉毛时，应修得稍宽一些，眉形可稍稍弯曲，不宜太有棱角。

5. 三角形脸的妆容

三角形脸的特点是额部较窄而两腮较宽，整个脸部呈上小下大状。化妆时应将下部的宽角"削"去，把脸型变为椭圆形。

涂腮红时，可从外眼角处起向下抹涂，"拉宽"脸部的上半部分。

涂唇膏时，注意使唇角稍向上翘，唇形可适当外扩。

打粉底时，可用深色调粉底霜在两腮部位涂抹。

修眉毛时，宜保持自然状态，不可太平直或太弯曲。

6. 倒三角形脸的妆容

倒三角形脸的特点是额部较宽大而两腮较窄小，呈上宽下窄状。人们常说的"瓜子脸""心形脸"即指这种脸型。此种脸型化妆时的诀窍与三角形脸相似，需要修饰的部分则正好相反。

涂腮红时，应涂在颧骨最高处，而后向上、向外揉开。

涂唇膏时，宜用稍亮的唇膏以增强柔和感，宜涂得饱满一些。

打粉底时，可用深色调的粉底霜涂在过宽的额头两侧，而用浅色调的粉底霜涂抹在两腮及下巴处，以掩饰上部、突出下部。

修眉毛时，应顺着眼部轮廓修成自然的眉形，眉尾不可上翘，描眉时从眉心到眉尾宜由深至浅。

课堂互动

根据自己的脸型、五官特征和皮肤状态，确定自己化妆时需要修饰的部分，并谈谈相应的化妆方法。

训练营

举行“仪容形象设计展示会”

训练目的：综合运用仪容设计的知识和技巧，提高个人仪容设计的基本技能。

训练学时：2 学时。

训练地点：训练室。

训练准备：棉片、粉底霜、腮红、眼影、眉笔、唇彩、香水等。

训练方法：

（1）将全班学生分组，两人一组，要求学生根据所学的仪容礼仪知识，互相化妆，扬长避短，打造出最美的妆容；

（2）在课堂上分组进行形象展示，由学生互评，要求从面部妆容方面进行重点评价；

（3）由教师进行总结评价，重点指出各组存在的问题；

（4）全班学生评出最佳妆容。

第三节 掌握饰发要领

君子之修身也，内正其心，外正其容。

——欧阳修

小案例

气质魅力从头开始

某集团公司的卫董事长有一次要接受电视台的采访。为了郑重起见，事前卫董事长特意向一位个人形象设计师咨询，有无特别需要注意的事项。对方仅向卫董事长提了一项建议：换一个较为儒雅而精神的发型，并且一定要剃去鬓角。对方的理由是，发型对一个人的上镜效果影响巨大。果然，改换了发型之后的卫董事长在电视上亮相时，形象焕然一新。他的发型显得他精明能干，他的谈吐显得他沉着稳健，两者相辅相成，令观众们纷纷为之倾倒。

【点评】发型是仪容的重要组成部分，对塑造一个人的整体形象起着重要作用。卫董事长换了发型就带给人不同的视觉感受，气场也发生了很大的变化，正所谓“气质魅力从头开始”。

发型是构成仪容的重要内容。美观的发型能给人一种整洁、庄重、洒脱、文雅、活泼的感觉。发型的选择要与性别、发质、服装、身材、脸型等相匹配，还要与自己的气质、职业、身份相吻合，这样才能扬长避短、和谐统一，展现出真正的美。图 6.2 所示是演员赫本的经典发型。饰发的要领主要包括以下几个方面。

图 6.2 演员赫本的经典发型

一、发型与发质

一般来说，直而硬的头发容易修剪整齐，设计发型时应尽量避免花样复杂，以修剪为主，做成简单而又高雅大方的发型。比如梳理成披肩长发，会给人一种飘逸秀美的悬垂美感；用大号发卷梳理成略卷的发型或梳成发髻等，会给人一种雍容、典雅的感觉。细而柔软的头发比较服帖、容易打理成形，可塑性强，适合做带有小卷的发型，显得蓬松自然；也可以做成俏丽的短发，能充分体现个性。

二、发型与身材

发型不仅具有在视觉上增加或减少身高的作用。发型、脸型和身材应该是和谐一致的。有时单看某一款发型很漂亮，与脸型和肤色都配合得很好，可是站起来一看就感到美中不足，原来是头发太短或太长，导致头身失衡，或头宽与身宽比例不相宜。根据人体美学测量学的研究，头身比为 1∶7.5～1∶8 时看起来最美。只有尽量靠近这一比例，发型才具有增加身材美或修补身材缺陷的作用。发型与身材的搭配大致有下列几种情况。

微视频
仪容教学

1. 身材矮小者的发型

身材矮小、脸型圆润会给人小巧玲珑之感，发型设计不宜破坏这种感觉。发型应以秀气、精致为主，避免粗犷、蓬松，否则会使头身比失调，给人产生头大身体小的感觉。烫发时应将花式做得小巧、精致一些，或者选用偏分的短发或中长发，短发显得轻快活泼，富有青春魅力。身材矮小者也不适宜留长发，因为长发会显得头大，破坏比例的协调性。留中长发时，可将发梢自然向里弯曲，任秀发自然飘逸。高耸的盘发可以在视觉上增加身高，但要视脸型或头长而定。

2. 身材矮胖者的发型

身材矮胖的人给人一种丰满健康、充满活力之感。发型要增强这种健康的美感，形成一种有生气的健康美，譬如运动式发型。此外应考虑弥补缺陷，身材矮胖者的脖子较短，不宜留披肩长发，不宜烫卷发，不宜让头发过于蓬松，应尽可能让头发向上发展，露出脖子以在视觉上增加高度；也可以盘发，或选择让头发向上蓬松发展的发型（也要依头身比而定）。

3. 身材高瘦者的发型

身材高瘦的人细长而单薄，显得头部较小。若要使头身比更协调，发型就要生动饱满，避免让头发紧贴头皮，或将头发弄得过分蓬松，造成头重脚轻的感觉。一般来说，身材高瘦者比较适宜留长发和直发，应避免将头发削剪得太短、太薄，或高盘于头顶。头发下端在下巴与锁骨之间较理想，且要使头发显得厚实、有分量。也可将长发盘在脑后，梳理成高雅的发髻，优雅而别致。发型的整体轮廓宜保持圆形或烫成波浪卷曲状。

4. 身材高胖者的发型

身材高胖的女性的发型一般应以直发为主，以长发或中长发、大波浪卷发为宜，即使做卷发也应服帖、紧凑，也可以盘发或剪成简单的短发。发型应线条流畅、大方，不要追求繁杂的花样，头发不要太蓬松。总的原则是简洁、明快。

另外，如果你肩宽臀窄，就应选择披肩发或下部蓬松的发型，以发盖肩，分散肩部的注意力；若颈部细长，可选择长发，不适宜剪短发，以免显得脖颈更长；若颈部短粗，则适宜选择中长发或短发，以分散颈部的注意力。

总之，必须根据自己的身材，选择一个适宜的发型。

三、发型与脸型

发型与脸型相宜的要点主要是突出优点和遮盖缺点，以达到美化脸部的目的。人的脸型根据几何图形来分，大致可分为椭圆形、圆形、方形、长形、三角形、倒三角形、菱形等七种。

1. 椭圆形脸的发型

椭圆形脸通常被认为是标准脸形，俗称“鸭蛋脸”，尤其是女性，拥有椭圆形脸能给人以高贵典雅的感觉。此脸型适合各种发型，但不宜过分复杂，原则上应选择自然简单的发型，以免弄巧成拙。

2. 圆形脸的发型

圆形脸的面部肌肉丰满、线条圆润，一般额部发际线生得低，下颌不长，给人以活泼年轻的印象，俗称“娃娃脸”。若留短发，发型应该顶部较蓬松，两侧略收紧，向椭圆形脸方向修饰；若留长发，应利用直线条“削减”两侧的宽度，颈部不妨多留一些头发，可以改变脸型过圆的印象。圆形脸最好将额头露出，这样可以使脸部看起来更瘦长。

3. 方形脸的发型

方形脸的特征是额部高而开阔，两腮突出，下颌较宽，面部方正，给人以刚毅顽强之感。其缺点是脸部线条太生硬，脸方而缺少柔和感。方形脸的发型要求自然柔和，才能中和生硬的线条，应使顶部的头发高而蓬松，两鬓收紧呈弧形，遮住方形额角造就圆润之感。

视野拓展

各种头型的特征

（1）长形头的顶部一般较尖，脸较长，额骨突出。

（2）圆形头的骨骼生长较均匀，肌肉丰满，头型圆润饱满。

（3）扁形头额骨不突出，枕骨平坦，后脑勺扁平，没有立体感。

4．长形脸的发型

长形脸的骨骼特点是上下宽度较窄，脸型过长，前额发际线生得较高，脸部肌肉不发达，下颌较宽、较长，给人以朴实的印象。设计发型时应将顶部头发压低，在脸部两侧多留一些头发，尽量以微弯的刘海遮住过高的额部，这样可以缩短脸部。两侧的头发应蓬松自然，略带波浪形，使脸部轮廓有椭圆感。如脸部面积较大，可将长发卷曲成大波浪，略微遮掩两侧面颊。

长形脸需要在头部两侧加宽、加厚发量。例如，头发较长的可以采用烫发方式进行蓬松处理，但顶部不要加高，否则会适得其反。

视野拓展

发型与额头、颧骨的配合

（1）低额头多见于圆形脸，应把前额的头发稍稍上梳，露出前额，拉长脸型。

（2）高额角可利用刘海或卷发遮住一部分前额，发梢应向下梳。

（3）宽额头可在太阳穴两侧做卷发，把前额的头发梳高；也可以将发梢从两侧向中间梳，用卷发盖住一部分额角；或者留刘海，把前额的发丝从中间分向两边，以自然的波浪线条遮盖宽的额头。

（4）窄额头应把头发沿两鬓向后梳，尽量露出两侧的太阳穴以在视觉上增加额头的宽度。如果有刘海或留卷发，不要让它延伸到太阳穴之前。

（5）高颧骨的脸型不宜留中分发型，两鬓的头发可向前梳，超过耳线，盖住颧骨，刘海可略长些。

5．三角形脸的发型

三角形脸有额窄腮宽、上小下大的特点，给人以持重、稳健的印象。与之搭配的发型应顶部收紧、圆润，略遮过窄的额部；两侧蓬松，线条柔和，遮住过宽的腮部，尽量修正上小下大的三角形形状。

6．倒三角形脸的发型

倒三角形脸与三角形脸的特点相反，其特点是额宽腮窄，轮廓呈倒三角形，给人以瘦小灵敏的感觉。该脸型若配上短发，会显得单薄，及肩的长度则较适合。若两颊太宽，可将两侧头发自然垂下，使过宽的两颊不至于太明显。顶部头发应略加高并收紧，前额可以采用中分方式略遮住额角，两侧头发应略蓬松，以减轻上大下小的倒三角形感觉。

7．菱形脸的发型

菱形脸又称“枣核形脸”。其特点是上额部和下颌部都狭小，颧骨部位较宽，呈菱形，给人以灵巧的感觉。其发型应放宽两头，收缩中间，顶部圆润，不能太高，耳上部两侧的头发应当蓬松一些，将大量头发放在颧骨之上，以起到平衡、柔化颧骨部位的作用，底部的发型也应该与整体相适应，两侧用弧形头发遮往额角，使面部轮廓略呈椭圆形。其适合的发型是略显凌乱的较为飘逸的发型。

视野拓展

用发型矫正面部缺陷的方法

（1）遮盖法。以头发组成适当的线条来弥补面部的不足，主要是在视觉上把原来比较突出而不够完美的部分遮住，淡化突出的部分。

（2）衬托法。将头顶和两侧的部分头发梳得蓬松或紧贴，以增大或减小某部分的块面，改变其轮廓。如圆形脸将顶发向上梳得高而挺，下颌两侧梳紧，脸型即有拉长感。若脸型扁平，发型的起伏就要大一些，以增强脸型的立体感等。

（3）填补法。利用头发或饰物来填补不足的部位。例如，头部有较塌的部分，可用扎蝴蝶结、戴发夹、戴插花或垫假发等方法来填补较塌的部分。

（4）增美法。脸型、肤色都很美时，则要求发型不能破坏自然美，而应该衬托或者增加自然美。

课堂互动

根据自己的脸型、头型、身材等要素，设计一款适合自己的发型。（学生可用软件制作发型图像，利用PPT进行解说和点评。）

四、美发的方法

爱美之心人皆有之。礼仪专家金正昆认为现代职业女性可采用以下四种方法来美发，使自己的发型端庄优雅、不落俗套。

1. 烫发

现代人运用物理或化学的方法，将头发做成各式各样的符合个人要求的形状的方法就叫作烫发。我们在烫发前，首先要对本人的年龄、职业、脸型、发质等因素进行综合的分析判断，再作出是否烫发以及烫何种式样的选择，切勿盲从。

2. 做发

人们用发油、发乳、发胶等美发用品，将头发塑造成各种形状，以达到显示个性的目的的方法称为做发。现代职业女性的发型不宜做得太夸张，应注重塑造端庄、稳重的良好职业形象。

小案例

毁了生意的“鸡窝头”

一个周五的晚上，几个好朋友为了给曹蒙庆祝生日，特意拉着他到理发店烫了个时髦的“鸡窝头”，然后又拉着他去一家知名的摇滚酒吧娱乐，直到凌晨四点，这帮朋友才各自回家睡觉。

早上八点，电话响了，曹蒙一接，原来是单位经理的电话，经理临时有事，让曹蒙代替他去和一个重要客户签合同，时间安排在上午九点。从曹蒙家到客户那里至少要花四十分钟，要是堵车就可能迟到。曹蒙不敢怠慢，赶紧起床，拿起一套西装穿上就出了门。

果然，曹蒙在去的路上遇上了堵车，还好他在最后几分钟里顺利赶到了客户那里。一见到曹蒙，客户的脸上便闪过耐人寻味的神色。客户先让曹蒙坐下，就去了隔壁房间。过了一会儿，客户对曹蒙说：“这样，我看今天这个合同就暂时别签了，咱们以后再约时间，好吧？麻烦你跑了一趟，请你先回去吧！”

曹蒙觉得莫名其妙，却又不便追问，只得怏怏地回去了。随后，曹蒙接到了经理的电话，问他怎么顶着一个“鸡窝头”就去了，客户还以为他是个小混混，吓了一跳，签合同的事情也就暂缓了。

【点评】个人的发型不仅体现其素质和修养，还代表了公司的形象和品位。因此，掌握美发的方法，对头发进行适当的美化是十分有必要的。

3. 染发

现代人比较崇尚潮流，喜欢将自己的头发染上各种颜色，以突出个人的兴趣爱好和个性特点。

现代职业女性染黑发无可厚非，除此之外，一般不适宜将头发颜色染得太夸张。如果年轻的职业女性一定要将头发染成其他颜色，可选择栗色、酒红色、咖啡色等颜色，这样既可显示活泼和有个性，又不失大方高雅。

4．戴假发

头发有先天的或者后天缺陷的人，可选择戴假发来遮盖这些缺陷。假发的使用也要考虑个人的年龄、职业、身材、肤色等因素，既不能夸张，也不要俗气。使用假发时要注意选择仿真度较高、质量较好的，切不可贪图便宜而使用那些质量差的假发。

我们只有“从头做起”，才能真正地通过发型向他人传递自己的性格爱好、文化修养等信息，也才能使自己的职业形象从头开始自然、和谐。

视野拓展

青年的发型

青年的发型要新颖、活泼和时尚，有时代感，表现出青年朝气蓬勃和活泼向上的个性特点。直发、卷发等发型均可。

青年适合的发型比较多，如飘逸大方的长直发或层次分明的短发，会显得充满青春活力；麦穗、编发、“狼奔头”等发型也不错，能展现青年对时尚的追求。

（1）直发。直发指没有经过卷烫，只通过修剪成形的头发样式，基本保持着头发的自然状态。直发有普通直发、短碎发、中碎发、长碎发几种发型。直发具有清新自然、容易护理、流畅爽快、富有活力的特点，很受年轻女孩的青睐。

（2）卷发。卷发指经过卷烫，头发呈卷曲状态的发型，卷发柔美、温和、委婉。现代青年女性流行将头发卷曲后使之自然下垂，显得飘逸、活泼、成熟大方。

课堂互动

今天天气很好，公司安排你去拜访一个重要的客户，为了洽谈成功，并给客户留下美好的第一印象，你打算在仪容方面多下些功夫。请谈一下你准备在哪些方面进行修饰。

训练营

发型的选择

训练目的：掌握选择发型的基本要领。

训练学时：1学时。

训练地点：教室。

训练方法：

（1）请几名学生上台展示自己的发型，并说明选择这种发型的理由，台下的学生予以点评并提出具体的发型建议；

（2）评选出三个最佳发型；

（3）教师进行总结。

第四节　注重手部修饰

在现代社交活动中，我们会经常与人握手，做各种手势，所以健康美观的双手是不可忽视的。

一、护理指甲

与保持身体其他部位的健康一样，指甲也必须经常护理，才可保持健康。定期修剪指甲并去除指甲缝中的脏污，不仅可使之美观，而且可保持它们的健康。简单的手指按摩，可促进手指的血液循环，有利于营养和氧气输送至指甲。另外，女性可根据不同的需要，涂上不同颜色的指甲油以美化指甲。涂指甲油的步骤如下。

（1）用沾满洗甲水的棉片彻底除去原有的指甲油。

（2）将指尖浸在肥皂水中几分钟，舒缓手指。

（3）伸出双手，在每个指甲根部涂一点表层去除剂，两分钟后，用指甲钳轻轻地将指甲根部的皮肤向后推，直至显现指甲根部的半弯月。

（4）涂上底层护甲油，以使指甲油更加持久，而且可防止深色指甲油渗入指甲的缝隙中。

（5）涂指甲油时，每个指甲每层只需涂三下，先涂指甲中央，接着涂指甲两侧；待第一层指甲油干透后，再涂第二层。

（6）涂上表层护甲油。可在指尖的底部涂上护甲油，这样有助于防止指甲脆裂。

二、滋润双手

拥有一双好看的手是非常重要的。在与人握手时，在签字仪式上众目注视时，如果手非常漂亮，不仅可展现出自己的魅力，而且会让他人觉得非常舒服。因此平时要多多注意手部的保养。

手部肌肤的油脂腺较少，较身体的其他部位更易变得干燥，但又经常暴露于空气中。因此，细心呵护双手要注意以下几点：①每晚用滋润的护手霜按摩双手；②定期去除手上的死皮；③做家务时戴上手套；④可敷一些现成或自制的手膜。

自我认知测试

你是一个爱化妆的人吗？

你是一个爱化妆的人吗？可以来测一测。

如果最近上映了一部大片，里面有你很喜欢的演员，你会选择以什么方式观看这部大片呢？（　　）

A．用视频平台的会员账号在家看

B．买电影票去电影院看

C．买电影的原版书来看

D．在网上找免费的版本看

自我认知测试结果分析

知识巩固与训练

一、简答题

1．仪容卫生体现在哪些方面？

2．仪容修饰对个人形象的塑造有何重要意义？

3．你的皮肤属于哪种类型？它有什么特点？在保养方面要注意哪些要点？

4．化妆有哪些原则和禁忌？

5．发型的选择与哪些因素有关？应如何选择发型？

二、实践题

1．请用五分钟时间给自己化一个漂亮的工作妆。实际操作后，如果对结果不满意，要反复练习，直到取得满意的效果。

2．作为男士应如何保持仪容整洁？请每天早晨出门前对着镜子检查一下在个人卫生方面还有哪些需要改进。

3．搜集有关护肤品、化妆品的产品知识，学会选择适合自己的产品。

4．观看互联网上的视频短片，学习化妆方法和技巧。

5．根据自己的脸型、发质等，分析一下自己适合怎样的发型。

案例分析题原文

三、案例分析题

扫描二维码，阅读案例原文，然后回答每个案例后面的问题。

第七章 着装礼仪

Chapter 7

微视频
职场礼仪之着装

学习目标

根据自身特点以及交际场合等的不同，有针对性地选择合适的着装；男士能正确地进行西装的穿着，并能够熟练地打领带；女士能正确地进行套裙的穿着；着装注重和谐、色彩搭配合理。

引导案例

事与愿违的着装

郑伟是一家大型企业的总经理。有一次，他获悉一家著名的德国企业的董事长正在本市进行访问，并有寻求合作伙伴的意向。于是他想尽办法，请有关部门为他牵线搭桥。

让郑伟欣喜若狂的是，对方也有兴趣同他所在的企业进行合作，而且希望尽快与他会面。到了双方会面的那一天，郑伟对自己的形象进行了一番修饰。他根据自己对时尚的理解，上穿夹克衫，下穿牛仔裤，头戴棒球帽，足蹬旅游鞋。无疑，他希望自己能给对方留下精明强干、时尚新潮的印象。然而事与愿违，郑伟自我感觉良好的这一身时髦的“行头”，却偏偏坏了他的大事。

问题：

1．郑伟的着装有什么问题？

2．在社交中，我们为什么必须重视着装礼仪？

着装是一种无声的语言，它能透露一个人的个性、身份、涵养、经济状况、审美水平及心理状态等多种信息。在人际交往中，着装会直接影响别人对你的第一印象和对你个人形象的评价。得体规范的服装，可以更好地表现出对交际对象的尊重，反映出个人自身良好的素质和修养，进而展示出企业良好的精神面貌和较高的管理水平。

第一节　着装的基本要求

一个人的穿着打扮，就是他的教养、品位和地位的真实写照。

——[英]莎士比亚

一、着装的个性协调

所谓着装的个性协调，是指一个人的穿着要与他的年龄、体型、职业和所处的场合等相吻合，表现出一种和谐的美感，具体包括以下几方面的内容。

1. 着装要和年龄相协调

在着装上要注意自己的年龄，不管是青年人、中年人还是老年人，都有权利打扮自己，但是在打扮自己时要注意，不同年龄的人有不同的着装要求。年轻人的着装应鲜艳、活泼一些，这样可以充分体现出青年人的朝气和蓬勃向上的青春之美。而中、老年人的着装则要注意庄重、雅致、整洁，体现出成熟和稳重之感。无论是青年人、中年人，还是老年人，只要着装与年龄相协调，都能显现出独特的美。

2. 着装要与体型相协调

小贴士
穿衣的黄金法则

在现实生活中，并不是每个人的体型都十分标准，人们或多或少地存在着形体上的不完美或欠缺，或高或矮，或胖或瘦。若能根据自己的体型挑选合适的服装，扬长避短，则能实现服装美和人体美的和谐统一。

俗话说：“三分长相、七分打扮。”选择着装时要把握自己的体型特点，扬长避短，用服装弥补缺憾。具体应注意以下几点。

（1）体型较胖的人应该穿冷色调的、小花型的、质地较软的服装。因为粗呢、厚毛料、宽条绒等会在视觉上增大面积，使胖的人看起来更胖，给人一种笨重感。大花型面料有扩张的效果，暖色、明亮的颜色也有扩张感，这都是体型较胖者不宜选择的。

微视频
仪容与着装

（2）身材矮小的人宜穿单色服装，鞋、袜最好也与服装同色。如喜爱有花纹的服装，也可选择清雅小型花纹，衣领式样可选方领或 V 字领。裤子宜穿式样简单的传统西裤，显腿长。女士穿高跟鞋与颜色略深的丝袜，也能使双腿看上去较长，但不宜穿下摆有花纹的裙子。

（3）腰粗的人可选择剪裁自然、曲线不明显的服装，或选肩部较宽的衣服；不宜穿腰窄的裤子，或把上衣掖在裤子里面，以免使人特别注意你的腰部；不要穿有松紧带的裙子，以免看起来腰更粗。

微视频
销售着装礼仪

（4）腿型不佳的人可选择裙装与宽松的裤子。腿粗的女士可选择有蓬松感的裙子和宽大的裤子，不宜穿对褶裙，以免显得腿更粗；腿短的女士穿裙装时宜选高腰设计的裙装，并佩戴加宽腰带，长裤应与上装同色；O 形腿的人应避免穿紧身裤，可穿质地优良的长裤或八分裤。若想穿裙子，裙长应在膝盖以下。

3. 着装要和职业相协调

个人的着装除了要和自己的年龄、体型相协调之外，还要与自己的职业相协调。这一点非常重要，不同的职业有不同的着装要求。例如，教师、公务员一般要穿得庄重一些，不要打扮得过于妖艳，服装款式也不要过于怪异，这样可以给人留下一个良好的印象；医生的着装力求显得稳重和富有经验，一般不宜穿得过于时髦，给人以轻浮的感觉，这样不利于对病人进行治疗；青少年的着装要朴实、大方、整洁，不要显得过于成熟；而演员、艺术家则可以根据自己的职业特点，穿得时尚、随意一些。

小幽默

打　扮

一天晚上，丈夫穿着刚熨好的衬衫，站在镜子前打理头发。妻子感到莫名其妙，就问：“你穿这么正式，是要去哪里啊？”丈夫随口回答道：“我去钓鱼。”妻子听完，什么也没说，默默走进了卧室。二十分钟后，妻子穿着一袭晚礼服，妆容精致地从卧室走了出来。丈夫愕然，问：“你穿成这个样子，是要去哪儿啊？”妻子微微一笑说：“我回一趟老家，帮我妈栽土豆。”

二、着装的色彩搭配

英国女王伊丽莎白二世访问中国期间，走出机舱门的第一次亮相，穿的是正黄色西装套裙，戴的是正黄色帽子。这位女王本人喜欢红色和天蓝色，很少穿黄色衣服。但在我国几千年的历史中，黄色是皇帝的专用色。女王来中国访问穿正黄色，既表示尊重中国的传统习俗，又显示了她作为一国君主的高贵身份。可见，服装的色彩会留给人们深刻的印象，而且在很大程度上也是决定着装成败的关键所在。服装色彩对人的刺激最快速、最强烈、最深刻，所以被称为“服装之第一可视物”。一般来讲，不同的色彩代表的意义是不同的，因此，我们需要对色彩的象征意义有一定的了解。

微视频
商务着装礼仪

视野拓展

色彩的象征意义

黑色，象征神秘、悲哀、静寂、死亡，或者刚强、坚定、冷峻。

白色，象征纯洁、明亮、朴素、神圣、高雅、恬淡，或者空虚、无望。

黄色，象征炽热、光明、庄严、明丽、希望、高贵、权威。

大红色，象征活力、热烈、激情、奔放、喜庆、幸福、爱情。

粉红色，象征柔和、温馨、温情。

紫色，象征谦和、平静、沉稳、亲切。

绿色，象征生命、新鲜、青春、新生、自然、朝气。

浅蓝色，象征纯洁、清爽、文静、梦幻。

深蓝色，象征自信、沉静、平静、深邃。

灰色，是中间色，象征中立、和气、文雅。

人们在穿着服装时，在色彩的选择上既要考虑自己的个性、爱好、季节，又要兼顾他人的观感和所处的场合。明代卫泳在《缘饰》中说：“春服宜清，夏服宜爽，秋服宜雅，冬服宜艳；见客宜重装；远行宜淡服；花下宜素服；对雪宜丽服。”古人在服装方面的讲究值得我们借鉴。对一般人而言，关于服装的色彩，最重要的是掌握色彩的特性、搭配方法，以及正装的色彩这三个方面的知识。

1. 色彩的特性

色彩具有冷暖、轻重、缩扩等特性。

（1）色彩的冷暖。能使人产生温暖、热烈、兴奋之感的色彩为暖色，如红色、黄色；会使人有寒冷、抑制、平静之感的色彩为冷色，如蓝色、黑色、绿色。

（2）色彩的轻重。色彩的明暗变化程度称为色彩的明度。不同明度的色彩往往给人以轻重不同的感觉。色彩越浅，色彩的明度越高，使人有上升之感。色彩越深，色彩的明度越低，使人有下垂之感。因此人们平日的着装，通常讲究上浅下深。

（3）色彩的缩扩。不同色彩的波长给人带来的收缩或扩张的感觉也有所不同。一般来讲，冷色、深色为收缩色，暖色、浅色则为扩张色。运用到服装上，前者会显得人苗条，后者会显得人丰满。恰当地运用服装的色彩可使人扬长避短，而如果运用不当，则会出丑露怯。

2. 色彩的搭配方法

对于着装色彩的搭配方法，设计专家关洁总结了以下几种。

小贴士
上装和下装色相的和谐搭配

（1）统一法。统一为一种色调的着装色彩有时会制造出意想不到的效果。具体操作方法有两种。一种是从色量大者（面积色）着手，以此为基调色，依照顺序，由面积大至面积小一一配色；如先决定服装的基调色，再决定帽色、鞋色、袜色、手提包色等。另一种是从局部色、色量小者着手，然后以其为基础色，再研究整体的大量色。这种从局部入手的搭配，一定要有整体观念。着装色彩设计中的统一法，对小面积的饰物色彩也极为重视。表面上看，饰物色彩本是“身外之物”，与着装无直接的关系，但由于是“随身之物”，故与着装形象可构成统一的服饰艺术形象。如雨伞、背包、发饰、手帕等饰物，似乎可有可无，但当它单独摆在那里，即脱离着装以后，也可以产生独立的形象价值。高水平的着装设计，因整体考虑了服装与饰物组合后的色彩统一性，往往会带给人以美感。

（2）衬托法。衬托法在着装色彩设计中，主要是为了达到主题突出、主次分明、层次丰富的艺术效果。具体而言，它包含点、线、面的衬托，长短、大小的衬托，结构分割的衬托，冷暖、明暗的衬托，主次的衬托，动与静的衬托，简与繁的衬托，内衣浅、外衣深的衬托，等等。例如，上装为有色纹饰、下装为单色，或下装为有色纹饰、上装为单色的衬托的运用，会在艳丽、繁复与素雅、单纯的对比组合之中显示出秩序与节奏，从而起到以色彩的衬托来美化着装形象的作用。

（3）呼应法。呼应法是着装色彩搭配中能取得较好的艺术效果的一种方法。着装色彩中有上下呼应，也有内外呼应。任何色彩在整体着装设计上最好都不要单独出现，需要有同种色或同类色与其呼应。例如，服饰为玫红色，发结也可选用此色，以一点与一片呼应；裙子确定为藏蓝色，吊坠和耳饰可以用蓝宝石，以数点与一片呼应；项链、手表、戒指、腰带和鞋饰都用金色，可形成数点之间的彼此呼应；领带与西装外衣都是深灰色的，以小面与大面形成呼应。总之，使各方面形成呼应后，着装会紧密结合成统一的整体。

（4）点缀法。着装色彩搭配中的色彩点缀至关重要，它往往起着画龙点睛的作用。在素净的冷色调中点缀暖色调，会使服装色彩显得高雅而有生机。如穿蓝底黑花上衣和裙子，深蓝色内衣配上蓝色帽子，帽边镶黑色，再以金色项链和朱红鸡心宝石来点缀，显得格外高雅大方。一般来说，点缀之色所占面积不宜过大，能起到强调与画龙点睛的作用即可。

（5）协调法。协调法可以使对比强烈的色彩柔和、协调，起到微妙的联结作用。如穿红衣裙和红皮鞋，套上白色抽纱外衣，外面配上白色绢花，戴上白色耳环，手提白色皮包，以白色来缓冲红色，使红色因白色的淡化而变得柔和一些，显得艳而不俗、动中有静、典雅大方。

3. 正装的色彩

非正式场合所穿的服装，对色彩的要求不高，而正式场合穿着的服装，对其色彩却要多加注意。总体上要求将正装色彩控制在三种色彩之内。这样有助于保持风格统一，显得简洁、和谐。正装若超过三种色彩往往会给人以繁杂、低俗之感。正装颜色一般应为单色、深色，并且无图案。最标准的正装色彩是蓝色、灰色、棕色、黑色。衬衣的色彩宜为白色，皮鞋、袜子、公文包的色彩宜为深色（黑色最为常见）。

此外，着装者的肤色也影响着装的色彩搭配，浅黄色皮肤者，也就是我们所说的皮肤白净的人，对颜色的选择不那么挑剔，穿什么颜色的衣服都比较合适，尤其是穿不加配色的黑色衣裤，会显得更加白皙。暗黄或浅褐色皮肤（也就是皮肤较黑）的人，要尽量避免穿深色服装，特别是深褐色、黑紫色的服装；一般来说，这类肤色的人选择红色、黄色的服装比较合适。皮肤黑中透红的人，则应避免穿红色、浅绿色等颜色的服装，而应穿浅黄色、白色等颜色的服装。

三、着装的场合要求

着装在不同环境、不同场合应有所不同。办公室是一个认真严肃的地方，因此在着装上应整齐庄重些。外出旅游时，着装力求宽松舒适、方便运动，以轻装为宜。平日居家可以随便一些，有客来访应立即更衣，若穿睡衣睡裤接待客人，就会显得失礼。下列场合的着装还有些特殊要求。

1. 喜庆场合

喜庆场合主要是指结婚庆典、生日宴会、舞会、朋友聚会、联欢晚会、游园会等场合。这些场合一般气氛比较热烈，为了与之协调，参加者在着装上应注意以下两个方面。

（1）色彩要合适。在结婚庆典、生日宴会、舞会等正式场合，着装比较讲究，男性服装以深色为宜，单色、条纹、暗小格均可；女性以穿浅色连衣裙或裙套装为宜。一般来说，主人的着装不宜太华丽或太暴露，色彩不要太艳丽，以免给人不庄重的印象，穿得略为素雅一些会让客人感到舒服自然。假如自己是客人，则可以穿得欢快、喜气、鲜艳一些。不过，在参加朋友的婚礼时，应该特别注意不要打扮得过于出众，以免抢夺注意力。另一类是比较随便的喜庆场合，如朋友聚会、游园会等。在这类场合，不妨选择色彩明快的服装，色调搭配上也可以有一些变化。

（2）款式要得当。在喜庆场合，特别是正式的喜庆场合，对男士的着装要求比较严格，男士应着中山装、西装或自己民族的服装。在其他喜庆场合可穿得随意、潇洒一些，如可以穿两用衫、夹克衫、牛仔服等各式便装，但要穿得整齐、干净。女士的服装款式相对来说，选择的余地大得多，喜庆场合实际上为女士提供了一个展示自己的机会。女士可根据季节和自身的特点选择自己的服装款式，但是也应该注意在比较正式的喜庆场合不要穿得过于怪异。

微视频
员工着装及行为规范

2. 庄重场合

庄重场合主要是指正式宴请、庆典仪式、会见外宾等正式场合。在这些场合，对着装有比较严格的要求，马虎不得。

（1）要按规定着装。重大的宴会、庆典及会见，组织者有时会在所发请柬上注明着装规定，参加者也应该根据规定着装。如果没有具体的着装规定，参加者也应该穿着比较严肃正式的服装，男士可穿西装、中山装或民族服装，女士可穿各式套装、晚礼服或旗袍、长裙等。服装的色彩和款式要庄重、高雅，表现出自己的风度和教养。在庄重场合，参加者不宜穿着便装和两用衫、夹克衫、T 恤衫、牛仔服等，更不能穿着短裤、背心或超短裙。

（2）要按规范着装。穿着正装有一定的规范。出席重大宴会，参加庆典和会见，一定要按照规范着装。例如男士穿西装或女士穿套裙的一定要注意着装规范，这在下一节中有详细介绍。

小幽默

着装要求

一个姑娘穿着背心、拖鞋去听音乐会。检票员在门口拦住了她，说："不能穿着拖鞋入场。"说着，他指了指旁边的一块警示牌。

"那我把鞋脱掉总可以了吧？"说罢，姑娘提着拖鞋，赤着脚就进去了。

检票员大吃一惊，暗自嘀咕："幸亏我没有说不能穿背心入场。"

3. 悲伤场合

悲伤场合是指向遗体告别、亲友送葬或吊唁活动等场合。这些场合气氛肃穆，参加者的心情沉重、悲伤。为了表示对死者的哀悼，着装要与肃穆、悲哀的气氛相协调，这既体现出对死者的尊重，同时也表现出对死者亲属的慰问。参加者均应穿素色服装，最好是黑色服装。鞋子应是暗色，饰物也应为素色。

课堂互动

请一位同学到讲台上来，让其他同学对其着装进行点评。

第二节 正 装

只有留给人们好的第一印象，你才能开始第二步。

——[英]罗伯特·庞德

一、男士西装

微视频
男士职业着装规范

西装是男士最常见的办公服装，也是现代社交中男子最正式的着装之一。国外很多机构，包括一些大企业，都规定其员工不能穿休闲短裤、运动服上班，要求男士必须穿西装、系领带。一些剧院也规定进场的观看者必须西装革履。为了塑造良好的个人形象，男士必须学会穿西装。

1. 男士西装的选择

（1）选择合适的款式。西装的款式可以分为英国型、美国型、欧洲型三大流派。尽管西装在款式上有流派之分，但是各流派之间的差异并不大，只是在后开叉的部位、扣子单排还是双排、领子的宽窄等方面有所不同。男士在选择西装时，要充分考虑到自己的身高、体型，如体型较胖的人最好不要选择瘦型短西装；身高较矮者最好不要穿上衣较长、肩部较宽的双排扣西装。

（2）选择合适的面料和颜色。西装的面料要挺括一些。正式的西装可选择深色（如黑色、深蓝色、深灰色等）及全毛面料。日常穿着的西装的颜色可以有所变化，面料也可以不必过于讲究，但必须熨烫挺括。皱巴巴的西装是会损坏一个人的形象的。

（3）要选择合适的衬衣。穿着西装时，一定要穿带领的衬衣，正式西装应搭配白色或者淡蓝色衬衣。日常穿着，以花衬衣配单色西装的效果比较好，单色的衬衣配条纹或方格的西装比较合适；方格衬衣不应配条纹西装，条纹衬衣也不应配方格西装。

（4）选择合适的领带。在交际场合穿西装时必须打领带，领带的颜色、花纹和款式要与所穿的西装相协调。领带的面料以真丝为最优。在领带颜色的选择上，杂色西装应配单色领带，单色西装则应配花纹领带；驼色西装应配金茶色领带，褐色西装则需配黑色领带等。

2. 男士西装的搭配

（1）合体的外衣与衬衣。合体的西装的外衣应长过臀部，四周下垂，手臂伸直时上衣的袖子恰好过腕，领子应紧贴后颈部。

穿西装必须穿长袖衬衣，衬衣最好不要过旧，衬衣领一定要硬扎、挺括，外露的部分一定要平整干净。衬衣下摆要掖在裤子里，衬衣领不要翻在西装外，衬衣袖子应超出西装袖子两厘米左右。

（2）注意内衣不可过多。穿西装时切忌穿过多内衣。衬衣内除了背心之外，最好不要再穿其他内衣，如果确实需要穿其他内衣，内衣的领子和袖口也一定不要露出来。如果天气较冷，衬衣外面还可以穿上一件毛衣或毛背心，但毛衣一定不要过于宽松，以免显得臃肿，影响西装的穿着效果。

微视频
男士西装着装规范

（3）系好领带。正式场合的领带以深色为宜，非正式场合的领带以浅色、艳丽的颜色为好。领带的颜色一般不宜与服装的颜色完全一样（参加吊唁活动需穿黑西装、系黑领带的情况除外），以免给人呆板的感觉。具体做法有三种：一是领带底色与西装为同色或邻近色，但二者的深浅明暗不同，如米色西装配咖啡色领带；二是领带与西装同是暗色，但色彩形成对比，如黑西装配暗红色领带；三是单色西装配花领带，花领带上的一种颜色应与西装的颜色相呼应。

视野拓展

领带的来历

据说，领带起源于英国男子衣领下的专供男子擦嘴的布。工业革命前，英国并不发达，吃肉时用手抓，然后捧到嘴边啃，当时的成年男子又流行留络腮胡子，一啃大块肉就把胡子弄脏了，男子就会用袖子去擦。为了改掉他们这不爱干净的行为，英国女子就在男子的衣领下挂了一块布专供他们擦嘴，久而久之，衣领下面的这块布就成了英国男式上衣的附属物。工业革命后，英国发展成一个发达的资本主义国家，人们对衣食住行都很讲究，这种挂在衣领下的布就演变成了领带。

领带的系法主要有五种，如图 7.1～图 7.5 所示。

① 平结。平结为男士选用最多的领带系法之一，适用于各种材质的领带。系平结的要诀为领带下方所形成的凹洞，需让两边均匀且对称。

② 交叉结。交叉结适合颜色素雅、面料较薄的领带选用。喜欢展现自身的时尚感的男士不妨多加使用。

③ 双环结。双环结能营造时尚感，适合年轻的上班族选用。双环结的特色就是第一圈稍露出第二圈之外，可别刻意给盖住了。

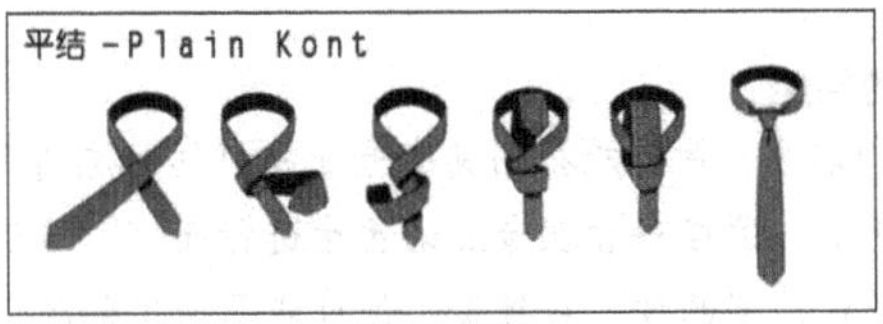

图 7.1　平结

图 7.2　交叉结

图 7.3　双环结

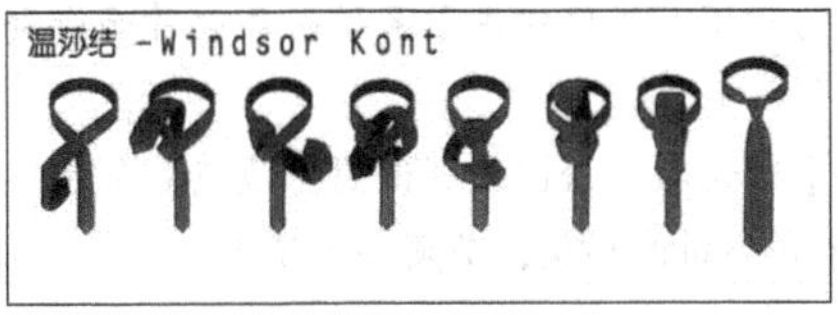

图 7.4　温莎结

④ 温莎结。温莎结适用于宽领衬衫，该系法多横向发展，不适合材质过厚的领带，领结不要打得过大。

⑤ 双交叉结。双交叉结易带给人高雅且隆重的感觉，适合正式场合选用，宜运用在素色的丝

质领带上，若搭配大翻领的衬衫，则更显尊贵。

图7.5 双交叉结

领带结需贴在衣领上，但不能勒住脖子，也不能太靠下，否则会显得松松垮垮，没有精神。领带系好后，下端应触及腰带，超过腰带或不及腰带都不符合要求。领带应用领带夹固定。西装上衣左胸部的装饰袋，有时可用来插放绢饰，但不可用来放钢笔之类的其他东西，钢笔应放在外衣内袋中。

课堂互动

学生两人一组，互相练习系领带，每人至少使用两种系法。

小故事

马克·吐温的领带

美国著名作家马克·吐温曾经是斯托夫人的邻居。他比斯托夫人小24岁，对她很尊敬。他常到她家里与她谈话，这已成为习惯。一天，马克·吐温从斯托夫人那里回来，他的妻子吃惊地问："你怎么不系领带就去了？"不系领带被认为是失礼。他的妻子怕斯托夫人见怪，为此闷闷不乐。于是，马克·吐温赶快写了一封信，连同一条领带装在一个小盒里，送到斯托夫人那里去。信上是这样写的，"斯托夫人：给您送去一条领带，请您看一下。我今天早晨在您那里待了大约30分钟，烦请您看它一下吧。希望您看过之后马上还给我，因为我只有这一条领带。"

小案例

领带的问题

某家大型企业面向北京各高校发出了招聘业务员的启事，希望能招到具有专业知识的有志青年，充实企业的第一线。根据收到的求职材料，企业招聘人员约见了一位经济管理专业的男生进行面试。这位男生身材微胖，个头不高。面试时，他面容整洁，衣着也十分正式，穿西装，系领带，但可能是为了舒服，他的领带松松垮垮地挂在脖子上，衣领最上面的一粒扣子也未扣上。正是因为这一细节，他没有通过面试。人事总监说："我认为你不可能仅仅由于系了一条领带而得到一个职位，但是我可以肯定，不好好系领带会使你失去一个职位。"

【点评】这位男生面试失利说明：规范着装是一个职场人士职业素养的一种折射，在某种意义上代表着个人的形象和公司的形象，必须一丝不苟。

（4）裤子合身。西装的裤子要合身，要有裤线，裤长长出脚面一至二厘米。西装裤兜内不宜放过重的东西。

（5）鞋袜整齐。穿西装时一定要穿皮鞋，不能穿布鞋或旅游鞋。皮鞋的颜色要与西装配套，正式西装一般配黑色皮鞋。皮鞋应擦亮，不要蒙有灰尘。穿皮鞋时还要配上合适的袜子，袜子的颜色要比西装稍深一些，以在皮鞋与西装之间起到过渡的作用。

视野拓展

西装扣子的扣法

如果穿单排一粒扣西装，扣与不扣均可。如果穿单排两粒扣西装，扣子全部不扣表示随意、轻松；扣上面的一粒，表示庄重，全扣则不太合适。如果穿单排三粒扣西装，扣子全部不扣表示随意、轻松；只扣中间的一粒表示正统；扣上面的两粒，表示庄重，全扣也是不对的。如果穿双排扣西装，扣子可全扣，亦可只扣上面的一粒，表示轻松、时髦，但不可不扣。如果穿三件套西装，则应扣好马甲上所有的扣子，外衣的扣子不扣。

关于男士西装的扣子，还有“站时系扣，坐时解扣”的说法。男士在站立的时候，把西装扣子扣好，这样在讲话、做手势的时候，西装才不会随着肢体乱跑，整体线条看起来更干净利落。在坐着的时候，男士必须解开西装扣子，如此西装才能随着身体的弧度，自然服帖，线条看起来比较流畅，同时男士能舒适自在地坐在位子上，不会有被束缚的感觉。

男士着装要点

在日常工作及非正式的社交场合中，男士可穿西服便装。西服便装的上下装不要求严格配套；颜色可上浅下深，面料也可以上柔下挺；可以穿衬衫、系领带配西裤，也可以不系领带、不穿衬衫，而穿套头衫或毛衣。

此外，男士参加社交活动时也可穿中山装、民族服装。尤其是在国内参加活动时，如出席仪式（包括吊唁活动）、正式宴会、会见国宾等隆重活动时，可穿中山装与民族服装。中山装应选择上下同色、同质的深色毛料中山装，一般应搭配黑色皮鞋。中山装要平整、挺括，裤子要有裤线。穿着中山装时要扣好领扣、领钩、裤扣。

在非正式的社交场合中，男士也可穿夹克衫等便装，但同样应注意服装的清洁与整齐。

男士外出时还可准备一件大衣或风衣，但在正式场合一般不宜穿大衣或风衣。如参加在室外举行的活动，穿着大衣或风衣既可保暖，又可增添潇洒之感。

小幽默

系　扣

一个上校检查新兵的仪表，忽然发现一个新兵上衣的一个扣子没系，便严厉地说：“扣子没系你应该怎样？”这时，新兵颤颤巍巍地把上校的扣子系上了。

二、女士套裙

在正式场合中，女士要穿套裙，以充分表现出女士的精明能干、落落大方。

1. 选择合适的套裙

（1）面料。套裙最好选用纯天然、质量上乘的面料。上衣、裙子及背心等应选用同一种面料。在外观上，套裙所用的面料讲究匀称、平整、滑润、光洁，不仅要有弹性、手感好，而且应当不起皱、不起毛、不起球。

（2）色彩。套裙应当以冷色调为主，以体现出女士的典雅、端庄与稳重。套裙的色彩不宜超过两种，不然就会显得杂乱无章。

微视频
女士套裙着装礼仪

（3）图案。按照规定，女士在正式商务场合穿着的套裙应不带任何图案。

（4）点缀。套裙不宜添加过多的点缀。一般而言，以贴布、绣花、花边、金线、彩条、亮片、珍珠、皮革等点缀或装饰的套裙都不适宜在正式商务场合穿着。

（5）尺寸。套裙的上衣不宜过长，裙子不宜过短。裙子下摆恰好达小腿最丰满处，是最标准、最理想的裙长。此外，紧身上衣显得较为正规，宽松上衣看起来则更加时髦。

（6）款式。H形套裙的上衣较为宽松，裙子多为筒式，这种款式的套裙显得优雅、含蓄，可以为身材较胖者避短；X形套裙的上衣多为紧身式，裙子大多为喇叭式，这种款式的套裙可以突出女士纤细的腰部，使其看上去婀娜多姿，魅力无穷；A形套裙的上衣为紧身式，裙子则为宽松式，这种款式的套裙可以适当地遮掩下半身的缺陷，适合上身苗条但臀部大或腿粗的女士；Y形套裙的上衣为宽松式，裙子多为紧身式，并以筒式为主，这种款式的套裙可以遮掩上半身的缺陷，使上半身较胖而下半身苗条的着装者看上去亭亭玉立、端庄大方。

（7）造型。套裙造型的变化主要体现在上衣和裙子上。上衣的变化主要体现在衣领方面，除常见的平驳领、驳领、一字领、圆状领之外，青果领、披肩领、燕翼领等也并不少见。常见的裙子式样包括西装裙、一步裙、筒式裙等，款式端庄，线条优美；百褶裙、旗袍裙、A字裙等飘逸洒脱、高雅漂亮。

2. 选择与套裙配套的衬衫

选择与套裙配套穿着的衬衫有不少讲究。从面料上讲，衬衫要轻薄而柔软，比如真丝、麻纱、府绸、罗布、涤棉等都可以用作面料。从色彩上讲，则要求雅致而端庄，不失女性的柔美。除了作为“基本色”的白色外，其他各式各样的色彩，包括流行的颜色在内，只要不过于鲜艳，并且与所穿套裙的色彩不相互排斥（要么外深内浅，要么外浅内深，形成深浅对比），均可选用。不过，还是以单色为最佳。

3. 选择和套裙配套的内衣

微视频
女士着装规范

和套裙配套的内衣往往由胸罩、内裤以及腹带、吊袜带、连体衣等构成。它们应当柔软贴身，并且能起到支撑和展现女性线条的作用。有鉴于此，选择内衣时，最关键的要求是大小合适，特别应当关注的是，在穿上内衣之后，它的轮廓不应当一目了然地在套裙上展现出来。

4. 选择合适的鞋袜

小贴士
特殊体型女士的穿衣选择

选择鞋袜时，首先要注意面料。女士所穿的与套裙配套的鞋子宜为皮鞋，且以牛皮鞋为上；所穿的袜子可以是尼龙丝袜或羊毛袜。其次要注意鞋袜的色彩。与套裙配套的皮鞋最好为黑色。与套裙色彩一致的皮鞋亦可选择，但是鲜红色、明黄色、艳绿色、浅紫色的皮鞋最好不要尝试。穿套裙时所穿袜子的常规选择有肉色、黑色、浅灰色、浅棕色等，只是宜为单色。多色袜、彩色袜，以及白色、红色、蓝色、绿色、紫色等颜色的袜子，都是不适宜的。最后要注意鞋袜的款式。与套裙配套的鞋子，宜为高跟、半高跟的船式皮鞋或盖式皮鞋。系带式皮鞋、丁字式皮鞋、皮靴、皮凉鞋等，都不宜选用。高筒袜与连裤袜是套裙的标准搭配。中筒袜和低筒袜不宜与套裙搭配。

第三节　饰物的得体佩戴

缘人情而制礼，依人性而作仪。

——司马迁《史记·礼书》

饰物的佩戴古已有之。在原始社会，我们的祖先以打猎为生，以打得多、打的野兽大为荣，故当时的饰物多为兽皮。后来，饰物种类慢慢地多起来了。佩戴饰物对打造良好的个人形象来说至关重要。例如，前英国首相撒切尔夫人，不但是英国第一位女首相，也是20世纪英国任期最长的首相，她的一举一动、佩戴的每一件饰物，都会受到人们的关注。初为首相的撒切尔夫人，其穿戴、配饰一度不被人们认可，但很快，撒切尔夫人就以高效的方式，找到了适合自己的风格：珍珠加蓝色。撒切尔夫人的衣服以蓝色调为主，这个颜色很鲜亮，也是保守党的代表颜色，与她的头发和肤色都很协调。而洁白的珍珠不受年龄和场合的限制，也是百搭的珠宝，高雅而低调。撒切尔夫人曾经明确表示，珍珠是她最爱的，即使是平凡的衣服，只要与珍珠搭配，也会显得优雅超群、气度不凡。因此，撒切尔夫人的颈间总有一串或多串珍珠项链。其耳饰也多见珍珠。此外，珍珠胸针在撒切尔夫人的衣服上也时常出现。她的饰物风格高雅精致，是值得借鉴的。那么，我们应怎样得体地佩戴饰物呢？

一、饰物的佩戴原则

饰物主要包括服饰、发饰、首饰、帽子、手袋、皮包、腰带、手表、眼镜等。一般，饰物的佩戴要遵循以下四个原则。

1. 锦上添花的原则

在选择饰物的种类及佩戴方法时，首先要做到恰到好处，然后再考虑锦上添花，绝不可画蛇添足。例如，在黑色羊毛衫上面佩戴一枚闪光的彩色胸针，是很别致的。但如果再配上一条项链，就会显得过于烦琐。

2. 与全身保持一致的原则

饰物的佩戴要与自身的体型、发型、脸型、肤色及所穿服装的款式、面料、颜色协调一致。例如，夏天穿一条飘逸的浅色连衣裙，背一个精巧的浅色双肩包的女孩看上去就很协调；如果挎一个黑色皮包就显得很不协调。

3. 饰物质地与身份及环境相配的原则

饰物品种繁多，各种质地的饰物琳琅满目，在选择时首先要考虑自身所处的环境及自己的身份，绝不可乱戴。例如，上班时，闪闪发光的手链、奇形怪状的戒指与身处的工作环境会很不相配。有一定身份的人不可只图好看而佩戴劣质饰物。

4. 饰物的色彩、款式与季节相配的原则

饰物的色彩、款式要与季节相配，这一点多用于皮包、眼镜、领带的选择。例如，春季和夏季，女士宜选择色彩明亮、体积较小的皮包。男士宜选择浅色的领带；而在冬季，衣服比较厚，皮包要大一点才能与穿着相协调。

二、常见饰物的选择与佩戴

1．帽子

帽子是由头巾演变而来的。中国古人在成年时要行“冠礼”，“冠”就是帽子。在当代，帽子不仅有御寒遮阳的作用，还具有装饰功能。在各种饰物中，帽子也占据着举足轻重的地位。戴帽子时，一定要注意使帽子的式样、颜色与自身的穿着、年龄、工作、脸型、肤色相协调。一般来说，圆脸适合戴宽边高顶的帽子，窄脸适合戴窄边的帽子。女士帽子的种类繁多，不同季节的造型和花色也不同。例如，在冬天，女士可戴手工织的绒线帽；地位较高的女士可选择小呢帽；年轻女士可选择运动帽。戴帽子的方法也很多，例如，帽子戴得端端正正会显得很正派，稍往前倾则显得很时髦。另外，戴眼镜的女士不宜戴有花饰的帽子；身材矮小者宜戴顶稍高的帽子。

戴帽子应注意的一般礼仪是，戴法要规范，该正的不能歪，该偏前的不能偏后；男性在社交场合可以采用脱帽的方式向对方致意；在庄重的场合，应脱帽致意。

2．围巾

围巾的花色、品种很多，与帽子一样起着御寒保暖和美化的作用。巧妙地选戴围巾，效果远远大于不断地换新衣服。围巾的面料有纯毛、纯棉、人造毛织物、真丝绸、涤丝绸等。围巾的色彩及图案也品种繁多。男士一般应选择用纯毛、人造毛织物制作的围巾，色彩上应选择灰色、棕色、深酱色或海军蓝，不宜选用丝绸围巾。女士对围巾的选择范围较大，可选择丝绸类及色彩多样的三角巾、长巾及方巾等。围巾除了可围在脖子上用来取暖外，还可以扎在头发上、围在腰上作装饰。对女士来说，不论选戴什么围巾，都要与自己的年龄、身份、肤色和环境相协调，与所穿服装的面料、款式、颜色相匹配。

3．眼镜

微视频
链家 6S 着装标准

对于现代人来说，眼镜常被用作饰物或时装的搭配物，但在眼镜的选择上要多加注意。眼镜要与自身的发型、脸型、肤色相协调；佩戴装饰性眼镜时要考虑眼镜是否与自己的身份相符。

4．戒指

在西方，戒指是一种无声的语言。一般来说，将戒指戴于左手各手指上有不同的含义：戴在食指上表示未婚或求婚；戴在中指上表示正在热恋中；戴在无名指上表示已订婚或结婚；戴在小指上则表明“我是独身者”。右手戴戒指是一种装饰，没什么特别的意义。一般情况下，一只手上只宜戴一枚戒指，戴两枚或两枚以上的戒指是不适宜的。参加较正规的外事活动时，最好佩戴古典式样的戒指。

小案例

“请代我向你的先生问好”

李丽中专毕业后被分配到某公司做文秘工作。一次在接待客户时，领导让她照顾一位女华侨。那位女士对小李的热情和周到的服务非常满意，临别时她留下名片，并认真地说：“谢谢！欢迎你到我的公司来做客，请代我向你的先生问好。”小李愣住了，因为她根本没有男朋友。可是，那位女士也没有错，她之所以这么说，是因为看见小李的左手无名指上戴着一枚戒指。

【点评】显而易见，小李不清楚在西方将戒指戴于左手各手指上的不同含义，从而引起了该女士的误解。可见，掌握饰物佩戴的相关知识是很重要的。

5. 项链

项链是女性最常佩戴的一种饰物，能够起到修饰脸型、提升气质等作用。按长度的不同，项链可分为四种：短项链约 40 厘米，适合搭配低领上衣；中长项链约 50 厘米，可广泛使用；长项链约 60 厘米，适合在社交场合使用；特长项链约 70 厘米，适用于隆重的社交场合。佩戴项链应注意：项链的长短应与脖子的长短成反比，项链的粗细应与脖子的粗细成正比，这样才能显得和谐。

6. 耳饰

耳饰可分为耳环、耳坠、耳链，一般情况下为女性使用，并且讲究成对使用。戴耳环时应考虑自己的脸型，不要选择与脸型相似的耳环，以防脸型的短处被突出。

7. 皮包

皮包具有装饰作用，在着装中起着画龙点睛的作用。皮包的种类很多，款式也不断更新，有肩挂式、手提式、手拿式及双肩背式等。在选购皮包时要考虑它的适用范围。正式场合应选用质地较好、做工精细、外观华丽，体积较小、横长形的皮包；平时上班和日常外出时使用的皮包不必太华丽，应注重其实用性和耐用性。选择皮包要考虑其颜色与季节和着装是否协调。皮包与使用者的身材也有很大的关系。例如，身材娇小的人不能选用太大的皮包；身材矮胖的人不能选用太秀气的皮包；身材瘦高的人虽有较大的选择余地，但也不能选用太大或太小的皮包。在参加公务活动时应使用公文包。

8. 胸花

胸花是为女性特别设计的，专门用于装饰女性胸前的位置。胸花有鲜花和人造花两种。相比之下，鲜花佩戴起来更显高雅，但不持久。选择胸花时，一定要考虑服装的类型、颜色、面料，要考虑所出席的社交活动的正式程度，要考虑自身的体型和脸型条件。例如，身材矮小的女士适合小一点的胸花，佩戴位置可稍高一些；身材高大的女士可选择大一点的胸花，佩戴位置可低一些。

小案例

一枚胸花毁了一桩生意

9. 丝袜

丝袜在女性服装的整体搭配中起着举足轻重的作用。在国外，如果女性在正式场合中不穿丝袜，就显得十分不雅。丝袜不仅能保护腿部、足部的皮肤，掩盖皮肤上的瑕疵，还能与衣服相搭配，使女性更有魅力。

在正式场合穿着裙装及皮鞋时，一定要穿丝袜，而且必须是连裤袜。这样可以避免丝袜因质量问题掉落，也不会将袜口露在外面。有的人因为怕热而穿中长袜或短丝袜是不适宜的做法。而平时穿连衣裙及凉鞋时，就不用再穿丝袜了。因为穿凉鞋本来就是为了凉快，再穿丝袜就显得多此一举了。不过现在有一种前后包脚的凉鞋，是属于较为正式的凉鞋，就必须穿丝袜。

丝袜不能敷衍了事，要根据自身的特点和着装风格合理选穿。这不是件容易的事，女性必须知道选穿丝袜的窍门，以下是一些可供参考的经验。日常忙于上班的职业女性，不妨选穿净色的丝袜，只要记住深色服装搭配深色丝袜、浅色服装搭配浅色丝袜这一基本原则就可以了。丝袜和鞋子的颜色一定要相衬，而且丝袜的颜色应略浅于皮鞋的颜色（白皮鞋除外）。颜色或款式很特别的袜子对腿型的要求很高，对自己的腿型没有信心的女性不宜轻易尝试。品质良好的连裤袜要比长筒丝袜令人更有安全感，能够避免袜头松落。白丝袜很容易令人看上去又胖又矮，应该尽量避免。参加盛会穿晚礼服时，搭配一双背部起骨的丝袜会显得格外高雅大方。但穿此类丝袜时，切记不要扭歪背骨线，否则极其失仪。

训练营

个人着装训练

训练目的：了解个人着装礼仪的基本知识和规范，掌握个人礼仪基本原则，在交际中塑造良好的个人形象。

训练学时：1学时。

训练地点：训练室。

训练内容：

（1）将学生分成小组，每组五至六人，每组设计在不同场合（如正式场合、休闲场合等）的服饰穿戴与搭配；

（2）每组学生进行角色扮演，演示服饰的穿戴与搭配，用摄像机或者手机记录整个演示过程，然后回放录像，学生进行自我评价，找出不合规范之处；

（3）教师总结并点评学生在训练中存在的个性和共性问题，全班学生评选出最佳表现组。

自我认知测试

男士仪容着装自我检测

作为男士，请每天出门前对照以下要求仔细审视自己，看看自己有哪些方面需要改进，以养成良好的仪容着装习惯。

发型大方，不怪异，头发干净整洁，长短适宜。无浓重气味，无头屑，无过多发胶、发乳。

鬓角及胡须已剃净，鼻毛不外露。

脸部皮肤干净滋润。

衬衣领口整洁，纽扣已扣好。

耳部干净。

领带平整、端正。

衣袋、裤袋口平整服帖。衬衣袖口清洁，长短适宜。

手部清洁，指甲干净整洁。

衣服上没有脱落的头发和头皮屑。

裤子熨烫平整，裤缝清晰。裤腿长及鞋面。拉链已拉好。

鞋面干净，鞋跟无破损，鞋面已擦亮。

公司标志佩戴在要求的位置，私人饰物不会与之争夺别人的注意力。

女士仪容着装自我检测

作为女士，请每天出门前对照以下要求仔细审视自己，看看自己有哪些方面需要改进，以养成良好的仪容着装习惯。

头发干净整洁，有自然光泽，不过多使用发胶；发型大方、高雅、得体、干练，前发不遮眼、不遮脸。

化淡妆：眼亮、粉薄、眉轻、唇浅红。

服饰端庄：不太薄、不太透、不太露。

领口干净，衬衣领口不会过于复杂和花哨。

饰物不过于夸张和突出，款式精致、材质优良。耳环小巧、项链精细，走动时安静无声。

公司标志佩戴在要求的位置，私人饰物不会与之争夺别人的注意力。

衣袋中只放小而轻薄的物品，服装轮廓不走样。

指甲经过精心修理，不太长、不太怪、不太艳。

裙子长短、松紧适宜。拉链拉好，裙缝位正。

衣裤或裙子以及上衣表面无明显的内衣轮廓。

鞋子洁净，款式大方简洁，没有过多装饰与色彩，鞋跟不太高、不太尖。

衣服上没有脱落的头发和头皮屑。

丝袜无勾丝、无破洞、无修补痕迹，包里有备用丝袜。

知识巩固与训练

一、简答题

1．如何着装才能做到与个性协调？

2．如何进行着装色彩的搭配？

3．男士应如何规范地穿着西装？

4．女士应如何规范地穿着套裙？

5．如何得体地佩戴饰物？

二、实践题

1．你到某公司应聘营销员这一职位，应如何着装？

2．在春天一个阳光明媚的日子，某公司举行盛大的10周年庆典晚会，时间是晚上7:00—9:00，地点是一个五星级酒店的宴会大厅。请问男士和女士分别应如何着装？

3．请根据同学或者同事的脸型、体型和个性特点，为他（她）在服饰搭配上提一些合理的建议。

三、分析题

请对以下三个事例进行分析。

事例1 一所名气很大的幼儿园的老师上门家访，结果引发了转学风波。原来，幼儿园老师上门家访，前脚离开，后脚就引发了一场家庭会议，“我们一定要转园！”妈妈、奶奶斩钉截铁。园长想不通了，别人抢着要求进园，这家人却强烈要求退园，一问原因才知道：“不能把宝贝交给这样的老师！”——家访的女老师穿着吊带背心，还是露脐装！

事例2 一位大型企业的秘书正在陪同外商参观，她优雅的举止、礼貌的谈吐赢得了外商的好评，可秘书小姐的丝袜竟破了个洞。

事例3 小刘是某公司办公室主任，在单位穿西服套装，他十分注意正装的穿着，衬衣领子高出外衣一厘米，袖边长出外衣一厘米；领带尖对着皮带扣；穿黑色皮鞋和深色袜子。

案例分析题原文

四、案例分析题

扫描二维码，阅读案例原文，然后回答每个案例后面的问题。

第八章 Chapter 8 仪态礼仪

学习目标

表现出良好的仪态，符合站姿、坐姿、行姿、蹲姿的标准；在交际过程中能够恰当地使用表情；熟练运用各种规范的手势；举止文明，表现出良好的气质和风度。

引导案例

金先生失礼

风景秀丽的某海滨城市的朝阳大街，耸立着一座高楼，楼顶上“远东贸易公司”六个大字格外醒目。某照明器材公司的业务员金先生按照原计划，带着公司新设计的照明器材样品，兴冲冲地登上六楼，脸上的汗珠都未擦一下，便直接走进了业务部张经理的办公室，正在处理业务的张经理被吓了一跳。“对不起，这是我们公司新设计的产品，请您过目。”金先生说。张经理停下手中的工作，接过产品，随口赞道：“好漂亮啊！”他请金先生坐下，倒了一杯茶递给他，然后拿起产品仔细研究起来。金先生看到张经理对新产品如此感兴趣，如释重负，便往沙发上一靠，跷起二郎腿，一边吸烟，一边悠闲地环视着张经理的办公室。当张经理问他电源开关为什么装在下方时，金先生习惯性地用手挠了挠头皮。好多年了，别人一问他问题，他就会不自觉地用手去挠头皮。尽管金先生解释详尽，张经理还是半信半疑。谈到价格时，张经理强调：“这个价格比我们的预算高很多，能否再降低一些？”金先生回答：“我们经理说了，这是最低价格，一分也不能降了。”张经理沉默了半天。金先生却有点沉不住气，不由自主地拉松领带，盯着张经理。张经理皱了皱眉，问：“这种新产品先进在什么地方？”金先生又挠了挠头皮，反反复复地说：“造型新、寿命长、节电。”张经理托辞暂时离开了办公室，只剩下金先生一个人。金先生等了一会儿，感到十分无聊，便非常随便地拿起办公桌上的电话，同一个朋友闲谈起来。这时，门被推开了，进来的却不是张经理，而是他的秘书。

问题：

1．金先生失礼具体表现在哪些地方？

2．在社交过程中，讲究仪态礼仪有何意义？

微视频
个人仪态礼仪

仪态，又称“体态”，指人的身体姿态和风度。姿态是身体所表现的样子，风度则是内在气质的外在表现。人的一举手、一投足，乃至一颦一笑，都并非偶然的、随意的行为。这些行为自成体系，也像有声语言一样遵循一定的规律，并具有传情达意的功能。人们可以通过自己的仪态向他人展现个人的学识与修养，并能够用其交流思想、传递情感。在社交过程中，仪态是极其重要、有效的工具，它用一种无声的“语言”向人们展示出个人在道德品质、人品学识、文化品位等方面的素质和能力。用仪态礼仪表情达意，往往比语言更真实、生动。我们在社交活动中必须举止优雅，展现仪态美。

第一节 体　姿

步从容，立端正，揖深圆，拜恭敬。

——《弟子规》

一、站姿

俗话说，“站如松”。站姿是人类的一种常见体态。男子的站姿如“劲松”，体现男子汉刚毅英武、稳重有力的阳刚之美；女子的站姿如“静松”，体现女性轻盈典雅、亭亭玉立的阴柔之美。正确的站姿是自信的表现，会给人留下美好的印象。

1. 标准的站姿

微视频
礼仪修养——举止礼仪

站姿的要领包括三点，一是平，即头平正、双肩平、两眼平视；二是直，即腰直、腿直，后脑勺、背、臀、脚跟在一条直线上；三是高，即重心向上，看起来挺拔。站姿的具体标准如下。

（1）头正。两眼平视前方，脖颈挺直，下颌微收，嘴角上扬，表情自然，面带微笑。

（2）肩平。肩部微微放松，稍向后、向下沉，自然呼吸，两肩平齐、舒展。

（3）臂垂。两臂自然垂放于体侧，虎口向前，手指自然弯曲。

（4）躯挺。后背挺直，挺胸收腹，提臀立腰。

（5）腿并。双腿夹紧，大腿内侧收紧。

（6）脚稳。站正步，脚跟靠拢，脚尖并拢，身体重心落在两脚之间。

标准站姿的正面示意图如图 8.1 所示，标准站姿的侧面示意图如图 8.2 所示。

2. 不同场合的站姿

在升国旗、奏国歌、领奖、被接见等庄严的场合，应采取标准站姿，而且神情要严肃。在发表演说、做报告时，为了减轻身体对腿施加的压力，可以将双手支撑在讲台上，两腿轮流放松。主持文艺活动、联欢会时，可以双腿并拢站立，女士可站成“丁”字步，让站姿更加优美。站“丁”字步时，上半身前倾，腰背挺直，臀微收，双腿交叠。“丁”字步站姿示意图如图 8.3 所示。迎宾等服务人员站的时间往往很长，双腿可以不并拢，但双腿距离不宜超过肩宽；双手可以前握垂放于腹前，也可以在背后交叉，将右手放到左手的掌心上，但要注意收腹。礼仪小姐的站姿比迎宾等服务人员更有艺术感，一般可采取立正的姿势或“丁”字步站姿。如双手端执物品时，上臂应靠近身体两侧，但不必夹紧，下颌微收，面带微笑，给人以优美亲切的感觉。

图 8.1　标准站姿的正面示意图

图 8.2　标准站姿的侧面示意图

图 8.3　“丁”字步站姿

3. 不良的站姿

（1）身躯歪斜。站姿以身躯直正为美。在站立时，若是出现明显的身躯歪斜，不仅直接破坏了人体的线条美，而且会给人以颓废消沉、萎靡不振、自由放纵的感觉。

（2）弯腰驼背。弯腰驼背其实是身躯歪斜的一种特殊表现。除腰部弯曲、背部弓起之外，它大都伴有颈部弯缩、胸部凹陷、腹部挺出、臀部撅起等其他不雅体态。凡此种种，都会显得一个人健康欠佳、无精打采。

（3）趴伏倚靠。在工作岗位上，要确保自己“站有站相”，如果在站立时随随便便地趴在一个地方，或者伏在某处左顾右盼，或者倚着墙壁、货架而立，或者靠在桌台边，或者前趴后靠、自由散漫，都是极不雅观的。

（4）腿位不雅。切记，站立时双腿分开的距离一般越小越好；在可能之时，双腿并拢最好；即使双腿分开，也要注意不可使双腿之间的距离超过本人的肩宽。另外，双腿扭在一起、双腿弯曲等姿势也应避免。

（5）脚位欠妥。在正常情况下，双脚站立时应采用“人”字式脚位，蹬踏式和独脚式脚位都是不允许的。所谓“人”字式脚位，指的是站立时两脚的脚尖靠在一起，而脚跟大幅度地分开，这种脚位又叫“内八字”。所谓蹬踏式脚位，是指在站立时为了舒服，在一只脚站在地上的同时，将另一只脚踩在鞋帮上，或踏在椅面上，或蹬在窗台上，或放在桌面上等。独脚式脚位是指一只脚抬起，另一只脚落地。

（6）手位失当。站立时，不当的手位主要有六种：一是将手插在衣服口袋内；二是将双手抱在胸前；三是将双手抱在脑后；四是将双手支撑于某处；五是用两手托住下巴；六是手持私人物品。

（7）半坐半立。在工作岗位上，必须严守岗位规范，该站就站，该坐就坐，绝不允许在需要站立时，为了偷懒而擅自采取半坐半立的姿势。当一个人半坐半立时，既不像站，又不像坐，只会让别人觉得此人过分随便且缺乏教养。

（8）全身乱动。站立是一种相对静止的体姿，因此不宜在站立时频繁地变动体姿，甚至浑身止不住地上下乱动。手臂挥来挥去、身躯扭曲、腿脚抖来抖去，都会使站姿变得十分难看。

（9）摆弄物件。站立时，不要下意识地做小动作，如摆弄手机，玩弄衣带、发辫，咬手指甲等，这些动作不但显得拘谨，而且给人缺乏自信和教养的感觉，还有失庄重。

二、坐姿

坐姿是一种基本的静态体姿，是指人在就座以后身体所保持的一种姿势。正确而优雅的坐姿是一种文明行为，它既能体现一个人的形态美，又能体现其行为美。端庄优美的坐姿会给人以文雅、稳重、大方的美感，给人留下良好的印象。所谓“坐如钟”，就是指坐姿要像钟一样端庄沉稳、镇定安详。

微视频
坐姿

1. 标准的坐姿

坐姿包括入座、落座和离座三个环节，每个环节又有其相应的基本要求。

（1）入座。入座要求轻、稳、缓。入座有以下两种方式。

第一种：侧身走近座椅，从座椅的左侧轻轻落座；一般应坐满椅面的三分之二，不要坐满或只坐很少一部分。

第二种：面向座椅，直接走到座位前，转身后站稳，右脚向后撤半步，用小腿确定座椅位置，轻而稳地坐下，再收回左脚与右脚并拢；女士如果着裙装，在落座前应先用手将裙装下摆收拢，不宜在落座后再整理衣裙。

（2）落座。落座时同站立时一样，上半身总体要求挺直、舒展，下半身依据不同场合的要求形成不同姿态。落座的具体要求如下。

① 两眼平视前方，嘴唇微闭，微收下颌。

② 两肩平正、放松，立腰、挺胸，上身自然挺直。

③ 双脚并拢，左右大腿大致平行，膝大致弯曲成直角，双脚平放在地面上，手轻放在大腿上。男士可在此基础上，将膝盖分开一拳距离，双脚分开。

（3）离座。离座前，应先以语言或动作向周围的人示意，请他们做好心理准备；离座时，右脚向后收半步，轻而稳地站起，站稳后从座椅左侧离开。

标准坐姿的正面示意图如图 8.4 所示，标准坐姿的侧面示意图如图 8.5 所示。

图 8.4　标准坐姿的正面示意图

图 8.5　标准坐姿的侧面示意图

视野拓展

我国古人的坐姿

我国古人对坐姿很有讲究。席地而坐时，古人的坐姿主要有三种：一是“趺坐”，即双足交叠，盘腿而坐，类似佛教中的修禅姿势，所以又称“跏趺坐”；二是“箕踞”，即两腿前伸，整体像箕；三是“跽”，即跪坐，臀部压在向后弯曲的小腿和脚上。在没有宾客时，坐姿可以随意一些，使用上述前两种坐姿，但是如果和尊者、长者、朋友交谈，或议事，宴会和招待客人，就要采用更礼貌的坐姿——“跽”了，而且讲究“正襟危坐”，坐时腰身应端正挺直。

2. 不同场合的坐姿

谈判、会谈的场合一般比较严肃，宜正襟危坐，但不要过于僵硬。要求上半身正直，注意不要使全身重量都落于臀部，双手放在桌上或腿上均可。双脚的摆放同标准坐姿的双脚摆放相同。倾听他人教导或者指点时，对方若是长者、尊者、贵客，坐姿除了要端正外，还应坐在座椅、沙发的前半部或边缘，身体稍向前倾，表现出一种谦虚、重视对方的态度。在比较轻松、随意的非正式场合，可以坐得轻松、自然一些，全身肌肉可适当放松，还可适时变换坐姿，以便放松。

小贴士

坐姿与性格

3. 不雅的坐姿

（1）动作幅度过大、坐得过急。在入座时，如果节奏太快，动作不轻稳，容易给人留下做事急躁、忙乱的不良印象；离座时如果急而快，容易碰倒座椅、发出声响，也会影响个人的形象。

（2）坐姿不端正。上身放松，在座椅上半坐半躺，或者完全瘫坐在椅子上；上身在坐立的过程中不停地晃动、左右歪斜、前仰后合等，均是素质低、没有修养的表现。

（3）手臂位置不恰当。双臂应根据脚位摆放在合适的位置上，以表现出优雅的姿态。以下是不恰当的手臂位置：手夹在两腿之间、双手抱着腿部、手插在衣袋中、手摆弄物件等。

（4）双腿姿态不规范。两腿分开很远的距离；两脚并拢，而两膝距离较大；两腿向前伸出太远；两腿不停抖动；两腿重叠，一条腿跷起（俗称“二郎腿”），都是在日常工作和生活中应尽量避免的不规范坐姿。

（5）脚位不雅观。双脚没有平放在地面上，脚尖翘起；将脚蹬踏在别的物体上。这种姿态会给人留下轻浮、粗俗的印象。

三、行姿

微视频
行姿的规范

行姿也称步态，是指一个人在行走过程中的姿势。它以人的站姿为基础，是站姿的延续，是一个处在相对运动中的姿势。行姿体现的是一种动态美，能直接反映一个人的精神面貌，表现一个人的风度、风采和韵味，对个人形象塑造起着重要作用。有良好行姿的人会显得年轻、有活力。所谓“行如风”，就是指行走时动作连贯，从容稳健。步幅、步速要以出行的目的、环境和身份等因素而定。协调而有韵律感是对行姿的最基本要求。女士的行姿要轻盈飘逸，窈窕婀娜；男士的行姿要潇洒阳刚，庄重稳健。

1．标准的行姿

行姿训练是在站姿的基础上进行的，上半身的要求与站姿相近，重点是加强动态中下半身和手臂的训练。一首走路的动作口诀就体现了行姿的要领：“双眼平视臂放松，以胸领动肩轴摆，提髋提膝小腿迈，跟落掌接趾推送。”

微视频
正确姿势之行姿

（1）上半身。后背挺直，挺胸，双肩平齐、舒展；收腹，提臀，立腰；两眼平视前方，嘴角上扬，面带微笑。

（2）两臂。两臂以肩为轴，用大臂带动小臂，前后自然摆动，前后摆臂不超过 30 度，手自然半握拳，两手手心相对。

（3）腿部。用大腿带动小腿，从脚跟着地迅速过渡到全脚轻盈落地，两脚交替踏在一条竖线上，重心略向前脚移送。

（4）步幅。步幅是指行走时前后脚的距离。行走时，步幅一般为身高的 0.37 倍。一般情况下，前脚脚跟与后脚脚尖的距离应为脚的长度。步幅也要根据服装做适当调整，如女士穿裙装时，步幅可以适当缩小。

（5）步速。步速指人行走时的速度。在行走时，步速要均匀、稳定，一般每分钟 100~120 步较适宜，步速不宜太快或太慢，特殊情况除外。

（6）步态。走路的姿态应有韵律感，同时具有较强的柔韧性。上半身正直挺拔，步伐有力而富有弹性，双臂自然摆动。

视野拓展

以行姿促健美

良好的行姿能起到健美的作用。曾两度荣获奥斯卡最佳女主角奖的美国演员简·方达非常注重形体美。

她健美的形体曾一度成为人们羡慕和效仿的对象。她总结了自己的亲身体验和心得，撰写了《简·方达健美操》一书，这本书一面世就备受推崇。她在日常生活中保持着锻炼的习惯，始终保持着健美的形体。她有一套走路健身法，对形体健美颇为有效。其方法可以概括为以下几点。

（1）活泼轻松地走。为了获得走路的锻炼效果，简·方达摸索出理想的步速是6.9~8千米/小时，即120米/分钟左右。

（2）身体重心向前倾。走路时，脚掌用力应向后蹬，而不是向下扣。

（3）步幅不要过小，稍微增大步幅可以加快速度，并使行姿富有节奏感，使腿和臀部处于充分活动状态。

（4）提高重心。走路时，要挺胸收腹，背要挺直，头要抬起。颈部和腰部都要有挺起感。身体要保持直立，但不要紧张、僵直，要适度放松。

（5）手臂的摆动要自然有力。甩臂要像吊钟的钟摆一样，幅度大而有力，但要始终保持轻松自如。

2. 不同环境的行姿

（1）在拥挤的环境中行走。在比较拥挤的环境中，要精神饱满，步态轻盈，行走的步幅、步速要适中，手臂的摆动幅度不宜过大，对面来人时要让路，躲闪要灵敏、有礼貌。

（2）在要求保持安静的地方行走。在要求保持安静的地方行走时，要避免发出响声，脚步要轻盈；若穿皮鞋或高跟鞋在没有地毯的地方行走，要把脚跟提起，尽量用脚掌着地，以免发出响声。

（3）在楼道、楼梯等环境中行走。由于楼道、楼梯等环境狭窄，因此在行走时要靠右，途中如遇对面有人走来，要提早侧身让路，并微笑点头致意，以示尊重。

（4）进出电梯时的行走。进出电梯时应遵循“先出后进”的原则。进出电梯时，应侧身而行，以免碰撞、踩踏他人，进入电梯后应尽量靠里站。

3. 易出现的不良行姿

（1）上半身姿势不正。上半身的不正确姿势主要有在行走时上半身摇晃，重心上下起伏；上半身不挺拔，缩脖端肩、含胸驼背等。

（2）手臂摆动幅度过大。在行进过程中手臂对行走起辅助作用，前后摆动的幅度要适中，不能过大。大幅度的摆臂动作会使人觉得你不稳重。

（3）走路方法不正确。不正确的走路方法包括以下几种。①踢着走：走路时身体前倾，用脚尖踢地面，膝盖弯曲，脚跟上提，腰部很少用力。②压脚走：走的时候将全部体重压在脚尖上，然后抬起来；压脚走的双脚着地的时间比踢着走的人长，小腿肚的肌肉会愈来愈发达，容易出现“萝卜腿”。③内“八”字走：双脚落地时脚尖向里扣，双脚呈内“八”字，长久下来会形成“O”形腿。④外“八”字走：双脚落地时脚尖过分向外分开，双脚呈外“八”字，外“八”字走法会使膝盖向外、腿部动作变形，也会导致“O”形腿的产生。

（4）行姿不规范。在行走时，还可能会出现步速太快或太慢、步幅过大或过小、精神状态不饱满、动作僵硬、神情颓丧等行姿不规范的问题。

四、蹲姿

俗话说“蹲要雅”，蹲姿是人在低处取物、拾物、整理物品或者与幼儿交谈时所呈现的姿势，它是人体静态美与动态美的结合。蹲时要动作美观，姿势优雅。

1. 标准的蹲姿

标准的蹲姿有以下要求：首先要讲究方位，当需要捡起低处或地面上的物品时，可走到物品

图 8.6 标准的蹲姿

的左侧；当面对他人下蹲时，要侧身相向；当需要整理鞋袜或于低处整理物品时可面朝前方，两脚一前一后，一般是左脚在前，右脚在后，目视物品，直腰下蹲，直腰下蹲后方可整理物品。取物或工作完毕后，应先直起腰部，使头部、上身、腰部处在一条直线上，再稳稳站起。标准的蹲姿如图 8.6 所示。

2. 蹲姿易出现的不规范行为

（1）方位不正确。应根据具体的场合和需要选择合适的蹲姿，注意方位的正确运用，如在人前下蹲时，如果采用正面下蹲的方位，就是很不礼貌的行为。

（2）蹲速不当。下蹲时速度不能过快，要适中。特别是女性穿旗袍等服饰时，更要注意。

微视频
蹲姿的规范

（3）不注意下蹲时的隐蔽性。蹲姿的重心过低，因此要十分注重对腿部动作的控制。要收紧腿部，两腿之间不能有缝隙，特别是女士穿裙装时，更要注意下蹲时的隐蔽性。

（4）随意滥用。不要在工作中随意采用蹲姿，也不可蹲在椅子上或蹲在地上休息。

课堂互动

分组进行站姿、坐姿、行姿、蹲姿训练，并进行评比。

训练营

站姿、坐姿、行姿、蹲姿训练

1. 站姿训练

（1）对镜训练。自己对着镜子进行训练，纠正不良的站姿；在找准标准站姿的感觉后，再坚持进行每次20分钟左右的训练。

（2）靠墙站立训练。脚跟、小腿、臀部、双肩、后脑勺都要紧贴墙壁，如图 8.7 所示。每次训练时间控制为 20~30 分钟。

（3）头顶书训练。要求把书放在头顶，为了不让书掉下来，头和躯干要挺直，身体保持平衡，如图 8.8 所示，这种练习可以纠正低头、仰脸、晃头及左顾右盼等不良习惯。每次训练时间控制为 20~30 分钟。

图 8.7 靠墙站立训练

图 8.8 头顶书训练

（4）背靠背训练。两人一组，背靠背站立，两人的后脑勺、双肩、臀部、小腿肚、脚跟紧靠在一起。可以在两人的双肩、小腿肚紧靠的地方，各放一张卡片，不能让其滑落或掉下。

2. 坐姿训练

（1）基本坐姿训练。在掌握坐姿的基本要求和站姿训练的基础上，可以进行坐姿训练。在训练过程中，可以采用对镜规范训练、工具辅助训练（如头顶书）等训练方式，每次训练时间为 20~30 分钟，以后可随技能掌握水平的提高，逐渐缩短训练时间。

（2）模拟具体情境训练。为提高训练者的兴趣，调动其积极性，可模拟具体情境进行训练，如开展模拟招聘会、见面会、校友座谈会等。把坐姿训练与情境相结合，由训练者自行设计并保持坐姿，每次训练时间控制为 10~15 分钟。

（3）加强入座和离座训练。在坐姿训练中，除了重视姿态训练，还要注重过程训练，以避免动作过程不完整或缺失。入座和离座应分别进行单一动作训练，每次训练时间控制为 5~10 分钟。单一动作训练完成后再训练合成动作，以保持动作的连贯性和准确性，掌握优雅、庄重的坐姿。

3. 行姿训练

（1）分步骤进行基本训练。初级训练阶段应采用分解训练，把行姿分成三个环节进行训练，即提、迈、落。“提”是指行进腿的大腿向上提 45 度，形成膝盖上提、脚尖向下的形态；“迈”指行进腿以膝盖为轴，大腿保持不动，小腿向前伸直，脚尖稍离地；“落”指行进腿落地，后脚推前脚，重心前移。训练时，应先训练分解动作，再训练整合动作。

（2）运用工具进行辅助训练。为保持行姿的平稳性，可使用书籍作为工具进行辅助训练。在行进中将一本厚度适中的书放在头顶，头和躯干挺直，自然保持平衡。每次训练时间控制为 20 分钟左右。

（3）音乐体验训练。在掌握正确的行姿后，还可以配合音乐进行训练。可采用慢速音乐或中速音乐。这种训练方法不仅可以起到调节情绪的作用，还可以培养动作的韵律感和表现力，提高训练者的艺术素养。

4. 蹲姿训练

要有意识地、主动地、经常地进行标准蹲姿训练，形成良好的蹲姿。可以运用压腿、踢腿等活动关节的方式加强对膝关节、踝关节的力量和柔韧性训练，这是形成优美蹲姿的基础。平时在进行蹲姿训练时也可以配合优美的音乐，以放松心情，减轻单调、疲劳之感。

第二节 表情与手势

在美的方面，相貌之美高于色泽之美，而优雅合适的动作之美，又高于相貌之美，这是美的精华。

——[英]培根

一、表情

表情在传情达意方面有着重要的作用。表情是丰富且复杂的身体语言的一个重要方面，它包括脸色的变化、肌肉的收展以及眉、鼻、嘴等部位的动作。这里，我们重点介绍一下眼神和微笑。

微视频
演员的眼神戏

1. 眼神

“眼睛是心灵的窗户。”眼睛是人体中传递信息最有效的器官之一，能够表达细微、精妙的差异，释放出明显、准确的交际信号。据研究，在人的视觉、听觉、味觉、嗅觉和触觉等感受中，视觉感受最为敏感，人由视觉感受收到的信息占其掌握的所有信息的 83%。汉语中用来描述眉、目（眼）表情的成语很多，如“眉飞色舞”“眉目传情”“愁眉不展”“暗送秋波”“眉开眼笑”“瞠目结舌”“怒目而视”“暗送秋波”……这些成语都反映了人们会通过眼神来表现自己的喜、怒、哀、乐，人的七情六欲都能通过眼睛这个器官显现出来。

小案例

老师的眼神

一所重点中学举行百年校庆时，恰逢一位德高望重的老教师八十寿辰。这位老教师的经历极富传奇色彩，他教过的学生中，有许多已成为蜚声世界的教授、学者，也有活跃在时代前沿的 IT 精英。是什么造就了这位老教师的传奇经历呢？学校决定在百年校庆之际，把这个谜底揭开。于是，记者便对这位老教师的学生（各位成功人士）做了一个调查，请他们谈一谈老教师在哪些方面对他们的影响最大。结果，答案令记者很吃惊，学生们一致认为，是老师的眼神给了他们前进的动力。因为这位老教师的眼中时刻都流动着鼓励、肯定与信任，这给了学生们无穷的动力。

【点评】眼睛是心灵的窗户，而眼神则是透过这个窗户传递出的人的内心世界的本质。老师的眼神给学生们以鼓励、肯定与信任，滋润了他们的心灵，鼓舞了他们的斗志，激励他们不断上进，取得成功。

（1）眼神的构成。眼神主要由注视的时间、视线的位置和瞳孔的变化三个方面组成。

① 注视的时间。据研究，人们在交谈时，视线接触对方脸部的时间约占全部谈话时间的30%~60%，如果谈话时心不在焉、东张西望，或者由于紧张、羞怯而不敢正视对方，注视的时间不足谈话的30%，这样的谈话往往难以被对方接受和信任。

② 视线的位置。人们在社交过程中，面对不同的场合和对象，目光所及之处也是有差别的。有的人在与陌生人打交道时，往往因为不知怎样安置目光而感到窘迫不安；已被人注视而将视线移开的人，大多有相形见绌之感；仰视对方，一般能体现“尊敬、信任”的语义；频繁而又急速地转眼是一种反常的举动，一种掩饰的手段。当然，如果“死死地”盯着对方或者东张西望，也是极不礼貌的。

③ 瞳孔的变化。瞳孔的变化是指人们在视线接触时瞳孔的放大或缩小。心理学家往往用瞳孔的变化来测定一个人对不同事物的兴趣、爱好、动机等。兴奋时，人的瞳孔会放大；生气或悲哀时，消极的心情会使瞳孔收缩，眼神黯淡无光。所谓“含情脉脉”“怒目而视”等都与瞳孔的变化有关。据说，古时候的珠宝商人就已注意到这种现象，他们能通过顾客瞳孔的变化猜出对方是否对珠宝感兴趣，从而决定是抬高价格还是降低价格。

（2）眼神的运用。在社交活动中，与朋友会面或被介绍认识其他人时，可凝视对方稍久一些，这既能表示自信，也能表示对对方的尊重。双方交谈时，应注视对方的眼鼻之间的部位，表示重视对方及对其发言感兴趣。当双方缄默不语时，就不要再看着对方，以免加剧因无话可说而显得冷漠、不安的尴尬局面。当别人说错了话或显得拘谨时，务必马上转移视线，以免对方误认为自己的眼光是嘲笑和讽刺。送客时，等客人走出一段路，不再回头张望时，才能移开目送客人的视线。眼神可以传达异常丰富的信息，但微妙的眼神有时只可意会，难以言传，只能靠我们在社会实践中用心体察、积累经验、努力把握，方能在社交过程中灵活运用。

视野拓展

眼神运用的差异性

（1）日本人在闲谈时喜欢看着对方的脖子，他们认为直截了当地盯着对方的脸是不礼貌的举动。

（2）英国人在谈话时很少对视。

（3）瑞典人认为交谈时对视为佳，看着对方的眼睛说话能证明你诚实。

（4）在巴基斯坦，凝视是很平常的事，不会被认为是粗鲁或有威胁的行为。

（5）不能长久地凝视别人，这是希腊人一项不成文的规矩。

（6）阿拉伯人认为，凝视对话人，是起码的待人礼节。与人对话而目光旁落，意味着对其不尊重。

2. 微笑

微笑是一种特殊的“情绪语言”。它可以和有声语言及行为举止配合，沟通人们的心灵，架起友谊的桥梁，给人以美好的享受。工作和生活离不开微笑，社交活动中更需要微笑，如图 8.9 所示。

图 8.9 微笑

（1）微笑的作用。微笑是世界通用的身体语言，它超越了民族和文化的差异。微笑是人人都喜爱的身体语言，正因为如此，无论是个人还是组织，都应充分重视微笑及其作用。

小案例

希尔顿的微笑服务

“旅馆大王”康拉德·希尔顿就是利用微笑获得成功的典型。希尔顿于 1919 年把父亲留给他的 1.2 万美元连同自己挣来的几千美元投资出去，开始了自己雄心勃勃的旅馆经营生涯。当他的资产奇迹般地增加到 5 100 万美元的时候，他欣喜而自豪地把这一成就告诉了母亲。想不到，母亲却淡然地说：“依我看，你跟以前根本没有什么两样，事实上，你必须把握比 5 100 万美元更值钱的东西，那就是除了对顾客诚实之外，还要想办法使住过希尔顿酒店的人还想再来住，你要想出简单、容易、不花本钱而行之久远的办法去吸引顾客。这样你的旅馆才有前途。”母亲的忠告使希尔顿陷入迷惘：究竟什么办法才具备母亲指出的“简单、容易、不花本钱而行之久远”这四个条件呢？他冥思苦想，不得其解。于是他逛商店、住旅店，亲身体验顾客的感受，最终找到了准确的答案：微笑服务。

由此，“微笑服务”成了希尔顿的经营策略。每天不管多累多忙，他都会微笑地提醒员工们：“你微笑了没有？顾客感受到你的微笑没有？”他把微笑服务定为制度，要求每位员工不论什么时候都要对顾客报以微笑，哪怕顾客在挑剔地提意见，哪怕受到了误解和委屈。即使是在酒店生意最不景气的时候，他也经常要求员工们：“我们要面带微笑，不要把心里的‘愁云’摆在脸上，顾客是来接受我们服务的，不是来听我们诉说委屈的。”因此，无论酒店遇到多大的困难，希尔顿酒店每位员工的脸上永远挂着微笑。

【点评】希尔顿酒店能在强手如林的酒店行业里占据霸主地位，得益于创始人希尔顿的大格局，其成功的秘诀就在于“微笑服务”。微笑是一个人真诚内心的外露，它能够感染人，且富有穿透力。这也是希尔顿酒店让人住了一次就忘不了，还想住第二次、第三次的秘诀。希尔顿的成功告诉我们：一个人可以没有财富、没有学历，但只要有一张带有微笑的脸，就有成功的希望。

小贴士
微笑的十大好处

近年来，日本许多公司的员工都在业余时间参加“笑”的培训，他们认为这样可以增强企业的内部凝聚力，改善对外服务，提高企业效益。在日本，无论是高兴、悲伤，还是愤怒，都必须学会控制情绪，以保持集体和睦。因为日本人认为藏而不露是一种美德。但自从日本经济进入衰退期后，生意越来越难做，商家竞争日趋激烈。于是，为招揽顾客，日本商家，特别是零售业和服务业的商家新招迭出，招数之一就是让员工以笑脸迎客。在今天的日本，数以百计的“微笑学校”应运而生。日本一些公司的员工一般会在下班后去这些学校接受微笑培训，时长 90 分钟，连续受训一周。据称，经过微笑培训，日本不少公司的销售额“直线上升”。日本许多公司招聘时，都把能“自然地微笑”作为一个重要的录用标准。

（2）微笑的规范。①口眼结合。要口到、眼到、神色到，笑眼传神，微笑才能扣人心弦。②笑与神、情、气质相结合。这里所讲的“神”，就是指要笑得入神，笑出自己的神情、神色、神态，做到情绪饱满、神采奕奕；“情”，就是要笑出感情，笑得亲切、甜美，反映美好的心灵；“气质”就是要笑出谦逊、稳重、大方、得体的气质。③笑与语言相结合。语言和微笑都是传递信息的重要符号，只有将微笑与美好的语言结合，声情并茂、相得益彰，微笑方能发挥出它应有的作用。④笑与仪表、举止相结合。以笑助姿、以笑促姿，才能展现完整、统一、和谐的美。

尽管微笑有其独特的魅力和作用，但若不是发自内心的真诚微笑，那便是对微笑的亵渎。真正的微笑应是人们内心真实情感的表露。

小案例

日本高铁用软件检测员工微笑

为提高服务质量，日本京滨急行电铁株式会社的员工有一个与众不同的老板——“微笑警察”。这个“老板”将每天对员工的面部表情进行扫描。“微笑警察”是一款由日本欧姆龙公司开发的“微笑检测”软件，“微笑警察”能根据员工的面部特征、嘴唇弧线以及眼部运动引起的皱纹给出详细的微笑分析。在扫描员工的面部表情之后，这款软件会估算出一个人最大的微笑程度，分成0～100个等级。如果检测到一个低于标准的微笑，一系列的微笑提示信息就会出现在计算机屏幕上，例如“你看起来还是太严肃了”“扬起你的嘴角”等提示信息。这家公司要求所有员工都使用这款软件，每天在开始工作前先检测自己的微笑，并将微笑打印出来，用这张微笑照片提醒自己一整天都要保持良好的状态。

【点评】在经济学家眼里，微笑是一笔巨大的无形财富；在心理学家眼里，微笑是最能说服人的心理“武器”之一；在服务行业，微笑成了一张张响当当的名片。日本京滨急行电铁株式会社用软件检测员工的微笑，运用高科技手段促使每一位员工保持良好的状态，这样的企业必将赢得乘客的青睐。

课堂互动

（1）分小组不带表情地对视一至二分钟，分别说明内心感受。

（2）分小组面带微笑地对视一至二分钟，分别说明内心感受。

视野拓展

在正式场合中笑的禁忌

在正式场合中笑的时候，应避免出现以下几种“笑”。

（1）假笑，即笑得虚假，皮笑肉不笑。

（2）冷笑，即含有怒意、讽刺、不满、无可奈何、不屑、不以为然等意味的笑。这种笑非常容易使人产生敌意。

（3）怪笑，即笑得怪里怪气，令人心里发麻。它多含有恐吓、嘲讽之意，令人十分反感。

（4）媚笑，即有意讨好别人的笑。它亦非发自内心，而出自一定的功利性目的。

（5）怯笑，即害羞或怯场的笑。例如，笑的时候，以手掌遮掩口部，不敢与他人进行视线交流。

（6）窃笑，即偷偷地笑，多表示洋洋自得、幸灾乐祸或看他人的笑话。

（7）狞笑，即笑时面容凶恶，多表示愤怒、惊恐、吓唬他人。此种笑容无丝毫美感可言。

二、手势

手是人体最灵活的器官。如果说“眼睛是心灵的窗户”，那么手就是心灵的“触角”，是人的第二双眼睛。手势在传递信息、表达意图和情感方面发挥着重要作用。

视野拓展

丰富的手势语

据语言专家统计，表示手势的动词有近两百个。“双手紧绞在一起”表示的是精神紧张。用手指或笔敲打桌面，或在纸上涂画，表示不耐烦、无兴趣。搓手常表示人们对某事结局的急切期待，在经济谈判中，这种手势可以告诉对方你在期待着什么。伸出并敞开双手给人以言行一致、诚恳的感觉。掌心向下的手势表示控制、压制，带有强制性，容易使对方产生抵触情绪。谈话时掌心向上的手势表示谦虚、诚实，不带有任何威胁性。双臂交叉于胸前是一种含有敌意和防御的态度。塔尖式手势表示自信，伴之以身体后仰则显得高傲。用手支着头，蕴含的意义是不耐烦、厌倦。用手托摸下巴，说明老练、机智。手势语还包括招手致意、挥手告别、握手示好、摆手回绝、合手祈祷、拍手称快、拱手答谢（相让）、抚手示爱、指手示怒、颤手示怕、捧手示敬、举手赞同、垂手听命，等等。

丰富的手势语在人们的交往中是不可缺少的。在社会交往中，手势有着重要的作用，生动形象的有声语言再配合准确的手势，能使人际交往更有感染力、说服力和影响力。

1. 手势的区域

手势活动的范围分为上、中、下三个区域。肩部以上称为上区，多用来表示理想、希望、宏大、激昂等情感，表达积极、肯定的意思；肩部至腰部称为中区，多表示比较平静的思想，一般不带有浓厚的感情色彩；腰部以下称为下区，多表示不屑、厌烦、反对、失望等情感，表达消极、否定的意思。

2. 手势的类型

人的手势一般可分为以下四种类型。

（1）情意性手势。情意性手势主要用于表达带有强烈感情色彩的内容，其表现方式极为丰富，感染力极强。比如说“我非常爱她”时，用双手捂住胸口，以表示真诚。

（2）象征性手势。象征性手势主要用来表达一些比较复杂的感情和抽象的概念，从而引起对方的思考和联想。例如，用右手五指并齐，手臂前伸这个手势来形容，表现奋勇进发的大军乘胜追击的场面，从而引起听众的联想。

（3）指示性手势。指示性手势主要用于指示具体的事物或数量，其特点是动作简单，表达专一，一般不带感情色彩。例如，表示“这边”“那边”“上头”“下头”时都可以用手指一下，能给人以更清楚的印象。

（4）形象性手势。形象性手势的主要作用是模拟事物的形状，以引起对方的联想，给人一种具体、明确的印象。例如，说到高山，手向上伸；讲到大海，手平伸外展。

微视频
某公司的行为规范及手势礼仪

3. 手势运用的原则

手势运用得当能反映出人们复杂的内心世界，如果运用不当，就会适得其反，因此在运用手势时要注意以下几个原则。

（1）简约明快。手势的使用不可过繁过多，以免喧宾夺主。

（2）文雅自然。拘束、不雅的手势有损个人形象，因此运用手势时必须做到文雅自然。

（3）协调一致。手势应与全身协调，手势应与情感协调，手势应与语言协调。

（4）因人而异。我们不可能要求每个人都做统一的手势，要因人而异。

4．常见的手势

（1）引领的手势。各种交际场合都离不开引领手势。例如，请客人进门、请客人坐下、为客人开门等，都需要运用引领手势。同时，由于这是一种礼仪，运用时还必须注入真情实感，调动活力，才能体现手势的美感。引领手势主要有以下几种表现形式。

① 横摆式。以右手为例，五指伸直并拢，手心不要凹陷，手臂与地面成45度角，手心向斜上方；腕关节微屈，低于肘关节。做此动作时，手从腹前抬起，至横膈膜处，然后以肘关节为轴向右摆动，到身体右侧稍前方停住。同时，双脚呈右“丁”字步脚位，左手自然下垂，目视来宾，面带微笑，如图8.10所示。这是在入口处常用的引领手势。

② 曲臂式。当一只手拿着东西，扶着电梯门或房门，同时要做出“请”的手势时，可采用曲臂式手势。以右手为例，五指伸直并拢，从身体的侧前方向上抬至上臂离开身体的高度，然后以肘关节为轴，手臂由体侧向体前摆动，到手与身体相距约20厘米处停止，目视来宾，如图8.11所示。

③ 斜下式。请来宾入座时，采用斜下式手势。首先，用双手将椅子向后拉开，然后一只手曲臂由前抬起，再以肘关节为轴，前臂由上向下摆动，使手臂向下呈一斜线，面带微笑并点头示意来宾，如图8.12所示。

（2）招呼他人的手势。左手放于体侧，右手手臂伸直，向前、向上抬起右手，手掌向下，屈伸手指做挠痒状或晃动手腕，如图8.13所示。这种手势在中国、欧洲大部分地区以及拉丁美洲的许多国家都比较适用。但在美国、日本等国与此相反，他们多用掌心向上，手指向内屈伸，手指做挠痒状或晃动手腕的手势来招呼别人。

图8.10 横摆式

图8.11 曲臂式

图8.12 斜下式

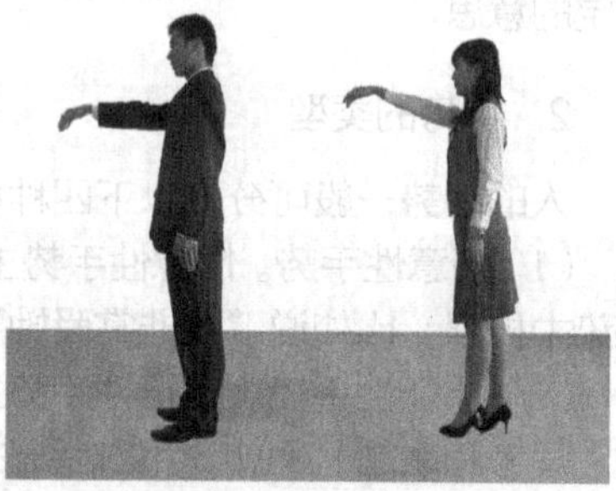
图8.13 招呼他人

（3）挥手告别的手势。身体站直，不晃动，目视对方，手臂伸直，呈一条直线，右手于体侧向前、向上抬高，手臂不可弯曲，掌心朝向对方，指尖朝向上方，五指并拢，手腕晃动，如图8.14所示。

（4）指引方向的手势。当有人询问去处时，要先行站直，不可在尚未站稳或行走时为他人指引方向。右手手臂伸直，呈一条直线，五指并拢，手掌翻转使掌心朝上，直指准确的方向。目光要随着手势走，指到哪里看到哪里，否则易使对方感到迷惑。指引方向后，手臂不可马上放下，要保持手势顺势送出几步，以体现出对他人的关怀和尊敬。指引方向的手势如图8.15所示。

（5）展示物品的手势。应使物品在身体的一侧展示，不要挡住本人的头部（见图8.16）。展示的位置不同，物品所包含的意义不同。当手持物品高于双眼时，适用于被人围观；当手持物品位于眼睛下方、胸部上方，可给人以放心、稳定感；当手持物品位于眼睛下方、胸部上方，双臂伸直在肘部以外时，给人以清楚感，通常在这个位置展示是想让对方看清楚物品；当手持物品位于胸部以下时，给人以漠视感，通常用于展示不太重要的物品。

图 8.14 挥手告别

图 8.15 指引方向

图 8.16 展示物品

（6）递接物品的手势。递接物品，不方便用双手时，可用右手，但绝不可单用左手。双方距离比较远时，应起身站立，主动走近对方递送或接取物品。递送物品时最好直接递至对方手中，方便对方接取。递送有文字、图案、分正反面的物品时，要使文字、图案、正面向上且朝向对方；接取物品时，要缓且稳，如图 8.17 所示，不要急于抢取。递送带尖、带刃或其他易伤人的物品时，应使其尖、刃或者易伤人的部位朝向自己或朝向他处，切不可朝向对方。

图 8.17 递接物品

（7）鼓掌的手势。鼓掌是在观看文体表演、参加会议、迎候嘉宾时为了表示赞赏、鼓励、祝贺、欢迎等情感的一种手势。鼓掌的要领是，以右手掌心向下有节奏地拍击左掌，不可左掌向上拍击右掌；也不可右掌向左，左掌向右，两掌互相拍击。鼓掌时间要长短相宜，以五至八秒为宜。

5. 常见的手势语

手势语是以手的动作和面部表情表达思想、进行交际的手段，使用手势语时多伴有身体动作。社交中常用的手势语主要有以下几种。

（1）“OK”手势。拇指和食指合成一个圆圈，其余三指自然伸出可形成“OK”的手势。这一手势于 19 世纪初风靡美国，其意义相当于英语的“OK”，即“好了”“一切妥当”“赞扬”“允许”“了不起”“顺利”等。“OK”手势在西方某些国家比较常见，但是在土耳其、希腊、巴西和德国的部分地区，这种手势却是一种极具冒犯性的手势。

小案例

“OK”手势闹出笑话

某人（本例最初来源不明，故隐去姓名）在上中学的时候，由于学校修路把侧门关闭了，他需要绕很远一段路去上课。有一次眼看就要迟到了，于是他决定翻墙进去，但学校明令禁止跳墙，经常派保安在墙下巡逻。他正在犹豫不决的时候，看见一个同学经过。隔着栅栏门，他小声问：“墙下有没有保安？”同学四下看看，也不说话，只是冲他比画了个“OK”的手势。他一看很高兴，如武林高手一般，攀住墙头，“噌”一下翻了过去。就在他双脚落地之时，三个保安过来将他团团围住，二话不说，把他带到了保卫处。回到教室，他十分生气地问那个同学："明明墙下有三个保安，你怎么还做'OK'的手势？"那位同学也十分气愤地说："你是真傻还是装傻呀？我这是中国手势，意思是墙下有三个保安！"

【点评】手是人的身体上活动幅度最大、运用最多的部位之一。手势语是身体语言的重要组成部分。在世界上不同的国家或民族，同一种手势语表达的意思可能大体相同或相近，也可能截然相反。即使在同一文化背景下，同一手势也可能有多种含义，"OK"手势的多义性即是一例。

（2）伸大拇指手势。大拇指向上，在说英语的国家多表示"OK"之意或打车之意；若用力伸直，则含有骂人之意；若大拇指向下，多表示坏、不好之意。在我国，伸大拇指这一手势基本上是向上伸表示赞同、一流、好，向下伸表示蔑视、不好。

（3）"V"字形手势。伸出食指和中指，掌心向外，其语义主要为胜利（英文 Victory 的第一个字母）。在赛场上，在人们互相祝贺的各种场合中都经常看到这一手势。需要注意的是，如果掌心向内做出这样的手势，在英国、澳大利亚和新西兰等国就是一种亵渎、侮辱他人的信号。在中国，可以使用类似的手势表示数字"2"。在欧洲各地，这一手势也用来表示"2"。

视野拓展

"V"字形手势的来历

"V"字形手势来源于英国前首相温斯顿•丘吉尔。在第二次世界大战中，英国在战争中处于较为不利的地位。丘吉尔在演说中使用了"V"字形手势，代表"Victory"（胜利），号召人们保家卫国，坚决同德国法西斯斗争到底。这一手势受到人们的欢迎和喜爱，很快风靡全英国。现在，"V"字形手势已经风靡世界。

小故事

小明的手势

小明刚上三年级，这天他考数学，考得挺好。放学回到家，他 90 多岁的太奶奶问他："今天考得咋样啊，孩子？"他说考得挺好，冲太奶奶做了个"V"字形手势，太奶奶哪懂得"洋手势"的意思呢，说道："哦，这孩子学习不行，考了个'鸭巴子'"。"鸭巴子"是方言，就是指得了 2 分，鸭子的形状就像阿拉伯数字"2"。第二天放学，太奶奶又问小明："孩子，你今天考得咋样啊？"小明今天考的是语文，考得也很好，就冲太奶奶做了一个"OK"的手势，太奶奶还是不懂这个"洋手势"的意思，叹了口气，说道："唉，这孩子学习不行，还不如昨天呢，考了个大零蛋！"

（4）捻大拇指手势。推销员、银行职员等经常与钱打交道的人，常常使用捻大拇指的手势表示"钱"。这是因为在日常生活中，人们多使用这一动作来数钱。捻大拇指手势是这样的：大拇指与食指相对，做出两指相捻的动作。人们注意到，在使用这一手势时，食指是向内移动的，这一动作方向暗示了谈钱者希望"向内"收钱。当有人想得到报酬或各种形式的好处时，其食指一定会向内移动，这是在无意识地表示对有形的钱或无形的其他好处的"期盼"与"接收"。相反，如果使用这一手势时，食指是向外移动的，这恰恰与人们弹掉什么东西的手势相似，那么，它所表示的意思就不再是内敛或内聚了，就成了"排除"和"解除"的信号。

（5）十指交叉手势。将十指交叉在一起，置于桌上或身体一侧，这一手势的含义不一。实际上，对这种手势的理解有两种：在许多情况下，人们将这种手势看作自信，因为使用这一手势的人总是神情自若，言谈中也总显得无忧无虑；也有人将这种手势看作一种消极的人体信号，它表示情绪沮丧、心理矛盾或敌对情绪，也可以表示紧张或被控制的情绪，但到底是哪一类，需结合具体情况而定。

（6）捻指做响指手势。捻指做响指手势就是用大拇指和食指弹出声响，其或表示高兴，或表示赞同，或表示无聊。应尽量少用或不用这一手势，因为其声响有时会令他人反感或觉得做手势的人没有教养，尤其是不能对异性运用此手势，这是挑衅、轻浮之举。

6. 不良的手势

在交际中运用手势和手势语时，以下几种手势是应特别注意避免的，否则，将会给对方传递不良的信息。

（1）指指点点。交际中绝不可随意用手对他人指指点点，与人交谈时更不可这样做。指着别人说话，往往会引起他人较强的反感。

（2）随意摆手。与人交往，尤其是接待服务对象时，不可将一只手臂伸在胸前，指尖向上，掌心向外，左右摆动。这种手势的一般含义是拒绝别人，有时还有极不耐烦之意。

（3）摆弄手指。工作无聊时，反复摆弄自己的手指，活动关节或将其捻响、打响指，或莫名其妙地攥拳松拳，或手指动来动去，在桌面或柜台上不断敲击，都往往会给人不严肃、散漫之感，令人生厌。

（4）抚摸身体。在工作时，有人习惯抚摸自己的身体，如摸脸、擦眼、挠头、挖鼻、剔牙、抓痒、搓泥，这会给别人留下缺乏公德意识、不讲究卫生、个人素质低下的印象。

课堂互动

两人一组进行训练，练习运用不同的手势，互相纠正不雅观或者不正确的地方。

训练营

表情与手势训练

1. 表情训练

（1）眼神的训练。训练前，每人准备一面小镜子、音乐播放器材、歌曲音频、演员和节目主持人通过眼神表达内心情感的影像资料等。具体训练方法如下。

① 睁大眼睛训练：有意识地练习睁大眼睛，增强眼部周围肌肉的力量。

② 转动眼球训练：头部保持稳定，眼球尽最大努力做顺时针和逆时针的360度转动练习，增强眼球的灵活性。

③ 目光集中训练：眼睛盯着距离三米左右的某一物体，先看完整体外形，逐步缩小范围到物体的某一部分，再到某一点，再从局部回到整体。这样可以提高眼睛的明亮度，使眼睛十分有神。

④ 影视剧观察训练：观看影像资料，注意观察和体会演员或节目主持人是如何通过眼神表达内心情感的。

（2）微笑的训练。

① “口咬筷子”法：把筷子横着含在嘴里咬住，嘴角向上，发出“一”的声音，同时对着镜子不断调整自己的表情，如图8.18所示。

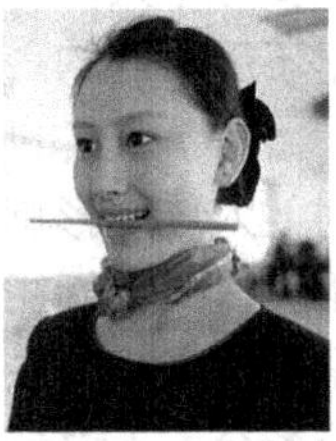
图8.18 微笑练习

② 情绪记忆法：将生活中令自己最开心的事情储存在记忆中，当需要微笑时，只要想起那件事情，脸上就会流露出笑容。

③ 口型练习法：练习微笑时，嘴里可以发出“一”“七”“美”“茄子”“威士忌”等音，并注意保持口型。

提示：训练之前要忘掉自我和烦恼，让心中充满喜悦；可对着镜子练习，调整自己的口型，注意与面部其他器官的协调，做出使自己满意的微笑表情；训练过程中可配上优美的音乐，放松心情，减轻单调、疲劳之感。

2. 手势训练

训练最好在形体训练室进行。训练前做好如下准备：音乐播放器材、歌曲音频、投影设备、剪刀、文件等。

（1）调整体态，保持良好的站姿。

（2）每两人一组对镜子练习常用手势，包括引领、招呼他人、挥手告别、指引方向、展示物品、递接物品（剪刀、文件）、鼓掌等手势，并互相纠正。

第三节 举止与风度

举止是映照每个人自身形象的镜子。

——[德]歌德

一、举止

一个人的举止端庄、行为文明、动作规范，是其具有良好素养的表现，它能帮助个人树立美好形象，也能为组织赢得美誉；反之，则会损害个人和组织的形象。

小案例

一口痰毁了一次合作

中国某医疗器械厂经过艰难的谈判，即将与美国客商约瑟先生签订输液管生产线合同。然而，在参观车间时，厂长陋习难改，在地上吐了一口痰。约瑟看后一言不发，掉头就走，只留给厂长一封信："我十分钦佩您的才智和精明，但您吐痰的一幕使我彻夜难眠。一个厂长的卫生习惯可以反映一个工厂的管理素质，况且我们合作的产品是医疗产品，人命关天。请原谅我的不辞而别，否则我内心难安。"

【点评】在社交活动中，有些小细节可能会暴露出一个人在礼仪修养上的缺陷，而这又可能恰恰是对方所重视的，于是就会形成影响双方合作的巨大障碍。医疗器械的生产，对环境和员工的卫生习惯要求很高，约瑟的"苛求"并不过分，完全是对企业和产品负责，对公众负责的表现。这也表现了他的科学管理及文明修养的水平。对比之下，这位厂长的水平就差多了，尽管他有谈判的才能，但文明修养水平很低，又怎能实现双方的合作呢？因此，在社交活动中，举止礼仪是非常重要的，不注重举止礼仪，出现一口痰毁了一次合作的事情也就不奇怪了。

举止是仪态的一个重要组成部分。端庄的举止、文明的行为体现在日常生活的方方面面，但在交际中人们的举止会受到一定的约束。在交际中不拘小节、行为莽撞、举止失措的"冒失鬼"是不受欢迎的。因此，在交际中我们要努力避免以下不良举止。

（1）冒失的行为。行为冒失的人往往"目中无人"，以自我为中心，不考虑自己的行为是否会对他人造成影响。行为冒失的人的行为特征是手脚太"快"、动作太"硬"、幅度太"大"。有些人手脚冒失，如在庄重肃穆的场合，冒失的人往往会窜来窜去；展览会上的展品他会随便去摸；进别人的房间时往往会忘了敲门；经常会损坏物品。有些人语言冒失，他们常常说话不看对象、不分场合、不讲分寸，结果闹出笑话或得罪人。例如，即使是初次相识，冒失的人也会对对方提出一些不恰当的问题或要求；连别人是否结了婚都没弄清楚，便贸然问人家的孩子是男孩还是女孩；一不小心就用言语伤害了别人的自尊心等。有人认为这是性格粗犷、豪爽仗义的表现，其实不然，这些冒冒失失的行为正表现出其文明修养非常欠缺。

（2）公共场合大声说话。在乘坐公共交通工具时，在餐厅、剧院、电梯等地方经常可以听到一些人大声交谈，旁若无人。这样做必将影响周围人的心情、思绪，有时甚至让听者感到难堪。所以，在公共场合应注意控制自己说话的音量，以免干扰别人。如果可以找到一个不影响他人的区域，最好到这样的区域去说话。

（3）随地吐痰，乱扔垃圾。吐痰是最容易直接传播细菌的一种不良举止，随地吐痰是非常不礼貌且影响环境、影响人的身体健康的行为。如果要吐痰，应该把痰吐在纸巾上，再把纸巾丢进垃圾箱，或去洗手间吐痰，但不要忘记清理痰迹和洗手。乱扔垃圾也是应当受到谴责的不良举止之一。

（4）当众挠痒。挠痒的举止很不文雅。身体瘙痒的原因很多，出现这些情况时，要按场合来灵活处理。如果处在极严肃的场合，应稍加忍耐；如果实在是无法忍耐，则应离席到较为隐蔽的地方去挠一下，然后赶紧回来。一般来说，在公共场合不应用手抓挠身体的任何部位。因为不管怎么小心，抓挠的动作都是不雅的。

（5）当众嚼口香糖。有些人经常当众嚼口香糖以保持口腔卫生，那么在嚼口香糖时应当注意自己的形象。咀嚼的时候应闭上嘴，不能发出声音，并应该把嚼过的口香糖用纸包起来，扔到垃圾箱里。

（6）当众挖鼻孔、掏耳朵。有些人习惯于当众挖鼻孔或掏耳朵，这是很不雅的举止。尤其是在餐厅或茶坊，别人正在进餐或饮茶，这种不雅的小动作往往会令旁人感到非常恶心。

（7）当众挠头。有些头皮屑多的人，因为头皮发痒往往会在公共场合忍不住挠头，这会令旁人大感不快。特别是在那种庄重的场合，这种举止是很难得到别人的谅解的。

（8）在公共场合抖腿。有些人坐着时会有意无意地抖动双腿，或者让跷起的腿来回晃动，而且自我感觉良好，以为无伤大雅。其实，这会令人觉得很不舒服。记住，这是不文明的表现，也是不优雅的举止。

小案例

我的财都被他“抖”掉了

有一位华侨到国内洽谈合资业务，谈了好几次，最后一次来之前，他曾对朋友说：“这是我最后一次去谈了，我要跟他们的最高领导谈，谈得好，就可以拍板。”过了两个星期，他和朋友相遇，朋友问：“谈成了吗？”他说：“没谈成。”朋友问其原因，他回答：“对方很有诚意，洽谈也进行得很顺利。就是跟我洽谈的这个领导坐在我的对面，洽谈时不时抖动自己的双腿，我觉得还没有跟他合作，我的财都被他‘抖’掉了。”

【点评】抖腿会令人觉得很不舒服，是不文明的表现，也是不优雅的举止，大家一定要坚决杜绝。

（9）当众打哈欠。在交际场合，打哈欠给对方的感觉就是听者对自己所讲的话题不感兴趣，很不耐烦。因此，如果控制不住要打哈欠，一定要马上用手盖住嘴，并立即说“对不起”。

（10）频频看表。在与人交谈时，如果没有其他重要约会，最好少看手表。这样的小动作会使对方认为你还有什么重要的事情，不会继续谈话；同时，你的这种小动作可能引起对方的误会，认为你没有耐心再谈下去。如果你确实有事在身，不妨婉转地告诉对方改日再谈，并表示歉意。

通过避免以上不良举止，我们可展现个人良好的文明修养，打造完美的个人形象。

二、风度

风度是社交活动中使人印象深刻的内在气质的综合反映，风度不但是一个人性格特征的表现，而且是一种内在涵养的表现。风度是一个人的姿态举止、言谈、作风等表现出来的美。这种美既是一种外在美，又是一个人内在美的自然流露，是内在美和外在美的和谐统一。

我们既要重视妆容、服饰与姿态的美，更要注重内在修养的美，何况外在仪容本身就能折射出个人内在的气质。要想在社交场合风度翩翩，应从内在这一根本做起。

1. 风度的培养是人内在气质的展现

气质不佳者难有好的风度。内在气质的优化依靠平时的修养、陶冶，因而它会不经意地表现为风度。

小故事

曹操的气质风度

据《世说新语·容止第十四》记载，曹操个子较矮，一次匈奴来使，理应由曹操接见。可是，曹操怕使者见自己矮而看不起自己，于是请大臣崔琰冒充自己，曹操则持刀扮成侍卫站在崔琰的旁边观察使者。崔琰“眉目疏朗，须长四尺，甚有威重”。接见后，曹操派人去探听使者的反应，使者说：“魏王雅望非常，然床头捉刀者，此乃英雄也。”曹操具有高度的政治、军事、文化素养，具有独特的政治家气质。因此，他的风度并不因他身材矮小而受到影响，也不因他扮成地位低下的侍卫而被掩盖。

【点评】这个故事说明，英雄总有其本色和风度，不是身材、相貌、服饰等所能掩饰和冒充的。风度虽是人的外在表现，却以内在素质为基础。

2. 风度的培养离不开良好的德、才、学、识

良好的文化素养、脱俗的思想境界、渊博的学识、精深独到的思辨能力，是构成良好风度的重要内在因素。宽宏的气度自古以来就是君子之风，知识丰富且善于辞令，时而妙语连珠，时而幽默风趣，这些风度也可通过语言举止、服饰等表现出来。如毛泽东有运筹帷幄的政治家风度，周恩来才思敏捷、风姿潇洒，有外交家的风度，鲁迅有“横眉冷对”的铮铮铁骨，等等。高尚的道德修养与高超的学识造就了卓然的风度。

3. 风度的培养应注意经常性的训练

培养风度首先要对自己的气质、性格、经历、知识和文化程度，乃至身材、面容等条件有自知之明。既不能听之任之，对自己毫无要求，以“本色”“自然”自夸；也不能期望过高、操之过急，以致矫揉造作、生硬别扭，或东施效颦、欲美反丑。应审度自己，科学地进行自我设计，持久地实践、训练，方能水到渠成。例如根据自身特点坚持训练站姿、坐姿、行姿、言谈举止，在各种场合、环境下都运用自如，从容自信，风度就会随之而来。正如一位艺术家所言：“只有你自己才能识别自己的长处和魅力。它们也许是你的低眉浅笑，也许是你的开怀畅谈，也许是你的亲切和蔼。它可能是你对生活乐趣的领悟，也可能是你的沉静安详。”

训练营

个人仪态设计训练

训练目的：了解个人仪态礼仪的基本知识和规范，在交际中塑造出良好的个人仪态形象。

训练学时：1学时。

训练地点：训练室。

训练内容：

（1）将学生分成若干个小组，每组设计不同的情景（如求职面试、商务接待、商务拜访等场景），由学生进行角色扮演，展示基本的站姿、坐姿、行姿、蹲姿、表情、手势等仪态礼仪，用摄像机或手机拍摄角色扮演的全过程；

（2）为全班学生回放拍摄的视频，找出不规范的地方，学生互相进行评价；

（3）教师进行总结评价，全班同学评选出“最佳表现组”。

自我认知测试

从站姿看性格和心理

自我认知测试结果分析

你平时的站姿是以下哪种？（　　）

A．背脊挺直、胸部挺起、双目平视前方　　B．弯腰曲背、略显佝偻状

C．两手叉腰而立　　D．两腿交叉而立

E．双手插入口袋而立　　F．靠墙壁而立

G．背手而立

知识巩固与训练

一、简答题

1．在遇到陌生人时，你怎样用身体语言使对方放松，以博得对方的好感？

2．你的眼神是否充满了自信和活力？怎样才能使眼神充满自信和活力？

3．观察一下日常生活中每张微笑的脸，说说“微笑的脸”有哪些特征。

4．在社交中，应杜绝哪些不良举止？

5．怎样使自己拥有良好的风度？

二、实践题

1．请每天拿出10~20分钟时间练习站、立、行、蹲等姿态。

2．你对自己的仪态满意吗？请观察一下你周围的人在站姿、坐姿、行姿等方面存在什么问题，提醒自己避免出现这些问题。

3．今天你微笑了吗？试着每天清晨起床后，在对着镜子整理仪容的同时，把甜美愉快的笑容留在脸上。

4．观察你周围的人，分析他们的哪些言行、举止符合礼仪要求，哪些不符合礼仪要求，并分析这些言行、举止形成的原因。

三、分析题

请根据下列语句的内容给出相应的手势和表情。

1．请大家安静，安静！

2．什么是爱？爱，不是索取，而是奉献！

3．他转身朝着黑板，拿起一支粉笔，使出全身的力量，写了几个大字："法兰西万岁！"然后他站在那儿，头靠着墙壁，话也不说，只向我们做了一个手势："放学了——你们先走吧！"

4．在过去的一年中，在座的各位将我们的销售额不可思议地提高了17.17%！这在公司的整个历史上还从来没有过，从来没有！由此，我们的利润不只是提高了5%或10%，而是13%，整整13%！

5．大家不要慌，请大家跟我来！

6．我现在要明确地告诉对方辩友，你们犯了一个严重的逻辑错误！

7．现在，请让我们在此，心平气和地交换一下对这个问题的看法。

8．现在，摆在我们面前的有两条路：一条路是勇往直前奋战下去，有成功的可能，但也有失败的风险；另一条路是原地踏步，坐以待毙。

案例分析题原文

9．这几天，大家晓得，在昆明出现了历史上最卑劣最无耻的事情！李先生究竟犯了什么罪，竟遭此毒手？他只不过用笔写写文章，用嘴说说话，而他所写的、所说的，都无非是一个没有失掉良心的中国人的话！大家都有一支笔、有一张嘴，有什么理由拿出来讲啊！有事实拿出来说啊！

四、案例分析题

扫描二维码，阅读案例原文，然后回答每个案例后面的问题。

第九章 交际礼仪

Chapter 9

微视频
交际礼仪概说

学习目标

在交际活动中能够得体地称呼对方、进行自我介绍、介绍他人，更好地与人交往相识；熟练运用标准的握手等见面礼仪；接待、拜访时符合礼仪规范；使用电话和手机时符合礼仪规范；掌握使用微博和微信的礼仪；面试前能够进行充分准备；面试中讲究礼仪。

引导案例

如此会面

某企业的李经理为了采购新的生产线，决定前往其中一个供应商处实地考察。李经理在约定的时间到达该公司，拜访营销部王经理。到达办公室后，王经理正在收拾杂物。李经理自报家门后，王经理非常热情地伸出沾满灰尘的手与李经理握手，而后伸出右手食指指着旁边的沙发，说："请坐。"李经理从公文包里拿出自己的名片，双手递交给王经理，说："王经理，这是我的名片，还请多多关照。"王经理用右手接过名片，随手放到自己的办公桌上，而后从裤子口袋里拿出自己的名片，单手递给李经理，说："这是我的名片。"接着他坐在沙发上跷起了"二郎腿"，而且两腿不停地抖动。20多分钟后会谈结束，李经理告辞，并且暗下决定，不在这家供应商处采购生产线。

问题：

1．营销部王经理违反了哪些礼仪规范？

2．日常交际的礼仪规范包括哪些方面的内容？

第一节 见　面

生活里最重要的是礼貌，它比最高的智慧，比一切学识都重要。

——[俄]赫尔岑

一、称呼

微视频
称呼礼仪

1．称呼的礼仪要求

（1）礼貌尊重。称呼即关系定位，称呼的基本要求就是使用尊称。所以，在交际活动中，首先要定位彼此之间的关系，准确合理地使用称呼，做到因人而异、礼貌尊重。

（2）区分场合。在正式的交际场合和日常的交际场合，要采用不同的称呼，做到合乎常规。

（3）入乡随俗。不同的国家或民族、地域风俗、个人习惯等决定了称呼不是一成不变的，要因地而异，做到亲切自然。

2. 常用称呼的分类

常用的称呼如表 9.1 所示。

表 9.1 常用的称呼

称呼类型	称呼应用	使用说明
职务称呼	对交际对象以职务相称，以示身份有别、尊敬有加，如经理、科长等	可在职务前加上姓氏或者姓名
职业称呼	对方职务不明确时，可以直接以其职业相称，如医生、老师、司机等	职业中有职称区别的可以细化为职称称呼，如教授、工程师
姓名称呼	工作岗位上平级的同事或熟人之间可称呼姓名	可只呼其姓，如“老李”“小张”；也可只称其名，如“丽萍”
广泛尊称	在职场商界、服务场合交际活动中，对不熟的人应用广泛尊称，如“小姐”“女士”“先生”等	“小姐”通常用来称呼未婚女性，在某些场合要慎用，“女士”是对成年女性的统称

小幽默

称 呼

甲：“大伯，我买一袋盐。”

乙：“我有那么老吗？”

甲：“不好意思，大叔，我买一袋盐。”

乙：“我比你大不了几岁。”

甲：“大哥，你脸色怎么这么难看？”

乙：“我长得那么像男的吗？”

3. 称呼的禁忌

（1）称呼错误。误读或误会都将导致称呼错误，不仅失礼而且尴尬，所以对拿捏不准的名字、年龄、辈分、婚否以及关系等一定要事先了解，虚心请教。比如，不可将未婚女性误称为“夫人”。

（2）称呼不当。不通行、不对应、不适宜的简称都是不当称呼。例如，不可将“范局长”简称为“范局”；山东人喜欢称呼“伙计”，但这在南方人听来，“伙计”类似于“打工仔”；中国人把配偶经常称为“爱人”，但在外国人的意识里，“爱人”则是“情人”的意思。

（3）称呼不得体。非正式场合的称呼、替代性称呼、绰号等用在正式交际场合中，就是不得体的。例如，“大个儿”“哥们儿”“老大”等称呼，虽然听起来亲近，但在正式交际场合就显得不得体。

课堂互动

以小组为单位，分组分角色进行称呼礼仪模拟训练。

4. 称呼的运用技巧

（1）初次见面时要特别注意称呼。初次与人见面或谈业务时，要称呼“姓+职务”，要字字清楚，例如“王总经理”。若对方是副总经理，可省略“副”字；但若对方是总经理，则不能为了方便把“总”字去掉，变为经理。

（2）称呼对方时不要一带而过。在交谈过程中，称呼对方时，要加重语气，说完称呼后停顿一下，再谈要说的事，这样能引起对方的注意，使对方认真地听下去。如果你称呼对方时，声音很轻，速度又很快，有种一带而过的感觉，对方听着不太舒服，有时也听不清楚，就不会得到对方的关注。相比之下，如果不注意对对方的称呼，过分强调要谈的事情，那就会适得其反，对方不会对你的事情感兴趣。所以一定要很认真、很清楚地把对对方的称呼完整地讲出来，以显示对对方的尊重。

视野拓展

称呼亲属

对他人的亲属要采用敬称，使用最为广泛的是以“令”“尊”“贵”“贤”等构成的一系列敬称词。例如，对他人之父可称为“令尊”，称其母为“令堂”，为了突出敬重可称“令尊大人”“令堂大人”；称其兄弟为“令兄”“令弟”；称其妻为“贤内助”“令正”；称其子女为“令郎”“令爱”；等等。

在向他人提及自己的亲属时，常在亲属前冠之以“家”“舍”“敝”等字以表谦逊。词义虽近，却有长幼、亲疏之分。“家”一般用来称呼比自己辈分高、年长的亲人，如向他人称自己的父亲为“家父”或“家严”，称自己的母亲为“家母”或“家慈”，称自己的哥哥为“家兄”，称自己的嫂子为“家嫂”；“舍”一般用于谦称比自己年幼的亲人，如对他人称自己的弟弟为“舍弟”，称自己的妹妹为“舍妹”，称自己的侄子为“舍侄”；“敝”一般用于谦称与自己在亲属关系上较疏远的长辈、平辈，如“敝姻翁”“敝表姐”；等等。需要特别指出的是，在谦称自己的儿女时，习惯上不称“舍儿”“舍女”，而是用其他卑词，如“小儿”“小女”“小婿”，或“犬子”“犬女”等。

二、介绍

介绍是社交的一把“钥匙”，这把“钥匙”用得好，可以使人在社交中称心如意；反之，则会给人带来种种麻烦。介绍可分为两种，一种是介绍自己（自我介绍）；另一种是介绍他人。

1. 自我介绍

微视频
名人的自我介绍

（1）自信大方。羞怯心理是进行自我介绍的一大障碍。在进行自我介绍前，首先，应有自信心，每个人都有优点、长处，“我”当然也不例外，而且因为自己最了解自己，所以应得体地把自己介绍给对方，引起对方的兴趣，把自己推销出去。其次，自信大方的自我介绍可满足对方了解自己的欲望，对方会做出一定的反应，愿意与你真诚合作，为双方关系的建立奠定良好的基础。最后，在进行自我介绍时，一定要确立人人平等的观念。不管你的交谈对象是谁，地位相差多远，都应挺起腰杆去介绍自己，因为彼此在人格上是平等的。

（2）繁简得当。人与人之间交往的目的不同，交谈的要求不一样，自我介绍的繁简程度也要有所区别，要因人因事制宜。有时只需要进行简单的自我介绍，讲明姓名、身份及前来的目的和要求即可。但在另一些场合，自我介绍的内容就应详尽一些，不仅要将姓名、身份及前来的目的和要求讲明，还要介绍自己的学历、性格、专长、经验、能力、兴趣等，目的是让对方对自己产生信任感。一般以联系日常工作为目的的自我介绍宜简，以交友、求职、应聘为目的的自我介绍宜详。

（3）自谦为佳。进行自我介绍应注意在保持自信的同时，还应自谦。谦虚是中华民族的传统

微视频
商务礼仪之介绍礼仪

美德，要学会说好一个“我”字。在自我介绍时，如果左一个“我”如何如何，右一个“我”怎样怎样，听众会渐渐反感。有的人把“我”字说得特别重，而且有意拖长，仿佛要通过“我”字来树立自己高大的形象。更有甚者在说“我”字时，神情得意扬扬，目光咄咄逼人，大有不可一世的气势。这种介绍不过是“王婆卖瓜”，只能给人留下骄傲自大的印象。要给人留下良好的印象，在说“我”字时就应语气平和、目光亲切、神态自然，这样才能让人从“我”字中感受到你自信、自立、自尊而又自谦的美好形象。

（4）善于自嘲。自吹自擂往往会引起人的反感，而自嘲这种自我介绍的方式反倒广受欢迎。因为自嘲是一种自我嘲讽和自我戏谑，是在自贬中进行自解和自慰，因而极富幽默感。例如，某校元旦晚会上，一位青年教师主动要求为大家唱一首歌，他微笑着走上台，先向大家简短地说了几句：“本人喜运动，爱唱歌，但没有受过专门训练，自学亦未成才，自诩为运动场上的球迷，走廊上的歌星。在这联欢晚会上，听到校园歌手引吭高歌，我喉咙发痒，于是也想唱一首，希望获得大家鼓励的掌声。”这几句诙谐幽默的自我介绍，充满了自嘲、自信，既风趣，又自然，容易为众人接受。

2. 介绍他人

在人际交往中，不仅需要介绍自己，还需要介绍他人，如把一位朋友介绍给另一位朋友。为他人做介绍时必须注意以下几点。

（1）讲究次序。为他人做介绍时要讲究介绍的次序，必须遵守“尊者优先了解情况”的原则，在为他人做介绍前，要先确定双方地位的尊卑，然后先介绍位卑者，再介绍位尊者。具体的做法是，先将男士介绍给女士；先将年轻者介绍给年长者；先将职位低者介绍给职位高者；先将自己的家庭成员介绍给对方。

另外，集体介绍时也要注意次序。在被介绍者的地位、身份大致相当，或者难以确定时，应当是人数较少的一方礼让人数较多的一方，一个人礼让多数人，先介绍人数较少的一方或个人，后介绍人数较多的一方或多数人。若被介绍者的地位、身份等存在明显差异，特别是当这些差异表现为年龄、性别、师生以及职务有别时，则地位、身份为尊的一方即使人数较少，甚至仅有一人，仍然应被置于尊贵的位置，最后加以介绍。若需要介绍的一方人数不止一人，可采取笼统的方法进行介绍，例如可以说“这是我的家人”“他们都是我的同事”，等等。但最好还是一一进行介绍。进行此种介绍时，可比照他人介绍次序进行。若被介绍的双方皆不止一人，则依照礼规，先介绍位卑的一方，后介绍位尊的一方。在介绍各方人员时，均需由卑到尊，依次进行。

小案例

赵总的脸色怎么转“阴”了

刘兵和新同事小李来集团公司开会的时候，遇到了集团公司的赵总。刘兵赶紧远远地和赵总打了个招呼，赵总也向他点点头。赵总正要转身离去的时候，刘兵赶紧上前两步向赵总伸出了手，赵总表现出一丝犹豫，但还是勉强地伸出了手。刘兵和赵总握手后，又赶紧给小李做介绍：“小李，这是咱们集团公司的赵总。”然后又转向赵总：“赵总，这是咱们集团二公司人力资源部的小李。”敏感的小李发觉赵总的脸色转“阴”了。

【**点评**】社交场合是很讲究次序礼仪的，刘兵介绍两人时，把介绍的次序弄反了。此外，握手时也应讲究次序，赵总职位高，他先伸出手，刘兵才能握，否则就是失礼，这在后文中会详细介绍。

（2）要实事求是。如果你这样为他人做介绍：“他叫张明，在学校工作能力非常强，可谓难得的人才，要是能来你厂工作，将来肯定是当厂长的材料。”结果只会弄得被介绍人和对方都十分尴尬。

（3）寻找双方的共同点。例如，被介绍的双方是同乡，或者职业相同，或者爱好相似，或者同在某校读过书，或者同在某地工作过，或者所学专业相同。

（4）介绍时要口齿清晰。不管介绍他人还是自己，都要口齿清晰，让人一听就明白。例如，被介绍者姓“张”，可在后面加上“弓长张”，以区别于“立早章”。

（5）介绍完毕之后在适当的时候离开。当介绍完双方后，不宜马上离开，应待双方找到话题和兴趣之后，再托故走开。特别是当被介绍的双方想单独交谈时，再不离开就不合适了。

课堂互动

以小组为单位，分角色进行自我介绍和介绍他人的礼仪模拟训练。

三、握手

如今，握手已成为世界上最普遍的一种礼节，其应用范围远远超过了鞠躬、拥抱、接吻等礼节。在日常交际活动中，我们必须注意握手的基本礼节。

微视频
商务礼仪之握手礼仪

1. 握手的次序

根据礼仪规范，握手时双方伸手的先后次序，一般应当遵守“尊者先伸手”的原则，尊者先伸出手来，位卑者在此后予以响应，绝不可抢先伸手，不然就是违反了礼仪规范。握手的基本规则包括以下几个方面。

（1）男女之间握手。在社交场合中男女之间握手，男士要在女士先伸出手后才能回应。如果女士不伸手或无握手之意，男士应向对方点头致意或微微鞠躬致意。男女初次见面，女士可以不和男士握手，只需点头致意。男女握手时，男士要脱帽和脱下右手手套，如果匆匆忙忙来不及脱，要道歉。女士除非面对长辈，一般可不必脱下手套握手。

视野拓展

公务场合男女之间握手的次序

在社交场合中男女之间握手的次序主要取决于双方的年龄和性别，而在公务场合握手的顺序主要取决于双方的身份、地位。例如，一位年长、职位低的女士与一位年轻、职位高的男士握手，在公务场合，应该是这位男士先伸手，而不是女士先伸手。

值得注意的是，一般在公务场合，握手时伸手的先后次序主要取决于职位、身份；而在社交、休闲场合，则主要取决于年龄、性别、婚否。

（2）主宾之间握手。主宾之间握手，主人有向客人先伸出手的义务。在宴会、宾馆或机场接待宾客，当客人抵达时，不论对方是男士还是女士，主人都应该主动先伸出手。男士若是主人，尽管对方是女宾，也可先伸出手，以表示对客人的热情欢迎。而在客人告辞时，则应由客人先伸出手，表示“再见”之意。

（3）长幼之间握手。长幼之间握手，年幼者一般要等年长者先伸手。与年长者握手，不论男女，都要起立趋前握手，并要脱下手套，以示尊敬。

（4）上下级之间握手。上下级之间握手，下级要等上级先伸出手。但在涉及主宾关系时，可不考虑上下级关系，主人应先伸手。

（5）一个人与多个人握手。若一个人需要与多个人握手，则握手时也应讲究先后次序，由尊而卑，即先握年长者后握年幼者，先握长辈后握晚辈，先握老师后握学生，先握女士后握男士，先握上级后握下级，先握职位高者，后握职位低者。

视野拓展

握手的由来

史前时期，人类以打猎为生，世界对他们来说是充满危险的。因此，当陌生人相遇时，如果双方都怀着善意，便伸出一只手来，手心向前，向对方展示自己手中没有石头或武器，走近之后，两人互相摸摸右手，以示友好。这样沿袭下来，便成为今天人们用来表示友好的握手礼仪。

关于握手礼仪来源的另一种说法是，中世纪时，骑士们都穿着盔甲，披挂后，全身除两只眼睛外，都包裹在盔甲里，随时准备冲向敌人。如果要向对方表示友好，互相走近时就应脱去右手的甲胄，伸出右手，表示没有武器，互相握手，这是和平的象征。

2. 握手的方式

握手的标准方式是在距握手对象约一米处，立正，上身略向前倾，伸出右手，四指并拢，拇指张开，与对方相握。握手时应适度用力，上下稍微晃动三四次，随后松开手，回到原位。握手时具体应注意以下几点。

（1）神态。与人握手时神态应专注、热情、友好、自然。在通常情况下，与人握手时，应面含微笑，注视对方，并且口道问候。在握手时切勿显得三心二意、敷衍了事、漫不经心、傲慢冷淡。如果迟迟不握他人早已伸出的手，或一边握手，一边东张西望，显得目中无人，甚至在握手时与其他人打招呼，都是极不礼貌的。

（2）力度。握手时用力应适度，不轻不重。如果手指只是轻轻一碰，刚刚触及就离开，或懒懒地、慢慢地握，缺少应有的力度，会给人以勉强应付、不得已而为之的感觉。一般来说，手握得紧表示热情。男士之间可以握得较紧，甚至可以用双手握，握住对方的手大幅度上下摆动，或者在右手相握时，用左手握住对方的小臂甚至肩膀，以示热情。但是注意不能握得太用力，使人感到疼痛。对女性或陌生人，注意把握好热情的度。

（3）时间。握手通常是紧握后打过招呼即松开。但如果是在亲密朋友意外相遇、敬慕已久而初次见面、至爱亲朋依依惜别、衷心感谢难以言表等场合，握手时间则可稍长一点，甚至可以紧握不放，话语不休。在公共场合，如列队迎接外宾时，握手的时间一般较短。握手的时间应根据与对方的亲密程度而定。

3. 握手的注意事项

在社交场合中，握手虽然司空见惯，但是由于它可被用来传递多种信息，因此在握手时应努力做到合乎规范，并且注意下面几点。

（1）不要用左手与他人握手，尤其是在与阿拉伯人、印度人打交道时要牢记这一点，因为在他们看来左手是不洁的。

（2）不要在握手时争先恐后，而应当依次上前。特别要记住，与基督教信徒交往时，要避免两人握手时手形成交叉状，这类似于十字架形状，在基督教信徒眼中是需要避讳的。

（3）不要戴着手套握手，在社交场合女士的晚礼服手套除外。

（4）不要在握手时戴着墨镜，患有眼疾或眼部有缺陷者除外。

（5）不要在握手时将另外一只手插在衣袋里。

（6）在握手时，另外一只手不能依旧拿着手机、公文包、行李等东西不肯放下。

（7）不要在握手时面无表情，不置一词，好似根本无视对方，纯粹是为了应付。

（8）不要在握手时长篇大论、点头哈腰、滥用热情，显得过分客套，这会让对方感到不自在、不舒服。

（9）不要在握手时把对方的手拉过来、推过去，或者上下抖个不停。

（10）不要在与人握手之后，立即擦拭自己的手，好像与对方握一下手就会使自己的手被弄脏。

视野拓展

握手的方式与握手者的性格

（1）控制式握手。控制式握手即用掌心向下或向左下的姿势握住对方的手。这样握手是想表现自己的优势、主动、傲慢或支配地位，这种人一般具有说话干脆利落、办事果断、高度自信的特点，凡事一经自己决定，就很难改变，作风不大民主。

（2）谦恭式握手。谦恭式握手即用掌心向上或向左上的手势与对方握手。这种人往往性格不太强势，多处于被动、劣势地位，处世比较谦和、平易近人，不固执。

（3）对等式握手。对等式握手即握手时两人的掌心都不约而同地向着左方伸出并握在一起。这种人比较友好，也可能是很遵守游戏规则的平等的竞争对手。

（4）双握式握手。双握式握手即在右手相握的同时，再用左手握住对方的手背、手臂或肩部。左手握的位置越高，其热情友好的程度也越高。这种人热情真挚、诚实可靠、易信任别人。

（5）捏手指式握手。捏手指式握手即只捏住对方的几个手指或指尖部分。女性与男性握手时，为了表示自己的矜持与稳重，常采用这种握手方式。如果是同性别的人之间这样握手，就会显得有些冷淡和生疏。若是地位较高的人如此握手，则意在显示自己的“尊贵”。

（6）拉臂式握手。拉臂式握手即将对方的手拉到自己的身边相握。这种人往往过分谦恭，易在他人面前唯唯诺诺、轻视自我，缺乏主见与敢作敢为的精神。

（7）“死鱼”式握手。“死鱼”式握手即握手时伸出一只无任何力度，不传达任何积极信息的手。这种人的性格不是生性懦弱，就是对人冷漠无情，待人接物消极傲慢。

4．握手的技巧

（1）主动与每个人握手。在公务场合，如谈判开始之前，双方都要做自我介绍。这时候最好表现得积极一些、主动一些，表示很高兴与对方认识。为了表示这种诚意，你可以主动地与对面的每一个人握手。因为你主动就说明你对对方尊重，只有在你尊重别人时，才会得到别人的尊重。

（2）有话想单独与对方讲，握手时不要松开。有时你想找对方谈一些事，不巧的是房间里还有其他人在，你想与对方单独谈，耐心等了很久以后仍没有机会，那你只能想办法让对方出来说。但你又不能明白告诉对方“我有点事，咱们到外边说”，因为这是不礼貌的。你得想办法让对方起身相送。在起身告辞时，对方站起来，你就边与对方交谈边向外走。如果对方无意起身，你就走近他，很礼貌地与他握手，出于礼貌对方会站起身离开自己的座位，然后你边说边往外走，千万不能中断。因为当你还有话要说时，对方是不好意思不送你的。说话时要看着对方，不要只顾走。当走到门口对方要与你告别时，你应主动伸手与他握手，握住之后不要马上松开，多握一会儿，并告诉对方：“我还有件事……”，你说得慢些，对方意识到了，也就主动走出来了。

（3）握手时赞扬对方。握手时的寒暄是非常重要的。在与对方握手时，你可以对对方表示一下关心和问候，或赞扬对方两句。握手时双方的距离较近，对方的服饰可以尽收眼底，如果你用心观察，肯定会发现有某一方面值得你赞扬。而每个人又都有自己特别注重修饰的地方，有的人特别爱惜自己的发型，每天打理头发，使自己神采奕奕；有的人特别注意领带的佩戴，或用一枚精制的领带夹点缀，使自己容光焕发；有的人穿了一件新西装，质地优良、做工讲究；

有的人穿着的衬衣色彩和谐明快，显得人年轻漂亮。见面握手时不能对这些细节熟视无睹，要加以赞美。双方会因此而更显亲近，你则显得格外大方、热情、细心，因而会给对方留下一个好印象。

微视频
常见的其他见面礼节

课堂互动

两人一组训练标准的握手姿势，并能说出握手的注意事项。

四、常见的其他见面礼仪

在国内外交往中，除握手礼仪之外，以下见面礼仪也颇为常见。

（1）点头礼。点头礼适用于路遇熟人，或在会场、剧院、歌厅、舞厅等不宜与人交谈之处，或在同一场合碰上已多次见面者，或遇上多人又无法一一问候之时。点头礼的做法是，头部向下轻轻一点，同时面带笑容，不宜反复点头，点头的幅度不宜过大。

（2）举手礼。行举手礼的场合与行点头礼的场合大致相似，它最适用于向距离较远的熟人打招呼。其做法是，右臂向前方伸直，右手掌心向着对方，其他四指并拢，拇指分开，轻轻地左右摆动一两下。不要将手上下摆动，也不要在手摆动时将手背朝向对方。

视野拓展

举手礼的由来

中世纪，骑士们经常在公主和贵妇们面前比武。在经过公主的座席时，骑士们要吟唱一首赞美的情诗，在诗里把公主比作光芒四射的太阳，骑士们把手举起来做遮蔽阳光的姿势，借此一睹公主的芳容，同时也表示尊敬之意。后来，这种动作便演变成举手礼。

微视频
各国见面礼仪

（3）脱帽礼。戴着帽子的人，在进入他人居所、路遇熟人、与人交谈并握手或行其他见面礼、进入娱乐场所，或升国旗、奏国歌等情况下，应自觉主动地脱下自己的帽子，并置于适当之处，这就是所谓的脱帽礼。女士在社交场合可以不脱下帽子。

（4）注目礼。注目礼的具体做法是，起身立正，抬头挺胸，双手自然下垂或贴放于身体两侧，笑容庄重，正视被行礼对象，或随之缓缓移动视线。一般在升国旗、游行检阅、剪彩揭幕、开业挂牌等情况下行注目礼。

（5）拱手礼。拱手礼是我国民间传统的会面礼，现在也常被使用，如在过年时举行团拜活动、向长辈祝寿、向友人恭喜（结婚、生子、晋升、乔迁），向亲朋好友表示感谢，以及与人初次见面时表示久仰大名，等等。行拱手礼时应起身站立，上身微微前倾，右手半握拳放在胸前，再用左手包住右手，双手在胸前轻轻摇动，同时应注视对方，面带笑容。武术礼节中的抱拳动作与拱手礼是不同的，抱拳是将左手手掌展开搭在右手的拳头上。这个动作还有一个说法，就是左手五指伸直并拢代表"五湖"，右手握紧拳头代表"四海"，将左手搭在右手上，就表示"五湖四海皆兄弟"。这个姿势在生活中不常用。

（6）鞠躬礼。在日本、韩国、朝鲜等国，鞠躬礼十分普遍。目前鞠躬礼在我国主要适用于向他人表示感谢、领奖或讲演之后、演员谢幕、举行婚礼或参加追悼活动等场景。行鞠躬礼时应脱帽立正，凝视被行礼对象，然后上身前倾弯腰。男士的双手应贴放于身体两侧裤线处，女士的双手则应自然下垂放于腹前。弯腰的幅度越大，所表示的敬重程度就越高。

小故事

李叔同鞠躬

丰子恺 17 岁的时候，在杭州的浙江省立第一师范学校里见到李叔同先生，即后来的弘一法师。那时丰子恺是预科生，李叔同是丰子恺的音乐老师。丰子恺回忆说："上课铃响时，同学早已到齐，他（李叔同）站起身来，深深地一鞠躬，课就开始了。这样上课，空气严肃得很。""有一个人上音乐课时不唱歌而看别的书，有一个人上音乐课时吐痰在地板上，以为李先生看不见的，其实他都知道。但他不立刻责备，等到下课后，他用很轻而严肃的声音郑重地说：'某某等一等再出去。'于是这位某某同学只得站着。等到别的同学都出去了，他又用轻而严肃的声音向这某某同学和气地说'下次上课时不要看别的书'或者'下次痰不要吐在地板上'。说过之后他微微一鞠躬，表示'你出去吧。'出来的人大都脸上发红。又有一次下音乐课，最后出去的人无心把门一拉，碰得太重，发出很大的声音。他走了数十步之后，李先生走出门来，满面和气地叫他过来。等他到了，李先生又叫他进教室来。进了教室，李先生用很轻而严肃的声音向他和气地说：'下次走出教室，轻轻地关门。'就对他一鞠躬，送他出门，自己轻轻地把门关了。"

【点评】李叔同先生是非常注意鞠躬礼的。为人师表，他注意言传身教，敢于批评学生，教育他们习礼仪，学做人。他注意给学生鞠躬，尤其是在指出他们的不足之后，这反映了他的涵养和对人的尊重。

（7）合十礼。在东南亚、南亚信奉佛教的地区以及我国傣族聚居区，合十礼十分普遍。行合十礼时双手十指在胸前对合，五指并拢向上，指尖和鼻尖基本齐平，手掌向外侧倾斜，双腿直立，上身向前微倾，低头，可以口颂祝词或问候对方，亦可面带微笑，但不得手舞足蹈，反复点头。一般而言，行合十礼时，合十的双手举得越高，越能体现出对对方的尊重，但原则上不可高于额头。

（8）拥抱礼。在西方，特别是在欧美国家，拥抱礼是十分常见的见面礼与道别礼。在人们表示慰问、祝贺、欣喜时，拥抱礼也十分常用。标准的拥抱礼，讲究两人面对站立，各自举起右臂，将右手搭在对方的左肩后面；左臂下垂，左手扶住对方腰部右后侧。首先各向对方左侧拥抱，然后各向对方右侧拥抱，最后再一次各向对方左侧拥抱，可以视对方的感受决定是否在拥抱的同时贴面。其实在中国比较流行的是一次拥抱，即两人相对站立，伸开双手，将右臂举起搭在对方的左后肩上，然后用左手从对方的右肋环抱至背后，两人头部及上身同时向左相互拥抱，用手轻轻拍对方的背部几下，以表示问候之情，拍背三至五下后分开。

微视频
欧美国家的礼仪

（9）亲吻礼。亲吻礼，也是西方国家常用的见面礼，有时它会与拥抱礼同时使用，一般用于长辈与晚辈之间。行亲吻礼时，长辈亲吻晚辈的脸颊或额头；晚辈亲吻长辈的脸颊或下颌。关系亲近的女性之间也可用亲吻礼，两人同时亲吻对方的面颊右侧、左侧，或亲吻一侧。长辈对晚辈也可吻额头，亲吻眉心。异性、同性之间，也可采用贴面颊的礼仪。行礼时，两人的面颊相贴，顺序为先右后左。

此礼仪在法国、意大利等国家颇为流行。我方人员与外国朋友见面时，一般不行亲吻礼。如对方执意亲吻，且无恶意，可贴一下面颊。

视野拓展

亲吻礼的由来

据说，古罗马严禁妇女饮酒。丈夫外出（多是作战）归来，会先凑到妻子嘴边闻一闻，检查一下妻子是否饮酒。后来这种习惯沿袭下来，就成为夫妻见面的第一道礼，久而久之，接吻礼逐渐演变成夫妻见面时表示亲昵、爱抚的一种礼仪。

（10）吻手礼。吻手礼由维京人（8~11 世纪）发明，维京人有一种风俗，就是向他们的日耳曼君主“手递礼物”，“吻手礼”随之出现。当今吻手礼主要流行于欧美国家。它的做法是，男士行至已婚妇女面前，首先垂手立正致意，然后以右手或双手捧起女士的右手，俯首以自己微闭的嘴唇，象征性地轻吻其手背或手指。行吻手礼的地点应为室内。吻手礼的被行礼对象只能是已婚妇女。

视野拓展

飞吻礼

飞吻是对源于欧洲的贴面礼的成功演绎。这种吻看起来有些表演性，在咖啡厅、画廊、机场、饭店、办公室、小店、电影院、人行道——凡是人们进行交往和会面的地方，都很容易见到有人做飞吻。进行交际性飞吻时，你根本不用让嘴唇碰到对方的面颊，脸贴脸就更不必了。只需吻自己的手，再做抛掷给对方状，以示情爱（或欢迎、喜悦）就可以了。

训练营

见面礼仪模拟训练

训练目的：熟练、规范地运用各种见面礼仪进行交际。

训练学时：1 学时。

训练地点：训练室。

训练方法：三至五人为一个小组，每组设计一个见面场景，将称呼、介绍、握手等交际礼仪，连贯地演示出来，各组互相进行评价，最后由教师进行总结。

演示之前，每个小组应就设计的场景和成员扮演的角色进行说明。

第二节 接 待

主雅客来勤。

——[清]曹雪芹

迎来送往，接待访客，是常见的公务活动。接待工作的好坏会直接影响组织的形象以及组织与对方的关系。随着经济的发展和对外交往的扩大，组织的接待工作越来越频繁，正确地运用接待礼仪，对组织间建立联系、发展友谊、沟通合作有着极其重要的作用。

一、接待的准备

1. 接待的心理准备

（1）待客诚恳。接待人员在接待客人时，要以最大的诚意、热情和耐心应对一切问题。无论是有预约的客人还是没有预约的客人，无论是通情达理的客人还是脾气暴躁的客人，都要让对方感到自己是受欢迎的、受重视的。接待客人时要让对方有一种被“欢迎”“感谢”的心理感受。

（2）善于合作。当看到同事接待客人比较忙碌时，要主动帮助同事做一些力所能及的事情。另外，即使不是负责接待工作的人员，见到客人时也要态度诚恳，尽量帮忙，因为同是一个组织的成员，这样做能给客人传递一种协作的精神、一种真诚的友谊、一种良好的组织氛围，让客人感受到这个组织是一个团结合作、奋发向上、有集体荣誉感的团队，有助于提升组织形象。

2. 接待的物质准备

（1）环境准备。为了使接待活动给客人留下美好印象，要布置好接待活动场所及周边的环境。接待客人的环境应该清洁、整齐、明亮、美观，无异味。可以在前台、走廊、会客室等场所放置一些花束或绿色植物，使客人感觉舒适。

（2）办公用品准备。让客人站着是不礼貌的，所以前厅要准备沙发或座椅，样式要简洁大方，摆放要整齐舒适。会客室里的桌椅要摆放整齐，桌面要干净。茶具、茶叶、饮料应该事先准备好，茶杯要清洗干净，不可有污渍，不可有缺口。会议室的墙上可以挂一些雅致的壁画，让客人一进门就觉得身心愉悦。

3. 了解客人的基本情况

接待人员在接待客人之前，要准确地掌握对方的基本情况。对客人的基本信息，如姓名、性别、年龄、籍贯、民族、单位、职务，以及文化程度、宗教信仰、生活习惯等，都要掌握得一清二楚。对客人的具体人数、性别、组团情况也要给予一定的关注。对于客人正式抵达的时间，如具体日期、时间，以及相关的航班号、车次、地点等，接待人员必须充分、准确地掌握。

4. 制定接待流程

一般，接待活动，特别是需要举行专门仪式的接待活动，都必须事先制定接待流程，以保证接待事务循序而行、井井有条。

（1）确定接待规格。接待人员在接待之前应确定接待规格，这关系到由哪位管理人员出面接待、陪同，以及接待用餐、用车等一系列接待活动的进行。接待规格主要取决于接待方主陪人的身份。高规格接待就是主陪人比客人的职务高的接待方式；对等规格接待就是主陪人与客人的职务相当的接待方式；低规格接待就是主陪人比客人的职务低的接待方式。

（2）拟订日程安排。为了让所有有关人员都准确地知道自己在接待活动中的任务，可制作一份接待活动安排表，印发给各有关人员，包括接待活动的具体时间、地点、事项、主要负责人员、陪同人员等。

（3）注意细节。在接待客人的具体活动中，接待人员既要事事从大局着眼，又要处处从小事着手，关注细节问题。在接待准备过程中，要时时关注天气的变化情况，针对可能产生的天气变化，制定应急方案。同时，还要注意交通状况，实时了解道路拥堵状况，树立"安全第一"的观念。

二、接待的礼仪

微视频
接待礼仪

1. 迎候礼仪

迎接客人时，要体现出主人应有的主动和热情。对于远道而来的客人，要派专人提前到机场、码头或车站等候迎接。在人员较多的迎候地点迎接素不相识的客人时，为了方便客人识别，可运用以下方法迎接客人。

（1）使用接站牌。在接站牌上写上"热烈欢迎某某"或者"某单位接待处"。

（2）悬挂欢迎条幅。在迎接重要客人或众多客人时，这种方法最适合。

（3）佩戴身份胸卡。迎宾人员佩戴供客人确认身份的标志性胸卡，其主要包括本人姓名、工作单位、所在部门及现任职务等内容。

2. 见面礼仪

在接待客人时，要注意正确使用日常见面礼仪。接待人员要品貌端正，举止大方，服饰要整洁、端正、得体、高雅。当客人到达后，要主动迎上去，热情地与对方握手，并有礼貌地询问和确认对方的身份，如“您好，请问您是从某某公司来的吗？”在对方确认后，接待人员应做自我介绍，如“您好，我是某某公司李总的秘书，我叫张某某。”然后把接待方的成员按顺序介绍给客人。

视野拓展

接待“3S”

当客人到达时，接待人员应该做到以下三个“S”。

（1）Standing，站立，起身迎接客人。不论客人的年龄和辈分如何，对方刚刚到达时，接待人员需要站起来欢迎对方，这是基本的礼貌。

（2）See，目中有人。聚精会神，正视客人，让客人感觉自己受到重视，接待人员可通过眼神把诚意准确传递给客人。

（3）Smile，面带微笑。微笑是最好的沟通方式之一，微笑的魅力是无穷的，它会把接待人员的欢迎和欣喜传递给对方。

微视频 乘车礼仪

3. 乘车礼仪

接待客人时，对方如有行李，接待人员应主动帮客人把行李送到车上。上轿车时，最好让客人从右侧门上，主人从左侧门上。安排座位要符合规范。轿车的座次尊卑一般是右高左低，前高后低。在公务接待中，轿车前排副驾驶座通常为“随员座”，只有在主人亲自驾驶时，主宾应坐在副驾驶座上，与主人“平起平坐”。

4. 引导礼仪

微视频 引导礼仪

当客人到达后，要引导客人进入会客室。引导时要注意以下礼仪：在走廊上时，接待人员应走在客人左前方两至三步远处；当客人走在走廊正中央时，接待人员要走在走廊的一侧，偶尔向后观察一下，确认客人是否跟上；当转弯时，接待人员要提醒“请往这边走”。

遇到楼梯时，接待人员应先说一声“在某某楼层”，再引领客人上楼。一般来说，高的位置代表尊贵。上楼时应该让客人先走，下楼时让客人后行。在上下楼梯时，不应与客人并排行走，而应当从右侧上行，从左侧下行。

微视频 电梯礼仪

上电梯时，接待人员要先按电梯按钮，让客人先进。若客人不止一人，接待人员可先进电梯，一手按住开门按钮，对客人礼貌地说：“请进！”到达目的地后，接待人员要一手按开按钮，一手做请出的动作，并说：“到了，您先请！”客人走出电梯后，接待人员应立即走出电梯，为客人引导方向。到达会客室门口时，接待人员要拉住门把手，站在门侧让客人先进。

小案例

不懂电梯礼仪的营销人员

营销人员王强要到工作室所在的办公大楼门口迎接前来体验产品的顾客张女士。这是王强第一次接待顾客，他表现得极为热情，一见面就嘘寒问暖。进入电梯时，王强抢先踏入，紧靠着最里面站好，想把更多的空间留给顾客。

电梯里，除了王强和张女士还有其他乘电梯的人，王强为了不冷场，便充分发挥了自己的口才，与张女士攀谈，问这问那、口若悬河，但张女士只是礼貌地对他微笑，偶尔轻声、简单地回答他的问题，这让王强觉得非常尴尬。最终，张女士匆匆地体验了产品，并表示有急事要先回去。

后来，王强才知道，原来是因为自己在电梯里对顾客接待不周，顾客认为没有得到应有的尊重。知道原委后，王强非常后悔自己在电梯里的失礼行为。

【点评】电梯虽小，礼仪却不少，乘电梯尤其考验人的礼仪修养水平。得体的电梯礼仪可以在短短的几十秒内给他人留下良好的印象。王强需要补上电梯礼仪这一课。

5. 座次礼仪

客人进入会客室后，接待人员要请客人入座。招待客人入座时，要讲究座次礼仪。

（1）面门为上。主客双方采用“相对式”就座时，依照惯例，面对房门的座位为上座，应让客人就座；背对房门的座位为下座，宜由主人就座。

（2）分清左右。以就座后朝向为准判断左右（即以就座者本人角度观察），西方多以右为尊，国内及受中华文化影响较大的多以左为尊，重大场合或极严肃的场合左右尊位需分清。若主客双方均不止一人，则双方的其他人员可分别按照身份的高低，由近及远在己方负责人的一侧就座。

（3）居中为上。如果客人较少，而主方人员较多，往往主方的人员可以以一定的方式围坐在客人的两侧或者四周，请客人居于中央。

> **小贴士**
> 方位次序礼仪

（4）以远为上。当主客双方并未面对房间的正门，而是居于房内左右两侧之中的一侧时，一般以距离房门较远的座位为上座，应请客人就座；而以距离房门较近的座位为下座，由主人就座。

6. 端茶倒水礼仪

当客人入座后，接待人员要主动及时地给客人斟茶。以茶待客是极具中国特色且受中国人欢迎的待客方式。上茶的顺序一定要准确。合乎礼仪的做法是，先为客人上茶，后为主人上茶；先为主宾上茶，后为次宾上茶；先为女士上茶，后为男士上茶；先为长辈上茶，后为晚辈上茶。

标准的上茶步骤是，双手端着茶盘进入会客室，首先将茶盘放在临近客人的茶几或备用桌上，然后右手拿起茶杯的杯托，左手附在杯托附近，从客人的左后侧用双手将茶杯递上去，并置于客人右前方。茶杯放置到位后，杯耳应朝向右侧。有时，为了提醒客人注意，可在为之上茶的同时，轻声告知：“您请用茶。”若对方向自己道谢，不要忘记回答“不客气”。如果自己上茶时打扰了客人，则应对其道一声“对不起”。

视野拓展

茶杯的选用

对一般客人，最好使用一次性的纸杯冲泡袋装茶或罐装茶，这样接待人员就不必为茶具是否雅观而担心了，客人也不会为茶具是否消毒而疑虑。但对重要客人，还是使用清洁的瓷杯为好，显得正式、庄重。

7. 交谈礼仪

在接待工作中，与客人交谈时，一定要做到专心致志，要表现出浓厚的兴趣，不要心不在焉。接待客人时，忌讳在客人面前“摆架子”、爱答不理、无精打采，或看手机、做自己的事，把客人冷落在一旁。

小贴士
商务人员接待中的谈话方法

8. 送客礼仪

“出迎三步，身送七步”是接待客人最基本的礼仪之一。接待客人要善始善终，所以，送别客人是必不可少的环节之一。接待工作是否圆满，在很大程度上取决于送别客人这一环节。

送别客人时，有很多方面需要注意。首先，不要在客人面前看表，否则会给客人带来“下逐客令”的感觉。其次，当客人提出要告辞时，要等客人起身后再站起来相送，切忌不等客人起身，自己就先于客人起立相送；更不能嘴里说着再见，手中却还忙着自己的事，甚至连眼神都没有转到客人身上。最后，当客人起身告辞时，应马上站起来，主动为客人取下衣帽，与客人握手告别，同时选择合适的言辞告别，如“希望您下次再来”等礼貌用语。尤其是送别初次来访的客人，更应热情、周到、细致。

（1）送别本地客人。送别本地客人，一般应陪同送至楼下或大门口。客人带有较多或较重的东西时，要主动帮客人提重物。出门时，要轻轻关门，不可将门“砰”地关上，这样极不礼貌。在大门口告别时，接待人员要与客人握手，帮客人拉开车门，待其上车后再轻轻关上车门，挥手道别，目送客人离开。要以恭敬真诚的态度，满含笑容地送别客人，不要急于返回，应挥手致意，待客人离开自己的视线后，才可结束送别仪式。

小案例

李嘉诚送客

很多知名企业家也很注意送客礼仪。一位企业家在接受电视采访时谈到了他去李嘉诚办公室拜访李嘉诚的经历。

那天，李嘉诚和儿子一起接待了他。会谈结束之后，李嘉诚起身从办公室陪他出来，送他到电梯口。更让人惊叹的是，李嘉诚不是送到即走，而是一直等到电梯上来，他进入电梯，再挥手告别。

这位企业家面对着电视机前的亿万观众动情地说：“李嘉诚都这么大年纪了，对我们这些晚辈仍如此尊重，他不成功都难。”

【点评】李嘉诚作为知名企业家肯定是十分忙碌的，可他依旧注重礼仪，亲自送客，没有丝毫怠慢，这实在令人敬佩，值得学习。

（2）送别外地客人。首先，要确定送别时间。对于远道而来的客人，负责送别客人的接待人员必须重视，一定要提前与对方商定双方会合的时间和地点。对于送别的具体时间，双方不仅要事先商定，而且通常讲究主随客便。接待人员在安排有关送别活动的时间时，要留足时间。要在执行上留有余地，即接待人员在执行送别任务时，应当提前到场、最后离场，并且能在特殊情况发生时见机行事。其次，要充分准备。具体从事接待工作时，接待人员必须高度重视送别工作，并悉心应对。在送别时，接待人员要注意以下几点。一是限制送别的规模。目前要求简化接待礼仪，所以有必要对送别规模加以限制。在组织送别活动时，应突出实效、体现热情、务实从简，在参加人数、主人身份、车辆档次与数量上严格限制，不搞前呼后拥的“人海战术”。二是在力所能及的情况下，送别客人所使用的交通工具应由主方负责提供。对于主方来说，一定要保证交通工具的数量能够满足客人的使用要求，以备不时之需。三是要热情话别。为客人送行，使对方感受到己方的热情、诚恳、礼貌和修养。一般情况下，公务接待人员应陪同客人乘车前往车站、码头或机场，为客人送行。有必要时，可在候车室与客人稍叙友谊，或举行专门送别仪式。在客人临上火车、轮船或飞机之前，接待人员应按一定顺序同客人一一握手话别，祝愿客人旅途平安并欢迎对方再次光临。

课堂互动

以小组为单位，模拟在商务场合运用接待礼仪接待客人的情景，注意相关细节。

训练营

商务接待模拟训练

训练目的：熟悉商务接待的有关礼仪，能够正确运用商务接待礼仪。

训练学时：1 学时。

训练地点：实训楼前、电梯间、会议室。

训练准备：办公家具、茶具、茶叶、企业宣传资料等。

训练方法：一部分学生扮演来访客人，一部分学生扮演某企业的接待人员，模拟演示以下情景。

（1）在门口迎接客人。

（2）引导客人前往接待室。

（3）与客人搭乘电梯。

（4）引见介绍。

（5）招呼客人。

第三节　拜　　访

礼仪乃是一封通行四方的推荐书。

——[西班牙]伊丽莎白王后

拜访是公务、商务等社会活动中一项经常性的工作，是最常见的社交形式之一，同时也是联络感情、增进友谊的一种有效方法。要使拜访活动更得体、更有效，即更好地实现拜访的目的，就要重视和学习拜访的礼仪。

小案例
守时的康德

一、约好时间

拜访前，应事先联络妥当，尽可能事先告知对方，最好与对方约定一个时间，以免扑空或打乱对方的日程安排，即使是电话拜访也不例外，不告而访是非常失礼的。如果双方有约，应准时赴约，不能轻易失约或迟到。但如果因故不得不迟到或取消拜访时，一定要设法提前通知对方，并表示歉意。拜访应选择在对方方便的适当的时间。做客拜访一般可在平时晚饭后或假日的下午，要避免在吃饭和休息的时间登门拜访。

二、做好准备

微视频
商务拜访礼仪

1. 明确拜访目的

无论是初次拜访还是再次拜访，都要事先明确拜访的主要目的。

2. 准备有关资料

商务拜访要准备的资料包括公司及业界的资料、相关产品资料、客户的相关资料、销售资料及方案、针对可能出现的情况事先拟订的解决方案或应对方案、一些小礼品等。此外，名片等也要事先准备好。

3. 设计拜访流程

要针对拜访环节准备稳妥、得体的称呼和开场白，选择好话题，确定话题范围等。

4. 电话预约确认

出发前应致电被拜访人员，再次确认本次拜访人员、时间和地点等事宜。

5. 注意礼仪细节

到达前，先整理好服装仪容。要事先关闭手机或者将手机调至静音状态，这体现了对被拜访人员的尊敬和对拜访事宜的重视。

小案例

有备无患

王莉在某公司市场部工作，她准备去拜访顺达公司的市场部经理胡军先生。王莉预约的拜访时间是本周三下午三点。事前王莉准备好了有关的资料和自己的名片，并对顺达公司及胡军先生进行了了解。拜访前王莉对自己的仪容、仪表进行了精心、得体的修饰。到了周三，王莉提前五分钟到达顺达公司。在与胡军先生的交谈过程中，王莉简明扼要地表达了拜访的意图，交谈中始终紧扣主题，给胡军先生留下了很好的印象，最终促成了合作。

【点评】同接待人员一样，拜访人员也身处公司对外工作的第一线，自身的一言一行、一举一动都是公司形象的展现，王莉充分地认识到了这一点，她在拜访中的礼仪表现堪称完美。

三、上门有礼

到达拜访地点后，如果对方因故不能马上接待，可以在对方接待人员的安排下在会客厅、会议室或前台安静地等候。如果等待时间过久，可以向有关人员说明，并另定时间，不要表现出不耐烦的样子。如果接待人员没有说“请随便看看”之类的话，就不要东张西望，到处走动，那是非常不礼貌的。到达被拜访人员所在房间时，一定要先轻轻敲门，进屋后等对方安排座位后再坐下。后来的客人到达时，先到的客人应站起来，等待被介绍或点头示意。对处于室内的人，无论认识与否，都应主动打招呼。如果与对方是第一次见面，应主动做自我介绍。对熟人可握手问候。如果自己带了其他人来，要主动介绍给被拜访人员。进门后，应把随身携带的外套、雨具等物品放到指定的地方，不可任意乱放。接茶水时，应从座位上起身，双手捧接，并表示感谢。和被拜访人员交谈时，应注意掌握时间。有要事必须与被拜访人员商量或向对方请教时，应尽快表明来意，不要不着边际地聊天，浪费时间。

拜访结束时应彬彬有礼地告辞，给对方留下良好的印象，同时也为下次的拜访创造机会。所以，及时告辞、礼貌告辞这一环节相当重要。拜访时间的长短应根据拜访目的和被拜访人员的意愿而定，通常宜短不宜长，适可而止。当被拜访人员有结束会见的表示时，应立即起身告辞。告辞时要同被拜访人员和其他客人一一告别。如果被拜访人员出门相送，应请被拜访人员留步并向他道谢，热情说声再见。拜访中途因特殊情况不得不离开时，无论被拜访人员在场与否，都要主动告别，不能不辞而别。

小案例

如此拜访

金勇是一位刚刚大学毕业被分配到利华公司的新业务员，今天准备去拜访某公司的王经理。因为金勇没有王经理的电话，所以他没有预约就直接去了王经理的公司。金勇刚入职，还没有公司制服，所以他穿了一身休闲运动装。到达王经理的办公室时，王经理正在接电话，就示意他在沙发上坐下等。金勇便往沙发上一靠，跷起“二郎腿”，一边吸烟一边悠闲地环视着王经理的办公室。他在等待时不时地看表，不时地从沙发上站起来在办公室里走来走去，还随手翻了一下放在茶几上的一些资料。

【点评】“不速之客”“不请自来”，从这些成语中不难看出人们对唐突拜访的反感。金勇无疑就在这方面失礼了，此外，其着装、在办公室的举止表现都不符合礼仪规范，大大损害了个人形象。

四、注意事项

要成功地完成拜访，在拜访过程中还有以下方面需要注意。

1. 准时到达

让被拜访人员无故等候，无论因何原因都是严重失礼的事情。如果是对方要晚点到，要安静等待，可充分利用剩余的时间检查准备工作是否做好。

2. 控制时间

谈话时要开门见山，不要高谈阔论，浪费时间。最好在约定时间内完成拜访，如果对方表现出有其他要事的样子，千万不要再拖延，为完成工作，可约定下次拜访的时间。

3. 注意言谈举止

要以优雅得体的言谈举止体现自己的素质、涵养和职业精神，以赢得对方的好感和敬重。即便与被拜访人员的意见相左，也不要与之争论不休。要注意观察被拜访人员的举止和神情，当其有不耐烦或为难的表现时，应转换话题，以免出现不愉快或尴尬的场面。

4. 尊重对方习惯

被拜访人员的国别、民族、年龄、性别以及爱好、兴趣、习惯各有不同，拜访前要了解清楚，并给予对方充分的尊重。

5. 讲究服饰

服饰事关拜访人员自身的职业形象和所代表的组织形象，也能体现对被拜访人员尊重与否，所以拜访着装马虎不得。

> **小案例**
> 成功的拜访

6. 及时致谢

对拜访过程中被拜访人员提供的帮助要及时适当地致谢。若是重要拜访活动，拜访之后可给对方寄一封谢函或发一条信息，会加深对方对自己的好感。

课堂互动

以小组为单位，创设商务拜访情景，模拟训练商务拜访礼仪，注意相关细节。

训练营

商务拜访情景模拟训练

训练目的：熟练、规范地运用商务拜访礼仪进行交际。

训练学时：1学时。

训练地点：训练室。

训练方法：三至五人为一个小组，每组设计一个商务拜访情景，将拜访礼仪连贯地演示出来，学生对各组演示进行评价，最后由教师进行总结。

演示之前，每组应就设计的拜访情景和成员扮演的角色进行说明。

第四节　通　　联

礼貌是有教养的人的第二个太阳。

——[古希腊]赫拉克利特

当今世界已经进入信息时代，人们之间的联系交流因为科学技术提供的先进通信工具和手段而变得更加方便、准确和及时。过去人们通联主要依靠写信、拍发电报，现在手机、电子邮件、微信、微博等成为通联的重要工具。每个人在享受通联的便捷与快乐时，更应遵守相关的礼仪规范。

一、电话礼仪

电话是人们开展社交活动不可缺少的工具，使用电话的礼仪与技巧主要包括以下几个方面。

微视频
拨打电话的礼仪

1. 电话语言要求

目前，大部分电话能传输的信号是声音，这一信号载体包含了许多信息。说话人想做什么，要做什么，高兴还是悲伤，以及对另一方是否信任、尊重，彼此都可以通过声音清晰地感知。因此，电话语言要求礼貌、简洁和明了，以准确地传递信息。

（1）态度礼貌友善。当我们使用电话交谈时，我们不能简单地将对方视作一个“声音”，而应将其看作一个正在与我们面对面交谈的人。尤其是对办公人员来说，我们面对的是组织的一名客人，如果是初次交往，那么这样的一次电话接触便是我们在客人面前的第一次“亮相”，应十分慎重。因此，在使用电话时，应多用肯定语，少用否定语，酌情使用模糊用语；多用致歉语和请托语，少用傲慢语、生硬语。礼貌的语言、柔和的声音，往往会给对方留下亲切之感。正如日本一位研究传播学的人士所说：“不管是在公司里，还是在家庭里，凭这个人在电话里的讲话方式，就基本可以判断出其‘教养’水准。”

（2）传递信息简洁。电话用语要言简意赅，将自己要讲的事用最简洁、明了的语言表达出来。因为通话的一方即使有诸如紧张、失望等表情，通话的另一方也不知道，对方所能得到的信息只有他听到的声音。在通话时最忌讳吞吞吐吐，含糊不清，东拉西扯。正确的做法是，问候完毕，便开宗明义，直言主题，少讲空话，不说废话。

（3）控制语速和语调。通话时应语气温和，语调、语速适中，这样的声音容易使对方产生愉悦感。如果语速太快，对方可能会听不清楚，显得说话者应付了事；如果说话太慢，对方可能会不耐烦，显得说话者懒散拖沓；如果语调太高，对方可能会觉得刺耳，感到刚而不柔；如果语调太低，对方可能会听不清楚，感觉说话者有气无力。另外在通电话时，若周围有噪声，会使对方因觉得自己未受尊重而变得恼怒，这时应向对方进行解释，以保证双方心情舒畅地传递信息。

2. 接电话要求

（1）迅速接听。接电话的速度首先要快，力争在铃响三次之前就拿起话筒，这是避免让打电话的人产生不良印象的一种礼貌。电话铃响过三遍后才做出反应，往往会使对方感到焦躁不安或不愉快。正如日本社会心理学家铃木健二所说："打电话本身就是一种业务。这种业务的最大特点是无时无刻不在体现每个人的特性。""在现代化大生产的公司里，职员的使命之一，是一听到电话铃声就立即去接。"接电话时，应首先自报单位、姓名，然后确认对方的身份，如"您好！这是××公司营销部。请问您是？"如果对方迟迟没有进入正题，可以主动请教："请问您找哪位？"

（2）积极反馈。作为接电话的人，在通话过程中，要仔细聆听对方的讲话，并及时作答，给对方以积极的反馈。通话中听不清楚或意思不明白时，要马上告诉对方。在电话中接到对方邀请时，应致谢。

（3）热情代转。如果对方请你代转电话，应弄明白对方要找什么人，以便与代转电话的人联系。此时，请告知对方"稍等片刻"，并迅速找人。如果不放下话筒喊距离较远的人，应用手轻捂住话筒或按保留按钮，然后再呼喊接电话的人。如果你决定将电话转到其他部门，应客气地告诉对方你会将电话转到处理此事的部门或适当的职员处。如"真对不起，这件事由财务部处理，如果您愿意，我帮您转过去好吗？"

（4）做好记录。如果要接电话的人不在，应为其做好电话记录，记录完毕最好向对方复述一遍，以免遗漏或记错。

3. 打电话要求

（1）时间适宜。打电话的时间应尽量避开上午7时前、晚上10时后的时间，还应避开晚饭时间。有午休习惯的人，也请不要在午休时间打扰他。电话交谈持续的时间不宜过长，事情说清楚就可以了，一般以三至五分钟为宜。如果在办公室打电话，要照顾到其他电话的进出，不可占线过久，更不可将办公室的电话或公用电话作为聊天的工具，这是惹人讨厌的行为。著名相声表演艺术家马季曾说过一段相声，名叫《打电话》，讽刺的就是这种人。

（2）有所准备。通话之前应该核对对方公司或单位的电话号码、公司或单位的名称及接电话的人的姓名。写出通话要点，准备好记录使用的纸和笔，以及必要的资料和文件。估计一下对方情况，确定通话时间。

（3）注意礼节。接通电话后，应主动自报家门和核实对方的身份。应先说明自己是谁，除非通话方与自己很熟悉，否则就应同时报出自己的公司及部门名称，然后再确认一下对方的名称。打电话要坚持用"您好"开头、"请"字在中，以"谢谢"收尾，态度温文尔雅。若自己要找的人不在，可以请接电话的人转告，如"对不起，麻烦您转告×××……"，然后将自己所要转告的话告诉对方。最后，别忘了向对方道谢，并且问清对方的姓名，切不可说完就直接挂电话，这样做是不礼貌的。即使自己不要求对方转告，也应该说一声"谢谢，打扰了"。结束通话时，要说再见，这是通话结束的信号，也是对对方的尊重。注意说话的声音要愉快，听筒要轻放。一般来说，应等打电话的人挂断电话后，接电话的人再放下电话。但是，假如是与上级、长辈、客户等通话，无论你是接电话还是打电话的人，都最好让对方先挂断。

小案例

电话中的“女高音”

某杂技团计划于下月出国演出，该团团长刘明就此事向上级王局长请示，于是他拨通了王局长的办公室电话。

可是电话响了足足有半分多钟，都不见有人接听。刘明正纳闷着，突然电话那端传来一个不耐烦的“女高音”：“什么事啊？”刘明一愣，以为自己拨错了电话：“请问是王局长的电话吗？”“废话，你不知道自己往哪儿打的电话啊？”“哦，您好，我是×杂技团的，请问王局长在吗？”“你是谁啊？”对方没好气地盘问。刘明心里直犯嘀咕：“我叫刘明，是杂技团的团长。”

“刘明？你跟我们局长什么关系？”

“关系？”刘明更是丈二和尚摸不着头脑。

“我和王局长没有私人关系，我只想请示一下我们团出国演出的事。”“出国演出？王局长不在，你改天再来电话吧。”没等刘明再说什么，对方就“啪”地挂断了电话。

刘明感觉像是被人戏弄了一番，拿着电话半天没回过神来。

【点评】你给别人的第一印象往往在你们见面之前就已经形成了。因为出于礼貌，人们在见面前经常会通过电话约定见面的时间、地点等细节，所以你的印象已经通过你的声音传递给对方了。可以说，你的电话形象是你递给对方的第一张“名片”。电话中的这位“女高音”显然不明此理，其接电话时的拙劣表现大大损害了其个人形象和组织形象。

二、手机礼仪

手机是可移动的电话，其礼仪多和前述电话礼仪相同，因其具有可随身携带的特点，使用手机时还要注意以下礼仪规范。

1. 遵守秩序

使用手机时不允许有意、无意之间破坏公共秩序。在会议中、和别人洽谈的时候，应该把手机关闭，起码也要调到静音状态。这样既能显示对别人的尊重，又不会打断发言者的思路。而那种在会场上铃声不断，好像业务很多，使大家的目光都转向他的人，实际给人的印象只能是缺少教养。

注意手机使用礼仪的人，不会在图书馆、医院等安静的场所接打手机，在公交车上大声地接打电话也是失礼的。在楼梯、电梯、路口、人行道等地，也不可以旁若无人地使用手机，应该把自己的声音尽可能地压低，不能大声说话，也不能妨碍他人通行。

在一些场合，比如在看电影时或在剧院接打手机是极其不合适的，如果非得回话，或许采用静音的方式发送信息是比较适合的。

在餐桌上，关闭手机或把手机调至静音状态也是必要的，以避免正吃到兴头上的时候，被一阵烦人的铃声打断。

在体育比赛场馆，尤其是观看射击等比赛项目时，运动员需要安静的环境，这时也应注意将手机关机或调至静音状态。

2. 考虑对方

给对方打电话时，尤其在知道对方是身居要职的忙人时，首先应考虑的是这个时间他是否方便接听，并且要有对方不方便接听的准备。在给对方打电话时，应注意从听筒里听到的回音来鉴别对方所处的环境。如果很静，应想到对方在会议上，有时大会场会产生一种空阔的回声；当听到噪声时，对方就很可能在室外；开车时的隆隆声也是可以听出来的。有了初步的鉴别，对能否顺利通话就有了准备。但不论在什么情况下，是否通话还是由对方决定为好，所以“现在通话方便吗”通常是第一句问话。其实，在没有事先约定和不熟悉对方的前提下，我们很难知道对方什么时候方便接听电话。所以，在有其他联络方式时，还是尽量不打对方的手机为好。

不要在别人与你说话的时候查看手机。一边和别人说话，一边查看手机，是对别人的不尊重。

3. 注意安全

使用手机时必须牢记“安全至上”，否则不但害人，还会害己。不要在驾驶汽车时，使用手机打电话或查看信息，以防止发生事故。不要在加油站、油库等地使用手机，以免引发火灾、爆炸。在飞机上时应听从机组人员的要求，规范使用手机。

4. 放置到位

在公共场合，手机在没有使用时，都要放在合乎礼仪的位置。不要在不需要使用的时候把手机拿在手里或放在上衣口袋里。放手机的常规位置有随身携带的公文包里，这种位置最正规；上衣的内袋；有时候，可以将手机放在不起眼的地方，如手边、手袋里，但不要把手机放在桌子上，特别是不要对着对面正在与自己聊天的人。

5. 铃声文明

手机铃声是给使用手机的人听的，如果你需要经常用手机联系业务，最好不要用怪异或格调低下的手机铃声，以免影响个人形象和公司的形象。

课堂互动

以小组为单位，设计交往情景，模拟练习接打手机，注意接打手机的礼仪要求。

三、微博礼仪

微博是新兴的一种网络传播和交流的方式，也是一个通过关注机制分享简短信息的广播式的社交网络平台。在微博上人们可以相互关注，可以共享信息，可以交朋友，而且微博使用起来极为方便和快捷，因而一经问世，立即风靡全网，现在已成为很受欢迎的私媒体和社交平台。

对话是微博的基本形式。虽然大家在微博上彼此互动却不见其人，但微博绝非纯虚拟空间。用户在微博上的一言一行，都能体现出其学识、气质形象与品行素养。而企业的官方微博则更是一个直接的窗口，能展现一家企业、一个品牌的内涵和形象。因而，不论是个人的微博，还是企业的微博，都应特别注重微博的使用技巧与礼仪规范。

1. 文明高雅，客观评论

使用个人微博发布信息时，语言一定要文明高雅，内容要清新可读，不可言语粗俗，更不可攻击他人；生气时尽量不要发微博，别让自己的心情影响他人；发送微博信息前一定要检查是否有错别字，转发时必须确保自己了解这件事情，评论别人的微博时要阅读原文，客观地发表自己的意见，不能信口雌黄，更不能随意骂人，语言粗俗，这些都是基本的发微博的礼仪。

2. 礼尚往来，互相关注

微博也是一个网络社交平台，同样讲究礼尚往来，互相关注也是一种礼貌。一般说来，我们会优先关注那些已经关注自己的人以及那些回复自己消息的人，主要是为了获得心理上的认同感，感觉到互联网上有人关注自己，得到受人尊重的体验。如果你想和一个人交往，你不妨多评论他的微博信息，等到有一天混得“脸熟”，他可能就会关注你。如果大家天天来关注你的信息，你一直没有回复，时间久了，没有人会再理会你。也就是说，如果别人“粉”你（关注你），你也应当适时回访，也加上关注。

3. 官方微博，注重形象

如果你将来在某企业就职，专门管理企业的微博，那就更需要讲究礼仪，这样才能树立企业的良好形象。因为从某种程度上来说，企业的官方微博就是企业形象的展示，甚至就是企业的形象。所以，维护企业的官方微博，也就是维护企业的形象。虽然微博操作的权限属于具体的某一位员工，但操作者必须明白，他的言行代表的是一个官方企业账号在公共平台上的互动交流。与公众的关系不再是“我”与“你”，而是企业与客户。因此，在具体操作上应尽量减少和避免微博操作者的个人行为，而应遵循亲和、干练的职业化原则。企业的官方微博要对大事件高度敏感，对一些公众最为关心或当前的热点，不妨多加转发；对于一些公益活动，不妨积极参与并转发；对于企业客户，要全心全意提供服务，并在服务中提升企业的形象。

四、微信礼仪

微视频
微信礼仪（一）

如今在我国，网络即时通信工具已成为最受欢迎的网络工具之一。人们可以通过这些通信工具联络事宜，就算近在咫尺，也无须起身交谈；与远方的协作客户交谈，轻轻敲几下键盘就可以解决问题。这种交流在过去是无法想象的。现在使用最普遍的就是 QQ 和微信。需要注意的是，网络通信虽然方便、快捷，但毕竟只是辅助通信手段，不能将其当成唯一的通信手段。当有重要的、正式的、紧急的事宜时，最好通过传统的方式，比如电话、信函甚至面访的形式完成。

即时聊天工具微信比 QQ 更特别，增加了不少符合移动设备特性的功能，如便捷的语音聊天功能，一经推出就受到很多人的喜欢，给人们的交流增加了不少便利。关于微信礼仪，我们需要注意以下几点。

1. 明确功能

微信是一款能快速发送文字和照片、支持多人语音对讲的手机聊天软件。微信主要有三个功能。第一是玩游戏。很多成年人不玩微信游戏，但游戏的确是微信的一大功能，微信游戏与其他手机游戏、计算机游戏最大的不同是能与微信好友们比个高下，在好友中进行排名。第二是看朋友圈。微信朋友圈的内容与一个新闻网站几乎没有区别，人们看朋友圈就是看新闻、看热闹，看看朋友们又“秀”了哪些生活，当然也有人通过看朋友圈学习知识。第三是交朋友。微信好友除了自己原来的 QQ 好友和手机通讯录好友，还有可能是附近的陌生人。

2. 尊重为本

使用微信的礼仪其实和其他交际礼仪一样，尊重别人是第一位的。别人在微信上向你“打招呼”时，应尽可能及时予以回应，这是基本的礼貌。发信息要多用礼貌用语，不能凭空一声吼。对别人发来的信息要及时回复，最好不要让信息“隔夜”，这是尊重人的表现。

3. 注意内容

微信的一部分消息是文字录入，所以更要慎重处理，避免手指不小心碰错了地方，发出了造

微视频
微信礼仪（二）

成误会的内容。输入数字时，手写功能易出错，所以应该检查确认好再发出。发送信息前最好再确认一下联系人，有时同时聊天的人有好几位时，很容易将内容发错对象，引起尴尬。听别人发来的语音内容的时候，最好戴上耳机，除非周围没人，否则不应将你和朋友间的私密语音和大家“分享”。要力争内容原创，不要动不动就转发别人的内容，很多时候，你觉得新鲜热乎的内容，其实都是别人几年前“嚼”剩下的东西，发给别人只会让别人厌烦，也会影响自己的形象。

4. 相互关注

在微信上，你想让别人关注你，就要经常翻看他的朋友圈，感兴趣的就点个赞，多赞别人，你才能靠互动获得更多好评，这是一种风度。多鼓励和肯定别人，少说教和批评别人，这样大家才都能有好心情。不可强求别人转发你的作品，比如说转了将走大运、发大财，不转将会如何如何……这是微信交流中的大忌。不能泄露他人隐私，不能随意发表未经他人同意、带有个人隐私的内容和图片，这涉及人权和肖像权。

5. 注意时间

微信联系一般以私人交往为主，但也有因公联系的。不管是使用语音功能还是发送文字或图片，都要注意时间，避免在对方不方便的时候，特别是在对方休息的时候与之联系。除非有约定，否则不应该在上午 7 时前和晚上 10 时后进行联系。如果是因公联系，晚上 7 时后就应避免联系。千万不要大半夜乱发微信信息，那是骚扰别人，是不礼貌的。

6. 关注“朋友圈”

现在，“刷朋友圈”已变成了大部分手机用户的习惯性动作，有事没事“刷”两下，看看谁有什么动态，该关心的关心，该点赞的点赞，该调侃的调侃，每个人都玩得不亦乐乎。在这个过程中，最忌讳的就是在别人伤口上撒盐。同时，也要注意分享不要过于频繁，尽可能不要在一天之内上传大量的内容。要知道，别人可能不只有你一位好友，他不能一直看“朋友圈”的信息，当然有时“朋友圈”的内容是写给自己的，那就要及时将可见范围设置为私密。最好不要在朋友圈发布自己的身份信息，如身份证号码等重要的个人信息，以防不法分子窃取。朋友圈内容每时每刻都在不停地更新着，也许你看到了就想转发，但在转发之前自己应先认真看一看，不要转发有错误、影响自身形象的内容。你自己的朋友圈内容要有明确规划，不要“东一榔头西一棒槌”，今天愤世嫉俗，明天心灵鸡汤，后天显摆专业，这样有可能会被人当作“精神分裂”。

7. 注意群聊礼仪

对于微信上的群聊，更需要讲究礼仪。微信群就像一个主题茶馆，发起人开设了一个群，给大家一个聊天的地方，但是既然是主题茶馆，就要切合主题，不要无限跑题，非常私密的话题可以加好友私聊。不要谈论和转发太多跑题及含有敏感话题的内容；不要发大图和过长的语音消息，那样会很浪费流量，有用的图和语音还能受人欢迎，要是没用的无聊的内容，就只会被诟病了。

微视频
网络礼仪

8. 微信公众号注意形象

微信公众号越开越多，开设微信公众号的用户要讲究公众形象，遵守公共道德。另外关注者也应注意分辨，现在有很多打广告的或不法的微信公众号，最好辨别清楚再去关注或转发其内容，不然每天接收很多信息，反而会浪费精力。

训练营

制定网络沟通行为准则训练

训练目的：明确网络沟通的基本规则和礼仪。

训练学时：1学时。

训练地点：教室。

训练方法：将全班学生分组，四至六人为一组，要求每组结合所学网络沟通的知识和自身的体会，制定一份网络沟通行为准则；在课堂上分组进行交流，师生共同评价。

第五节 面 试

天生我材必有用。

——[唐]李白

现代社会在对每个人提出种种挑战的同时，也提供了各种各样难得的机遇。要在竞争激烈的人才市场中力挫群雄，一举应聘成功，在具备良好的专业素养的前提下，掌握必要的求职面试技巧也是必要的，尤其是求职面试中的礼仪，往往起着举足轻重的作用。

一、面试前的准备

1. 了解相关情况和事前演练

无论是刚从学校毕业的新人，还是想换工作的人，都会面临求职面试这一关。每一个求职的人，都希望在面试时留给面试官一个好印象，从而增大被录用的可能性。所以，事先了解面试的礼仪，是非常重要的。可以说，这是求职者迈向成功的第一步。中国有句古话："知己知彼，百战不殆。"面试就如同一场试探性的战斗，战斗的双方就是面试单位的面试官和参加面试的你自己。

（1）要研究面试官。应聘者要"研究"面试官，这里所说的"研究"，是指应聘者要设想一下面试官会从哪些方面来考察、评价自己。综合起来，有以下几个方面的可能：面试官可能会先关注应聘者的衣着、仪态和行为举止；面试官可能会对应聘者的专业知识、口才、谈话技巧做整体的考核；面试官可能会从面谈中了解应聘者的性格和人际关系，并从谈话过程中了解应聘者的情绪状况以及人格成熟的程度；面试官还可能会在面试时，观察应聘者对工作的热情程度和责任心，了解应聘者的人生理想、抱负和上进心。

（2）要研究自己。认识自己，了解自己的长处、兴趣、人生目标、就业倾向等。许多学校都会为毕业生就业求职进行一些辅导，帮助毕业生分析个人的专业和志向。毕业生可以充分利用这个渠道，为求职做好准备。听取家人和有社会经验的亲友的意见和建议，修正个人的志愿，也是很有必要的。

（3）研究招聘单位。搜集招聘单位的相关资料，了解该单位目前的组织状况、组织文化、未来的发展等情况，判断其与自己兴趣爱好、专业特长的契合度，增强面试时的信心。

（4）事前演练和其他准备。事前的演练可以帮你发现问题，放松紧张的精神。参加面试一定要抱着谨慎的态度，不浪费每一次机会，要把每一次面试都当作重要的经验积累起来，千万不要随意应付。在面试之前应积极演练一下自己并不熟悉的礼仪，使自己在面试中表现得轻松自如。准备一套适合面试的服装。对于一个大学毕业生来说，毕业工作意味着社会角色的转变，求职是参加工作的第一步，你的穿着一定要符合你的新社会角色。

2. 撰写简历

撰写简历主要是针对应聘的工作，将自己的相关经验、业绩、能力、性格等简要地列举出来，以达到推荐自己的目的。由于毕业生就业推荐表栏目和篇幅的限制，多数毕业生更希望撰写一份个性突出、设计精美、能给招聘单位留下深刻印象的简历。

视野拓展

HR 筛选简历的过程

HR（人力资源人员）筛选简历有两个步骤：先是初选，这个步骤很快，每份简历只看几个关键词，一般 10～20 秒就会看完一份简历，选出 20%左右的简历进行复选；复选时，HR 对每份简历都会看得比较仔细，主要是为了进一步了解应聘者的个人信息，他们往往会在简历中寻找几个有针对性的面试问题。这个阶段的淘汰率不是很高，基本上都会得到面试的机会。

（1）简历的设计原则。真实、简明、无错误是简历设计的三个原则。真实原则就是指简历从内容上讲必须真实，比如选了什么课，就写什么课；如果没有选，就不要写。兼职工作更是如此，做了什么，就写什么。不要做了一和二，却写了三或四。因为在面试时，你的简历就是面试官的"靶子"，面试官会就简历上的任何信息提出疑问。如果你学了或做了，你就能答上来，否则你和面试官都会很尴尬，你在对方眼里的信誉也就没有了，这是很不利的。如果你没有做过任何兼职工作，你可以不写，因为面试官知道你是即将毕业的学生，而学生的主要任务就是学习。或许你就是重点地学了本专业课程，没有顾上其他；或许你在学习本专业课程的同时选择了第二专业或辅修专业；或许你虽然没有在校外兼职，但在校内做了大量社团工作。总之，你有自己的选择，也要珍惜自己的选择，并为自己的选择负责。这样你就没有必要为没有兼职工作而苦恼或凭空捏造。请记住，面试官都是从学生过来的，他们会尊重你的选择。

简历最好简单明了。简明是简历的又一重要原则。如果简历的内容过多，又缺乏层次感，就会给人琐碎的感觉，反而使简历中的亮点被忽视。

无错误原则是指简历应该没有错误，尽可能在发出简历之前，一个字一个字地检查一遍，标点符号也不能落下。否则就会被 HR 认为是一个粗心的人，在激烈的竞争中就可能被淘汰。

（2）简历的形式。传统的表格式简历因信息散落于表格之中，不宜让 HR 立即发现应聘者的闪光点，且线条过多，显得不够简洁明了。赏心悦目是简历在形式上的设计目标，这里建议将传统表格的线条去除，改散点式表格为模块式简历，这样因信息集中 HR 会很容易找到闪光点。去除表格线条后的简历更显简洁、新颖、大气，能得到传统表格式简历所达不到的效果。

模块式简历，即将简历的内容划分为若干块状结构进行信息描述。模块式简历首先要考虑的是布局及框架的问题。一份简历大致包括姓名、性别、年龄、籍贯、照片、联系方式、求职意向、教育背景、个人技能及所获奖项、在校及社会工作经历或项目经历、自我评价等内容。从逻辑关系的角度来看，简历中的姓名、性别、年龄、籍贯、照片、联系方式等一般可归为基本信息。弄清这种逻辑关系后，就可以将基本信息与其他模块进行切割，即将基本信息作为首部，将其他模块作为主体进行设计。在设计时，可以将基本信息置于简历的上部，或者分栏后放于左边或右边，有时为了突出其他模块也可将基本信息放在尾部。模块式结构不仅可以让简历在视觉上更加鲜明，重要的信息更加突出，布局更加合理，而且可以减少阅读障碍。

（3）简历的内容。形式只是外表，简历的内容才是关键。应聘者在描述内容时务必简洁明了，HR 每天都可能会浏览数以百计的简历，一般不可能有时间把每份简历都仔细看完，如果简历写得繁杂冗长、词不达意、空洞无物，反而会使简历的闪光点被掩盖。下面分别介绍各模块的不同写法。

① 基本信息。基本信息主要包括姓名、性别、年龄、籍贯、照片、联系方式等。照片一定要采用穿正装的证件照，要给 HR 以正式、严肃之感，不宜采用大头照或生活照。照片往往具有文字无法比拟的优势，在网上投递简历的应聘者更要重视这一点。联系方式一般可以依次注明手机号码及 E-mail，邮箱不宜选择 QQ 邮箱，宜选择比较正式的网易邮箱、教育邮箱等。

② 求职意向。求职意向宜适当宽泛，采用岗位群（核心岗位与相关岗位相结合）的形式描述会比较好，特别是参加招聘会的大学毕业生的简历更应如此。但如果应聘者已有确定的岗位，则应明确该岗位的求职意向。

③ 教育背景。教育背景一般应注明最高学历、专业、毕业学校，对于所学课程，可以列出核心或特色专业课，公共课、基础课等可不列。

④ 个人技能及所获奖项。个人技能主要从语言能力、计算机应用能力、专业能力三个方面进行介绍。语言能力包括汉语、外语等，计算机应用能力包括各类计算机软件的使用技能等，专业能力包括与所学专业相关的各项能力或相关证书。所获奖项部分应列举级别较高、分量较重的奖项，为突出自身能力可以在奖项之后注明级别或获奖名次、参赛人数等。

⑤ 在校及社会工作经历或项目经历。大学毕业生的经历一般包括在校工作经历、课外活动、义务工作、参加的社团、勤工俭学、实习经历等；社会人员则应强调自身的社会工作经历或项目经历等。为简洁起见，每一部分列出最重要、最具代表性的三至四条即可，不宜过多。

描述经历时，宜用动宾结构的分句，按时间由近及远的顺序分条列举。可按照“4W”（When，Where，What，How）法则或 STAR（Situation，Task，Action，Result）法则来描述，即以一句话概括时间、单位、职位和做了什么、如何做及结果如何，确保描述的清晰性、条理性和逻辑性，让人一目了然。其格式为：时间段+单位+职位+工作内容+能力的提高+评价或成绩。例如“2019.6—2020.7：××自动化股份有限公司。职位：技术人员。负责生产流水线的现场监控。适应能力强，做事效率高。实习成绩为优。”

社会人员还要特别注意对项目经历的描述。其模式为：时间段+单位+项目名称+职位+工作内容+工作业绩等。例如“2019.7—2020.8：中国农业农村部重点农产品加工与贮藏实验室项目（北京）。职务：研究助理。制订工作计划进度表，亲自参与采样测定鸭梨果肉和种子经过不同处理的各种酶指标，初步判断‘早采收、急降温’为防止黑心病的有效方案，创造性地提出微波处理钝化酶活力的方法，得到了教授和博士的认可。提升了办事能力、科研能力及团队合作意识。”

⑥ 自我评价。自我评价主要包括爱好、特长、性格、能力等，要根据自己的专业特点及求职意向有针对性地进行介绍。

视野拓展

加入个性化因素的简历

撰写简历时可加入个性化元素，个性突出、特征鲜明的简历往往会散发出独有的光芒，从而吸引 HR 的目光。个性化简历可从以下几个方面来构思。

（1）从招聘单位的角度构思。应聘者事先要对招聘单位有所了解，如果在简历中使用招聘单位的新产品、企业标识、企业名称等企业识别元素，往往会引发 HR 的好感和关注，比如将简历设计成新产品说明书的形式来应聘某制药企业。

（2）从应聘的岗位角度构思。应聘者可以根据岗位特征来设计带有岗位元素的简历，比如针对人力资源管理岗位，应聘者可将简历做成计划引进的人才档案，内容可以是人才引进原因及人才主要成绩等。

（3）从专业角度构思。应聘者可以根据专业特征设计具有专业色彩的简历，比如针对广告专业，应聘者可将简历设计成一份精美的广告。

读者应注意创新应有“度”，不可让形式淹没了内容，如果简历过于花哨，反而可能带来负面效果。

（4）注重细节。①仔细对照所应聘岗位的要求，突出自己的能力，增强简历的针对性、目的性。②多使用数字增大简历的信息量，在强调工作经历或与之相关的技能时，尽量将自己的经历具体化、数字化，增强简历的说服力。③简历要精益求精，不断完善。④简历的语体应使用事务语体，做到准确平实、简明扼要。⑤简历宜多用名词性短语及动宾结构的短语，少用修辞手法。⑥简历要注意编辑排版，注意字体、字号、行距及颜色的搭配，做到疏密有致、主次分明。⑦需要引起注意的地方可以选用黑体或较粗字体加以突出。在网上投递简历时，应制成 PDF 格式文件连同 Word 文档一起投递，以免因版本或字体不同带来格式上的改变，从而影响阅读效果。⑧简历要用 A4 纸制作，页数不宜过多，以一至两页为宜。

视野拓展

简历投递有礼仪

1. 在邮件主题处，应详细标明应聘者的身份（如“××职业技术学院-程成”），这样非常方便招聘方查找。

2. 简历文本应在邮件中出现两次，第二次是作为“附件”添加的。

3. 正文部分有称呼（如尊敬的老师）、有自我简介，也有寒暄，简历完整而有礼貌。例如，“您好！我是来自××职业技术学院软件技术专业的程成。通过对计算机行业的了解，得知贵公司在软件开发方面获得了很多荣誉，希望有幸可以加入贵公司担任软件测试员一职。我的个人简历请详见附件。”

4. 在邮件正文中再次添加简历文本，方便招聘方打开邮件后马上阅读。这样简历可以让招聘单位感受到你的礼貌、涵养以及细心，甚至可以让面试官在面试你之前对你产生好感。

课堂互动

以小组为单位，现场快速设计一份简历，并互相进行点评。

二、面试时的礼仪

面试时要注意遵守以下礼仪规范。

1. 礼貌地接听面试通知电话

面试是从何时开始的？是从你来到面试地点开始吗？还是从你敲门进入面试房间开始？实际上，企业对你的面试从拨打面试通知电话时就已开始。

微视频
面试礼仪

某企业人力资源经理蔡国顺曾对求职者说，面试从你接到面试通知电话的那一刻就已经开始了。他说也许是就业的心情比较迫切，他在通知有资格参加下一轮面试的应聘者时，一般从电话另一头听到的都是一些浮躁的声音，以下是他与应聘者的电话通话情况以及他的感受。

“喂！”

“喂，您好，请问是×××先生么？”

“你是谁啊？”（当时，我的心里已经不高兴了，但是不会表露出来）“我是××公司的，请问您参加了我们公司的招聘吗？”

“哪个公司？”（肯定是撒大网了）“我们把您的面试时间安排在了明天的×××，地点在×××。”

“我记一下，你们是什么公司？”（噢，我的天！）

这样我就会把我的看法写在他（她）的简历上，供面试的时候参考，影响可想而知！

所以我们要正确礼貌地接听面试通知电话。接完电话后，你马上要做的就是赶快回忆有关该企业的资料或者初试的情况。如果可能，再次查看该公司的资料，认真了解一下，重点了解这家企业的所有制形式、规模、地理位置、发展前景等。然后安静下来自己模拟面试情境，面试时大概会问什么问题，该怎么回答；了解招聘单位需要什么，你可以给单位带来什么，比较一下二者，看一看差距。

2. 提前20分钟到达面试地点

面试时首先遇到的问题就是究竟何时到达面试地点较为恰当。是准时到达，还是提前到达？若是提前到达，又以提前几分钟为宜？在等待面试时应该注意什么？由于目前的交通状况不甚良好，堵车的情况经常发生，令人无法预计准确的车程时间，所以最好提早出门，所谓“赶早不赶晚”，应比原定时间早约20分钟到达面试地点。早到可以先熟悉一下这家公司的环境并整理一下仪容。但如果早到，千万别在接待区走来走去，因为这样会打扰公司正常上班的职员，有损他人对自己的第一印象，对后面的面试一点好处也没有。此时可向接待人员询问卫生间在哪儿（公司的卫生间也是展示公司形象的窗口，从这里也能看出其管理水平），以再一次检查自己的仪容仪表，轮到自己上场面试时，就能更从容地应对了。

对于距离自己比较远、地理环境比较复杂的面试地点，不妨先跑一趟，熟悉交通线路，这样就能更准确地把握面试地点，同时也能了解路上所需的时间。

礼仪学专家张心萌认为，招聘人员是允许迟到的，这一点一定要清楚，对招聘人员的迟到千万不要太介意，也不要太介意招聘人员的礼仪、素养。如果他们有不妥之处，你应尽量表现得大度开朗一些，这样往往能使坏事变好事。否则，招聘人员稍有迟到，你的不满情绪就溢于言表，面露愠色，招聘人员对你的第一印象就会大打折扣。因为面试也是对人际交往能力的一种考察，得体、周到的表现自然是有百利而无一害的。

3. 注意等候过程的礼貌

到了办公区，最好径直走到面试地点，不要四处张望；走进面试地点之前，口香糖和香烟都要收起来，因为大多数面试官都无法忍受应聘者在办公场所嚼口香糖或吸烟，何况公共场所是禁烟的；手机坚决不要打开，以免面试时造成尴尬局面，同时手机也会分散你的精力，影响你的面试成绩。一进面试地点，若有接待人员，则应上前开门见山地说明来意，到指定区域落座；若无接待人员，则可找其他工作人员询问。询问时要注意用语文明，开始的“你好”和得到答案后的“谢谢”是必须说的，这体现了你的教养。面试没有等候室的时候，可以在面试房间外等候。假如有工作人员告诉你面试房间及时间，应当表示感谢；面试时不要询问招聘单位的情况或向其索要材料，且不宜对招聘单位加以品评；不要驻足观看其他工作人员工作，或在落座后对工作人员所讨论的事情或接听的电话发表意见或评论，以免给人肤浅、嘴快的印象。

特别注意在等候室应耐心等候，并保持安静及正确的坐姿。有的招聘单位为使面试能尽可能快地进行，会略过单位情况介绍这一步骤，直接进入实质性阶段，这时如果你准备了公司的介绍材料，应该仔细阅读以了解其情况，也可自带一些试题重温，不要来回走动表现得浮躁不安，也不要与别的应聘者聊天，因为这可能是你未来的同事，甚至是判断你是否称职的人。你的话语对周围的影响是你难以把握的，这也许会导致你应聘失败。更要坚决杜绝的行为是在等候室恰巧遇到朋友或熟人，旁若无人地大声说话或笑闹。

4. 注意进入面试房间的礼貌

如果没有人通知，即使前面一个人已经面试结束，也应该在门外耐心等待，不要擅自走进面试的房间。当自己的名字被喊到时，要先有力地答一声“是”，再敲门进入。即使面试房间的门是虚掩的，也应敲门。敲门时要注意敲门声的大小和敲门的频次。正确的做法是用右手的手指关节，主要是食指和中指的手指关节轻轻地敲三下，不可敲得太用力，以里面能听得见的力度为宜。听到房间里的人说“请进”后，要回答“打扰了”，再进入房间。千万不要用巴掌拍门，那样会显得很粗鲁。开门、关门尽量要轻，进门后不要用后手随手将门关上，应转过身去正对着门，用手轻轻将门合上；再回过身来将上半身前倾 30 度左右向面试官鞠躬行礼，面带微笑说一声“你好”，彬彬有礼、大方得体，不要过分殷勤或拘谨。

5. 得体的仪容

微视频
面试着装礼仪

穿什么样的衣服去面试，往往能体现出你是一个什么样的人。如果你衣着得体，不仅表示你尊重面试官，而且能给面试官留下一个良好的印象。所以，这个“面子”工作不但要做，而且要做得精细、巧妙，这样你成功的机会才会更大。求职面试是一个正式场合，一般来说，应聘者的服饰要同自己的身材、身份、年龄等相符，做到大方得体、整洁明快。着装必须干净整洁。如果着装不整洁，会给人留下很不好的印象。着装要关注细节，比如衣服要熨得平整，扣子要扣对，皮鞋要擦亮。着装应符合大众审美，不能太超前，也不能太复古，颜色不应过分鲜艳，不佩戴款式夸张的首饰。面试所穿的服装不一定是最漂亮的，但应该是能衬托你内在气质的、穿着舒服的，这样你才不会因为服饰而产生拘束和不自然的感觉。

应聘者要特别注意穿着应与应聘的职位相协调，应聘行政类职位的服装应以典雅为原则，首选套装，可给人简洁、干练的感觉。应聘技术类职位，以简单、素色、中性的西服套装为最佳选择，冷色调的西服套装一般来说比较合适。应聘市场类职位应选择能够令人感觉舒服以及能够给人留下干练印象的服装。应聘会计与律师等职位，更需要显得简单、干练，应选质感好的中性色调的服饰。应聘艺术类职位，服装应兼具时髦与沉稳，最好有创意色彩。求职面试时，女士的着装尤其需要注意。女性的服装比较丰富，如果你应聘广告、设计、策划之类重视创意的职位，不必塑造沉稳、内敛的形象，个性的休闲装、形象鲜明的 T 恤、高档的丝质衬衣、颜色发白的牛仔裤等都是不错的选择。应聘其他职位则可以参考上面的建议。

妆容要与衣服搭配，这是最基本的原则。女士可化淡妆。有时在面试现场可以看到个别应聘者的口红颜色是深红色，但套装的颜色是浅色，这种强烈的深浅对比是不和谐的。还有的应聘者，眼影、腮红、口红颜色属于完全不同的色系，使那张青春的脸变成了“色板”，不但让自己丢了“面子”，而且会让面试官觉得有失庄重。最简单的办法就是使口红、腮红、服装的颜色相近，眼影颜色可略有差别，但不宜反差太大。香水也是如此，可以选择一些味道淡雅的香水，如果香水的味道过于浓烈，连面试官都要捂鼻子，还能有好结果吗？

头发要整齐、干净，男士的胡须一般都要求刮净。女性的头饰不宜过多，应看起来干净利落。过分的修饰会使面试官认为你华而不实。

面试时饰物的佩戴也要讲究。礼仪专家孙祺奇提出要着重注意两点。一是身上的饰物一定不能发出声音。当你的饰物发出声音时，说明同一个位置的饰物已经超过两件。要知道，你在某一个部位佩戴的饰物超过两件，给人的感觉除了累赘就是矫情。在心理学中，大家会认为这是一个过于重视自己外表的人，以至于不会把太多心思放在工作上。另外，饰物是制造外部气场的物件。过多的饰物会让你产生不好接近的气场，使你的亲和力打折扣。如此，面试官岂能青睐于你？二是与宗教有关的饰物不要戴。这些饰物包括佛珠、平安符、灵兽等。这些饰物，我们平时可以戴，但不要在面试的时候戴。

总之，在面试应聘中，应聘者要力求把内心的美和外表的美都展现出来。

6. 学会自我介绍

应聘者自我介绍的根本目的是使面试考官对自己有初步的、大概的了解，并且尽可能留下好的印象以便面试能够深入进行下去，最终赢得面试的成功。求职面试的自我介绍必须讲究技巧，成功的自我介绍往往会给面试考官留下深刻的印象，这样求职就成功了一半。在人的思想意识中，往往存在这样的误区，认为最了解自己的人一定是自己，把自我介绍当成一件很容易的事。其实不然，说人易，说己难。在求职面试中，介绍自己是最难的部分，要成功地进行自我介绍，要从以下几个方面着手。

（1）礼貌地问候。在进行自我介绍之前，应聘者先要跟面试官打招呼、道谢，这是最起码的礼貌。例如："经理，您好，谢谢您给我这个机会，现在，我向您做一个简单的自我介绍……"介绍完毕以后，要注意向面试官致谢。

（2）主题要鲜明。求职面试中的自我介绍一般应包括以下基本要素：姓名、年龄、籍贯、学历、学业情况、性格、特长、爱好、工作能力和工作经验等。一般地，面试时自我介绍的重点内容如表 9.2 所示。

表 9.2 面试时自我介绍的重点内容

介绍的内容	具体要求
我是谁	介绍自己的个人履历和专业特长，包括姓名、年龄、籍贯等个人基本信息；教育背景以及与应聘职位密切相关的特长等
我做过什么	做过什么即你的经验和经历。在这个部分，主要介绍与应聘职位密切相关的实践经历，包括校内活动经历、相关的兼职和实习经历、社会实践等。要说清确切的时间、地点、担任的职务、工作内容等，这样会让面试官觉得真实、可信
我做成过什么	做成过什么代表了你的能力和水平。在这个部分，主要介绍与应聘职位所需能力相关的个人业绩，包括校内活动成果和校外实践成果。介绍个人业绩，就是把自己在不同阶段做成的有代表性的事情介绍清楚
我想做什么	想做什么即你的职业理想。在这个部分，应该介绍自己对应聘职位、行业的看法和理想，包括你的职业生涯规划、对工作的兴趣与热情、未来的工作蓝图、对行业发展趋势的看法等。在介绍时，还要根据应聘职位对这些内容进行合理编排

小案例

杨澜面试的自我介绍

为什么不够漂亮的杨澜，却能够"击败"美女对手，如愿以偿进入《正大综艺》栏目组？杨澜应聘《正大综艺》节目主持人时，面试官对她初试的综合表现评价很高，却嫌她不够漂亮。复试的时候，面试官安排杨澜与另一位美女竞争。

面试官对杨澜说："你将如何做这个节目的主持人？介绍一下你自己。"

杨澜回答："我认为主持人的首要标准不应是容貌，而是要看她是不是有强烈的与观众沟通的愿望。我希望做这个节目的主持人，因为我特别喜欢旅游。人和大自然相亲相近的快感是无与伦比的，我要把这些感受讲给观众听……，父母给我起名'澜'，就是希望我能有海一样开阔的胸襟，自强、自立。我相信自己能做到这一点……"

杨澜侃侃而谈，一口气讲了半个小时，没有一点儿书面参考。讲完后，现场非常安静，面试官都被吸引了，面试官不再关注她是否是最漂亮的主持人。

杨澜赢了。

【点评】杨澜在自我介绍时强调的观点打动了面试官，她是这样说的，也是这样做的。她在之后主持《正大综艺》时，本色而自然，既没有刻意表现自己的文化素养，“掉书袋子”；也没有刻意表现“清纯”，表演“可爱”，她把一个有较高文化素养的、富有理智又不失细腻情感的职业女性形象展现了出来，为观众带来了一种既高雅又自然、既轻松愉悦又令人回味的主持风格。

在自我介绍时，不必面面俱到，而要主题鲜明，直截了当地切入正题，不拖泥带水，对于材料的组织要合理，做到详略得当、重点突出。一般来说，应按招聘单位的要求来组织介绍材料，围绕中心说话。假如招聘单位对应聘者的工作能力和工作经验很重视，那么，应聘者就得从自己的工作能力及经验出发做详细的叙述，而且整个介绍都要以这方面为重点。下面是某家工艺品总公司招聘业务员时的一则对话。

面试官：“我公司主要经营有地方特色的工艺品，如北京的景泰蓝、景德镇的陶瓷和湖州的抽纱等。这次招聘的对象主要是能开拓国内外业务的湖州抽纱的业务员。现在，请你介绍一下自己的情况。”

应聘者：“我叫李伟，今年24岁，是湖州市人，今年毕业于湖州市××职业学院的市场营销专业。我一直生活在湖州，小时候就经常帮妈妈和奶奶做抽纱活，对于传统的抽纱工艺是比较了解的。在校学习的三年中，我掌握了营销方面的专业知识，这是我将来做好工作的资本。我的口才较好，曾参加省高职院校的求职口才竞赛，获得了二等奖，并且我具备一定的英语口语能力。我这个人的特点是头脑灵活、反应快，平时喜欢看报纸，对国内外的经济发展动态很感兴趣，喜欢从事具有挑战性的工作。”

应聘者一般应从最高学历讲起，谈所学的专业、课程时，不必说明成绩。自我介绍时不要漫无边际地东拉西扯，最好在一至三分钟内完成，要简洁、明快、干脆、有力。

（3）让事实说话。在面试时，有的应聘者为了给面试官留下深刻的印象，往往喜欢对自己过多夸耀，动辄就“我的业务水平是很高的”“我的成绩是全年级最好的”，其实，这样反倒会给面试官留下不好的印象。现在的招聘单位往往更注重应聘者的真本事。“事实胜于雄辩”，虽然面试的时间很有限，不可能完全展示出应聘者的才能，但是应聘者可以通过实际的事例来证明自己的能力，把自己的才华展示给面试官。

小案例

小刘的独到之处

某大学中文系学生小刘，毕业后到某报社应聘记者，在上百个新闻专业出身的应聘者中，可以说小刘并没有什么优势。但小刘对此早有准备，他对面试官介绍自己时是这样说的：“我叫刘晓明，山西人，毕业于××大学中文系。虽然我不是新闻专业的，但我对记者这个职业十分感兴趣。大学期间我是学校校报的记者。四年间，我参与了多次较为重大的校内外采访活动，积累了一定的采访经验，再加上我的文字功底较好，我相信我可以胜任贵报的工作。这是我在大学期间发表过的报道，请各位批评指正。”

面试官们看过小刘的报道后，觉得他眼光独到、见解深刻，都对他很满意。结果小刘击败了众多的竞争者，不久就收到了录用通知。

【点评】面试时，真本事要亮在面试官作出决定前。要拿出自己的真本事向面试官说明自己是最能胜任这个岗位的人。小刘就是用自己的经历和能力打动了面试官，成功获聘。

（4）给自己留条退路。面试中的自我介绍既要坦诚，又要有所保留；要突出自己的能力，但不要把自己说得事事皆能，使自己进退维谷。在自我介绍时，应聘者要尽可能客观地介绍自己的实力，但同时应尽可能地避免使用保证式或绝对式的语言，如“我非常熟悉这项业务，我保证让部门改变！”这些话往往没有具体内容，易引起面试官的反感，如果是较为平和、内敛的面试官，也许不会为难你；但是如果遇到个性较强的面试官进行追问，应聘者可能就会因无法回答而张口结舌、尴尬万分。

小案例

教 训

小赵去面试一家国际旅行社的导游。他在自我介绍时说："我这个人喜欢旅游，熟悉各处的名胜古迹，全国的风景名胜几乎都去过。"面试官很感兴趣，就问："那你去过云南大理吗？"因为面试官就是大理人，对自己的家乡再熟悉不过了。可惜小赵根本就没去过大理，心想若说没去过这么有名的地方，刚才的话不就成了吹牛了吗？于是他硬着头皮说："去过。"面试官又问："你住的是哪家宾馆？"小赵再也回答不上来了，只好说："那时我是住在一个朋友家的。"面试官又问："你的这位朋友在大理的什么地方啊？"小赵这下没话说了，东拉西扯，答非所问，结果自然可想而知。

【点评】对很多招聘单位而言，诚实被认为是最大的美德。自我介绍最忌吹嘘，夸海口，说话不留余地，如果像小赵这样说大话，一旦被拆穿，面试就很难再进行下去了。

小贴士
面试常见问题回答思路

课堂互动

以小组为单位，设计不同的职业场景，模拟练习求职中的自我介绍，注意相关细节。

7. 掌握面试中问与答的技巧

在求职面试的过程中，能否与面试官进行良性的双向沟通，是应聘者能否求职成功的重要影响因素。因此，在面试过程中，应聘者要注意使用以答为基础、以问为辅助的沟通技巧。尽管不同的招聘单位面试的程序和模式有所不同，面试官的风格各异，但是有些问题是面试官都比较喜欢问的。应聘者一定要对这些问题有所准备。那么面试官喜欢问哪些问题，又有哪些回答的技巧呢？内容如下。

一般来说，面试官提出的问题可分为两类：一类是规定性提问，也就是招聘单位事先准备好的，对每一位应聘者都要提出的问题；另一类是自由性提问，即面试官随意提出的问题，这些问题往往千变万化、内容宽泛。面试官可以从应聘者的对答中发现其闪光点或缺点。无论是哪类问题，应聘者在回答时都应当掌握以下基本技巧。

（1）不要遗漏能表现自己才能的重要资料。

（2）保持高度敏锐和灵活的思维状态。

（3）回答问题时既要表现自己的个性气质，又要表现出对面试官的尊重。

（4）认真倾听对方的提问，并注意对方的反应，以便及时调整自己的回答。

（5）避免提到"倒霉""晦气""不幸""疾病"等可能招致对方不满的字眼。

8. 拥有职业化的举止

一家医疗机构为了选拔护士长进行了一次面试。一位应聘者在笔试中是佼佼者，但在面试过程中，她不但拍了桌子，脚后跟不断地敲打地板，身体还时不时地扭动着。她认为自己很有希望被录用，结果却落选了。她为什么会落选呢？原因就是她缺乏职业化的举止。许多应聘者往往只注重衣着和有声语言，而忽略了身体语言。举止的职业化包括站姿、坐姿、行姿、手势和眼神等各个方面的职业化。

（1）站姿。站姿给人的印象非常深刻，可人们往往认为其简单而忽略它的重要性。站立时应当身体挺直、舒展、收腹，平视前方，手臂自然下垂。这样的站姿给人一种端正、庄重、稳重、朝气蓬勃的感觉。如果站立时歪头、扭腰、斜伸着腿，会给人留下轻浮、没有教养的印象。

（2）坐姿。进入面试房间后应等面试官示意坐下后才就座。如果有指定座位，则应坐在指定的座位上；若无指定的座位，可以选择在面试官对面的座位坐下，如此方便与面试官面对面交谈。

面试时的坐，不要贪图舒服。许多人养成了瘫坐的习惯，在面试中一下子就表现出来了，给人一种萎靡不振的感觉。正确的坐从入座开始，入座的动作要轻而缓，不要随意拖拉椅子，发出声音，身体不要晃动，背部要与椅背平行，缓慢安静地坐下。落座后，上身要保持直立状态，既不前倾，也不后仰。双手自然下垂或放于腿上，肩部放松。男女的坐姿还有一定的区别：男士可以微分双脚，这样给人以自信、豁达的感觉，千万不要跷“二郎腿”；女士一般要并拢双膝，或者小腿交叉端坐，这样会给人以端庄、矜持的感觉，双手一般放在膝盖上，千万不要分开双膝、叉开腿等，这样会给人以放肆和缺乏教养的感觉。

就座时要注意包的放置。将手提包直接放到桌子上是不合礼仪的。直接将手提包挂到椅子上也不适宜，一是容易掉在地上，二是拿取面试所需物品时不方便。如果拿的是比较大的手提包，要放在椅子右侧，因为应聘者多从左侧入座。如果是中型或小型手提包，也可以直接放到椅背处或邻座上。

（3）行姿。对于求职面试而言，行姿主要是指从进入面试房间站定到入座和面试结束后离开房间这两个过程。应聘者要注意，应神态自然、步履稳健、面带微笑地走进房间，进入面试房间后，要主动与面试官打招呼。面试结束后，不管自己对于面试的感觉怎样，步履都应该自信从容，到门口时轻轻把门带上，切记不可失态，慌慌张张地快步走出，也不能漫不经心、一步三晃地走出去，这样都可能使面试官对你失去好感。

面试时最重要的是自信，这种自信也能通过应聘者的行姿表现出来。自信的行姿应该是，身体重心稍微前倾，挺胸收腹，上身保持正直，双手自然前后摆动，脚步轻而稳，平视前方。步伐稳健，步履自然，有节奏感。

（4）手势。应聘者在面试中运用手势时要注意紧密配合有声语言，做到协调一致，“该出手时就出手”，不要“想出不敢出”，反而给人以胆小拘谨之感。运用手势时要大方自然，幅度适中。手势幅度过大会让人觉得你性格不稳定，无节制地挥手或无规律地乱摆都会让人觉得你轻浮或狂妄；手势幅度过小则会显得呆板，缺少风度。

一些下意识的举动，如揉眼睛、玩弄手指、双手交叉放在胸前、拉耳朵、扯衣服、挠头、频繁看表，甚至无意识地抖腿等，都反映出应聘者内心的不安、慌张、窘迫，显得不庄重，会分散人的注意力，给面试官留下不好的印象。所以，这些举动一定不能在面试中出现。

小案例

手插裤兜，小伙与名校失之交臂

即将毕业的北方某师范大学学生小军，英俊帅气，口才很好，也有比较强的人际沟通能力。小军的“心气”很高，他准备到南方某高薪私立学校去应聘。他主动来到广州一所私立高中毛遂自荐。学校领导很重视这个北方来的应聘者，五位校领导亲自参与面试。在面试中，无论是在知识储备还是语言和表达能力方面，小军都表现得很出色。唯一让五位校领导都觉得不舒服的，是小军站着时双手喜欢插在裤兜里，或者将大拇指插在裤兜里，其余四根手指留在外面。

小军千里迢迢地赶到广州，却因为手势不当没有得到想要的工作，实在遗憾。

【点评】手插裤兜会给人以傲慢、自负的感觉，也会让人觉得这样的人难以管理，这恐怕正是小军求职面试失败的原因。

（5）眼神。在求职面试中，应聘者要敢于和善于同面试官进行视线接触，这既是一种礼貌，又有助于维持一种联系，使谈话在频频的视线接触中持续下去。一般情况下，视线接触的范围是双眼与嘴部构成的三角形区域，这样既保持了接触，又避免了因直直地盯着对方而引起对方的不快。正确地运用眼神与对方沟通，体现了你的礼貌，说明你对话题有兴趣而且不怕挑战。有的应聘者总习惯于低着头看地板，几乎不看面试官，或者左顾右盼，还有的应聘者总想窥探在面试官的桌上或面试官手中的资料，这些行为会传递出应聘者不稳定、不诚实、怯懦、缺乏自信心等信息，很不利于面试。

此外，应聘者在面试时还要注意保持微笑，这既能显得亲切自然，也是充满自信心的又一表现。

总之，“此时无声胜有声”，应聘者要善用无声的、职业化的举止，向面试官表明“我是最适合的人选”。

小案例

不看面试官，高材生失去银行工作机会

某大学的毕业生小强面试某银行的职位，参与面试的面试官中有一个行长、两个副行长，还有银行的人事部主任。小强在面试中亮出了多个获奖证书：美文大赛一等奖、三好学生、优秀学生干部等。小强又高又帅，口才也比较好。可是，他不看着面试官说话。在面试现场，他时而向下看，时而向上看，时而左右看。银行行长很惋惜地对小强说：“你很优秀，可是你一直不看我，我以为你不喜欢我。我希望你以后无论和谁说话，都要看着别人。”太可惜了，小强就这样失去了进入该银行工作的机会。

【点评】通常来说，面试时喜欢向下看、向地面看的人有自卑心理，向上看、向天花板看的人较傲慢，而向左右看会给人焦虑和惶恐的感觉。在面试时，应聘者一定要看着面试官说话。如果有很多面试官，初见时要微笑着与每人对视三秒，这样会给人以稳定感。条件不错的小强面试时如果能做到这点，就不会“败走麦城”了。

9. 消除过度紧张的情绪

面试过程中，一定要克服紧张情绪。有的应聘者把自己弄得很紧张，从一进门，走到指定的座位，就只有十几步，却由于紧张而走顺拐了，再往那“扑通”一声坐下，把面试官吓一跳。面试官对他说：“请介绍一下你自己吧！”结果他紧张地说：“我叫不紧张。”可见真是太紧张了！

面试时应保持心态平和，自然放松，不要过度紧张。如果出现过度紧张的情况，不妨试一试以下方法。

（1）面试前可翻阅一本轻松活泼、有趣的杂志或书籍。这时阅读书刊可以转移注意力，调节情绪，克服面试时的怯场心理，避免等待时紧张、焦虑。

（2）面试过程中注意控制谈话节奏。进入面试房间致礼落座后，若感到紧张，先不要急于讲话，而应集中精力听完提问，再从容作答。一般来说，人们在精神紧张的时候讲话速度会不自觉地加快，讲话速度过快，既不利于对方听清讲话的内容，又会给人一种慌张的感觉。讲话速度过快，还往往容易出错，导致卡壳，进而强化自己的紧张情绪，思维混乱。当然，讲话速度过慢，缺乏激情，气氛沉闷，也会使人生厌。为了避免这种情况，开始谈话时可以有意识地放慢讲话速度，等自己进入状态后再适当调整语气并加快语速。这样，既可以稳定自己的紧张情绪，又可以扭转面试时的沉闷气氛。

（3）回答问题时，目光可以落在面试官的额头上，这样既可以给对方以诚恳、自信的印象，也可以消除自己的紧张情绪。

当然，你如果多经历几次面试，就会觉得面试并不困难，也就不会感到紧张了。

小贴士
求职面试中的语言禁忌

10. 别忘了临别的礼貌

当面试官说“咱们今天就谈到这里”“很感谢你对我们公司的关注”等话语时，你可以主动告辞，当然最好能记住面试官的名字。告辞时要注意礼貌：不管录用与否，都要感谢面试官给你面试的机会，同时也要感谢为你服务的接待人员，没有人不喜欢有礼貌的人。如果当时就知道被录用，也不要表现得过于惊喜，应该向面试官表示感谢，说希望以后合作愉快。若结果还未知，则应再次强调你对所应聘职位的热情，并感谢对方抽出时间与你交谈。告辞时，力戒言辞过度，如果过多使用“请多关照”“拜托你了”这样的话，反而会使对方认为你实力不足。面试结束后，应轻而稳地离开座位，轻轻地将门带上，礼貌地离去。

训练营

举行模拟招聘会训练

训练目的：锻炼学生的自我推销能力，积累应聘经验，掌握应聘礼仪，增强自信心，全面认识自我。

训练学时：2 学时。

训练地点：训练室。

训练准备：模拟招聘单位情况、需求岗位、面试问题、面试桌椅等。

训练方法：

（1）选三至四名学生担任某招聘单位的面试官，其他学生任应聘者；

（2）面试官先介绍本单位及岗位需求情况，然后应聘者依次进行一分钟左右的自我介绍，面试官提问，应聘者回答问题；

（3）教师进行总结和点评。

自我认知测试

怎样做才是一名合格的应聘者？

怎样在应聘中战胜竞争对手？根据许多人的实践经验设计的这套测试题，将帮助你更好地把握求职应聘的一些小“窍门”。

1．面对面试官时，你将穿什么衣服？（　　）

A．牛仔装　　B．职业装　　C．西装加领带

2．你的第一句话是什么？（　　）

A．等面试官问你再说　　B．“我叫×××，我是来应聘××职位的。”

C．“您好！我是来应聘××职位的，我可以自荐吗？”

3．“你为什么离开你先前的雇主？”（　　）

A．不能发挥自己的专长　　B．工资太低，不能养活自己及家人

C．原先的老板人太差　　D．工作环境恶劣

4．“你有信心胜任这个职位吗？”（　　）

A．应该有　　B．有信心　　C．绝对有

5．应聘时，你的手应放在哪里？（　　）

A．放在桌上　　B．边说边做手势　　C．放在桌下

6．应聘时，你的眼睛应往哪里看？（　　）

A．对方的脸　　B．注意对方的表情　　C．对方的头顶

7．“你希望什么时候上班？”（　　）

A．马上　　B．一周以后　　C．一个月以后

8．如果有上、中、下三等薪资，你会申请哪一等？（　　）

A．上等　　B．中等　　C．下等

9．回答问题时，你准备用哪一种话？（　　）

A．普通话　　B．当地话　　C．家乡话

10．如果面试官和你都坐在沙发上，你准备怎么坐？（　　）

A．跷起二郎腿同他谈　　B．他怎么坐我就怎么坐吧

C．坐如钟　　D．放松地坐

计分方法：

1．A．+1　B．−1　C．+2

2．A．−1　B．0　C．+1

3．A．+1　B．0　C．−1　D．−2

4．A．0　B．+1　C．−1

自我认知测试结果分析

5．A．+1　B．−1　C．0

6．A．0　B．+1　C．−1

7．A．+1　B．0　C．−1

8．A．−1　B．+1　C．−1

9．A．+1　B．0　C．−1

10．A．−2　B．−1　C．0　D．+1

知识巩固与训练

一、简答题

1．称呼有哪些礼仪要求？

2．如何得体地进行自我介绍？

3．介绍他人时的礼仪次序是怎样的？

4．在公务场合握手时，应注意哪些问题？

5．接待客人有哪些礼仪规范？

6．假如你明天要拜访一位重要客户，你需要做哪些准备？

7．结合自身实际，谈谈使用微博、微信与他人沟通时应注意的礼仪。

8．你认为应该重视网络礼仪吗？为什么？

9．求职面试前应该做好哪些准备？

二、实践题

1．小张和同学小李一同去听孙教授的礼仪讲座。小李对讲座非常感兴趣，想和孙教授进行深入交流。由于孙教授曾经给小张所在的班级上过课，认识小张，小李便想让小张在讲座结束后把自己介绍给孙教授。

请问：如果你是小张，你将怎样做介绍？请分别扮演相关角色进行模拟演示。

2．你是五湖集团公司办公室的接待人员，明天上午四海集团公司的总经理将亲自带队来你们公司进行参观考察，并落实合作事宜。

请问：你将怎样安排这次接待工作？

3．李经理正在与一位客户进行电话交谈，这时另一位重要客户来到办公室拜访他。如果你是李经理，正确的做法应该是什么？

4．假设你对做一位宾馆公关部经理向往已久，现在有了这样的一个机会，但你的竞争对手实力强大，在面试时你应如何介绍自己？

5．面试官问："关于工资，你的期望值是多少？"应聘者反问："你们打算出多少？"如果是你，会这样反问面试官吗？为什么？

6．一位男性应聘者听到两个面试官窃窃私语，好像是在说自己个子太矮、形象不佳，不适合到该公司工作。假如你是这位应聘者，你会怎样扭转明显对自己不利的局面？

三、阅读与分析题

1．阅读以下材料，然后谈谈你的看法。

（1）某大学生毕业后到一家公司应聘，公司经理照例同他进行面试谈话。开始，一切都很顺利，由于对他的第一印象很好，经理随后就拉家常式地谈起了自己在休假期间的一些经历，而这位大学生走神了，没有认真听经理说的内容。临走时，经理问他有何感想，这位大学生说："您的假期过得不错，好极了！"经理盯了他好一会儿，最后冷冷地说："好极了？我生病住进了医院，整个假期都待在医院里！"

（2）周先生曾去某报社应聘业务主管。面试官问他平常都有什么爱好，周先生回答："爱看书"。这位面试官又问："主要是哪方面的书？"周先生说自己爱读西方哲学著作。当这位面试官要求周先生推荐一部西方哲学著作的时候，周先生搜肠刮肚偏偏一部都想不起来。实际上，他的确看过几部西方哲学名著，但都没怎么精读，加之是很久以前读的，已经忘得差不多了。周先生本以为这样的回答可以把自己塑造成一个爱读书、学识渊博、有能力胜任报社业务主管一职的人。没想到，聪明反被聪明误，在这位面试官眼中，周先生不够诚实、不够谦虚、言过其实，甚至有爱吹牛、弄虚作假之嫌。面试的结果可想而知。

（3）一位大学毕业生走进一家报社，问道："你们需要一位好编辑吗？"言下之意自己就是"好编辑"，语气是那么自信。

"不。"拒绝却是那么干脆。

"那么，印刷工如何呢？"坚持不懈。

"不！我们现在什么空缺也没有。"所有能想到的职位都没有机会，看来没戏！

可是……

"那么，你们一定需要这个东西。"这位大学生从公文包里拿出一个精美的小牌子，上面写着："额满，暂不雇用。"

报社主任笑了，他开始用一种新的眼光审视面前的这位年轻人了。最后这位年轻人被录用，在报社销售部任销售经理。

2．以下是一则面试对话，请分析应聘者面试失败的原因。

面试官："我从你的简历中得知，你已通过了全国大学英语六级考试，真是不简单呀。"

应聘者："过奖了。其实我周围很多同学都达到了这个水平，我只是一般水平。况且，我还有很多不足。比如，我的计算机水平老是跟不上，很多同学都考过了计算机二级，我还是停留在初级的水平上；还有一些专业课知识也掌握得很不好，让我头痛得很。有时，我觉得自己很没用。"

面试官："原来你对自己这么没信心。"

3．日本的一些大公司在进行招聘面试时，专门就说话能力规定了若干不予录用的条文，具体如下：

应聘者声若蚊子者，不予录用；

说话没有抑扬顿挫感者，不予录用；

交谈时不得要领者，不予录用；

交谈时不能干脆利落地回答问题者，不予录用；

说话无生气者，不予录用；

说话颠三倒四、不知所云者，不予录用。

对于日本大公司的以上规定，你有何看法？

案例分析题原文

四、案例分析题

扫描二维码，阅读案例原文，然后回答案例后面的问题。

参考文献

[1] 陈光谊，2017. 现代实用社交礼仪. 3版. 北京：清华大学出版社.

[2] 程庆珊，2019. 商务沟通. 3版. 大连：东北财经大学出版社.

[3] 付桂萍，2013. 做派：在商务活动中合乎情境地展示自己. 长沙：湖南人民出版社.

[4] 傅春丹，2017. 演讲与口才案例教程. 2版. 北京：中国水利水电出版社.

[5] 顾筱君，2011. 21世纪形象设计教程. 2版. 北京：机械工业出版社.

[6] 何爱华，张学娟，2011. 实用商务礼仪. 北京：人民邮电出版社.

[7] 何浩然，2017. 中外礼仪. 4版. 大连：东北财经大学出版社.

[8] 惠亚爱，2013. 沟通技巧. 2版. 北京：人民邮电出版社.

[9] 蒋红梅，张晶，罗纯，2020. 演讲与口才实用教程. 4版. 北京：人民邮电出版社.

[10] 金常德，2013. 大学生社交口才实践教程. 北京：北京大学出版社.

[11] 李红霞，2016. 礼仪与沟通. 大连：东北财经大学出版社.

[12] 李慧茹，王瑞春，2016. 商务礼仪. 北京：清华大学出版社.

[13] 李元授，2018. 人际沟通训练. 武汉：华中科技大学出版社.

[14] 刘凤芹，2014. 沟通能力训练. 2版. 北京：科学出版社.

[15] 刘恋，2014. 沟通技巧. 西安：西安电子科技大学出版社.

[16] 龙璇，2020. 人际关系与沟通技巧. 2版. 北京：人民邮电出版社.

[17] 吕书梅，2018. 管理沟通技能. 4版. 大连：东北财经大学出版社.

[18] 毛锦华，周晓，2013. 商务沟通与礼仪实务教程. 北京：电子工业出版社.

[19] 明卫红，2014. 沟通技能训练. 2版. 北京：机械工业出版社.

[20] 牟红，杨梅，2015. 旅游礼仪实务. 2版. 北京：清华大学出版社.

[21] 秦保红，2016. 职场礼仪教程. 北京：中国人民大学出版社.

[22] 宋倩华，2019. 沟通技巧. 2版. 北京：机械工业出版社.

[23] 孙立湘，王颖，2014. 实用交际礼仪. 3版. 北京：机械工业出版社.

[24] 王丽娟，2011. 员工礼仪. 北京：中国言实出版社.

[25] 王振翼，王金龙，2020. 商务谈判与沟通技巧. 3版. 大连：东北财经大学出版社.

[26] 吴尚忠，2013. 说故事学礼仪——常用公务商务礼仪趣谈. 南京：东南大学出版社.

[27] 吴雨潼，2014. 人际沟通实务教程. 2版. 大连：大连理工大学出版社.

[28] 谢红霞，2018. 沟通技巧. 3版. 北京：中国人民大学出版社.

[29] 杨丽彬，2019. 沟通技巧. 2版. 北京：机械工业出版社.

[30] 张文，2015. 礼仪修养与实训教程. 2版. 广州：华南理工大学出版社.

[31] 张喜春，刘康声，刘雨霏，2019. 人际交流艺术. 北京：清华大学出版社.

[32] 周璇璇，张彦，2015. 人际沟通. 厦门：厦门大学出版社.

[33] 邹晓春，2014. 沟通能力培训全案. 3版. 北京：人民邮电出版社.

更新勘误表和配套资料索取示意图

说明 1：本书配套教学资料完成后会上传至人邮教育社区（www.ryjiaoyu.com）本书页面内。下载本书配套教学资料受教师身份、下载权限限制，教师身份、下载权限需网站后台审批，参见以下示意图。

说明 2："用书教师"，是指为学生订购本书的授课教师。

说明 3：本书配套教学资料将不定期更新、完善，新资料会随时上传至人邮教育社区本书相应的页面内。

更新勘误及意见建议记录表

说明 4：扫描二维码可查看本书现有"更新勘误记录表""意见建议记录表"。如发现本书或配套资料中有需要更新、完善之处，望及时反馈，我们将尽快处理！

咨询邮箱：13051901888@163.com

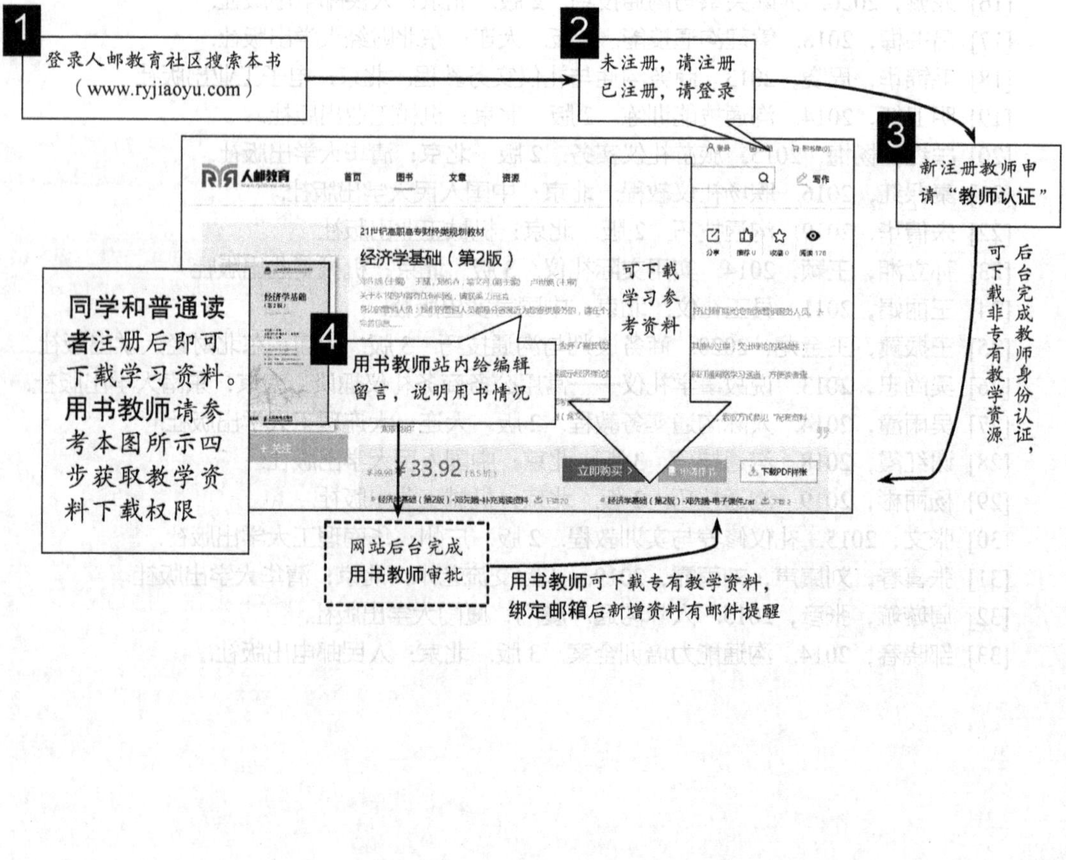